U0547564

天阶歧途

盛唐文化宇宙中的李白

韩潇 著

TopBook 饕书客

陕西新华出版
陕西人民出版社

图书在版编目(CIP)数据

天阶歧途：盛唐文化宇宙中的李白／韩潇著. —
西安：陕西人民出版社，2023. 7
ISBN 978-7-224-14742-1

Ⅰ. ①天… Ⅱ. ①韩… Ⅲ. ①李白(701-762)—评
传 Ⅳ. ①K825. 6

中国版本图书馆 CIP 数据核字(2022)第 212856 号

出 品 人：赵小峰
总 策 划：关 宁
出版统筹：韩 琳 王 倩
策划编辑：王 凌 张启阳
责任编辑：武晓雨 凌伊君
封面设计：佀哲峰

天阶歧途：盛唐文化宇宙中的李白
TIANJIE QITU：SHENGTANG WENHUA YUZHOUZHONG DE LIBAI

作　　者 韩 潇
出版发行 陕西人民出版社
(西安市北大街 147 号 邮编：710003)
印　　刷 陕西隆昌印刷有限公司
开　　本 787 毫米×1092 毫米 16 开
印　　张 21. 75
字　　数 260 千字
版　　次 2023 年 7 月第 1 版
印　　次 2024 年 4 月第 2 次印刷
书　　号 ISBN 978-7-224-14742-1
定　　价 69. 80 元

如有印装质量问题，请与本社联系调换。电话：029—87205094

序言

盛唐文化宇宙中的李白杜甫

我们青年群体中近年来流行一个“宇宙”的概念，大概是指一个与现实世界相映射、交互，同时又自成体系的时空范畴，比如历史悠久的“古希腊神话宇宙”“《西游》《封神》宇宙”，时下风靡的“漫威英雄宇宙”“金庸武侠宇宙”，以及走在科技最前沿的“元宇宙”，等等。这么说来，盛唐诗坛乃至盛唐这样一个文化时代其实也足以构成一个“宇宙”，因为它群星璀璨、成就斐然、包容开放、交互多元，我姑且称之为“盛唐文化宇宙”吧。

从“宇”的空间视野来讲，盛唐文化的沃土连缀着宫苑台阁、都邑市井、田园江湖、关山塞漠；从“宙”的时间维度来看，盛唐文化的朝暮伴随着千载难逢的盛世与百年一遇的灾变。这些于浩荡江天与盛衰骤变中孕育和成长的盛唐文化群星，更是在漫漫中华文明史上散发着独一无二的耀眼光芒。而这其中，李白和杜甫无疑是最光彩夺目的两颗巨星，“居其所而众星拱之”，只有走进李白、杜甫的世界，才能真正走近“盛唐文化宇宙”的中心。

盛唐始于公元712年，玄宗从睿宗手中接过皇权，盛唐的青春脉搏开始跃动，这一年杜甫在河南巩县（今巩义市）笔架山下降临人间；公元762年，李白在安徽当涂高唱《临终歌》羽化飞仙，同年玄宗与肃宗也双双晏驾，苟延残喘的黄金时代终于耗尽了最后一丝气力。也就是说，盛唐的五十年，恰好是李白与杜甫共处于人世间的五十年，这多少有些历史的偶然，但我们依然可以说，盛唐就是李白和杜甫的时代：他们的“运动足迹”拼合起来，正好构成一幅幅员辽阔的大唐版图；他们的“朋友圈”联动起来，正好拉出一个风云际会的明星群组；他们的“相册”编辑起来，正是半个世纪家国天下的阴晴云雨；他们的“心情”连缀起来，又正是一代芸芸生命的离合悲欢。凡此种种，无一不浓缩着“盛唐文化宇宙”的辉煌绚烂。

而细说起来，李白和杜甫的生命重心和人生轨迹也有着各自鲜明的特点，前者走的是一条“天阶歧途”，后者则经历了一场“盛世逆旅”。

李白的“天阶”有两个含义或者说两个归宿——一个通向真的天上，是得道成仙、大化自然；一个则通向人间的“天上”，是做帝王师、清一四海。而在李白心目中，这却是“殊途同归”，他既舍不得天上，也放不下人间，以至于忽视了这本就是一条“歧途”。故而，纵然有着极高的理想、极佳的才华、极好的机遇，李白也终因错过了太多路口，而没能真正登上“天阶”。

杜甫与“盛世”则有着解不开的缘分——他的出生伴随着盛世的开启，他的成长沐浴着盛世的春风，他的“中年危机”恰逢盛世的崩坏，他的“青春回忆”满是对盛世的怀恋。然而，正如短暂盛世之于漫长历史的稍纵即逝，杜甫的人生也终究不过是一场“逆旅”，纠结在天命、人事、治乱、盛衰之间，被时光洪流裹挟着匆匆前行，且行且自珍惜。

无论“天阶歧途”还是“盛世逆旅”，对于当事人而言，都不是完美的、如愿的人生，但所幸这一切都发生在“盛唐文化宇宙”当中，天地时空中洋溢着的文化的尤其是诗的力量，弥补了一切现实的缺憾，并化两段“失意”的人生为“诗意”的传奇。

韩 潇

2023 年 7 月

目录

第一讲

诗酒谪仙

——那个熟悉又陌生的诗坛明星

一、寂寞的诗仙

李白和他的诗，那独有的诗化灵魂和浪漫情思，跨越千年的时空隧道，让我们得以领略诗国与诗仙历久弥新的绝代风华。

用“历久弥新”来形容李白，的确是丝毫都不过分，尤其和他的好朋友、诗坛的另一座高峰相比，这一特点就更加凸显。与人们脑海中“刻板”的诗圣不同，诗仙的足迹仿佛踩准了中国流行文化前进中的每一个步伐：他的故事和传世名篇，被谱上流行的曲调，成为邓丽君、王菲、李荣浩演绎的经典歌曲；他放荡不羁、洒脱豪迈的性格，也铸就了《妖猫传》《杨贵妃秘史》等热映电影、电视剧中的鲜活角色；甚至他人格理想中“十步杀一人，千里不留行”这样一个小小的侧面，都足以支撑起国民游戏《王者荣耀》中备受青睐的刺客英雄，而斩获更多的欢呼与拥趸——“李白”就这样以他张扬的个性、多变的风格、青春的气息、洋溢的才情，在一代又一代年轻人中风靡，“引领着诗歌在当代流行的最炫风潮”，坐稳了诗坛影响力的头把交椅。

然而，比我们更接近伟大灵魂的，往往是另一个伟大的灵魂。杜甫说：“千秋万岁名，寂寞身后事。”这恐怕才是诗仙、诗圣都没能逃出的共同处境和历史宿命，只不过杜甫的寂寞，在“江月年年望相似”的清空中显而易见；而李白的寂寞，则被“月照花林皆似霰”的繁华景象所遮蔽，显得更加不易察觉和捉摸了。

作为中国诗歌界的头号“流量明星”，关于李白的话题本就很多；但同时，李白的生平资料却远远没有杜甫那么详细——这主要在于两个原因：一是李白的很多作品，尤其是乐府诗作，创作背景十分模糊，本身难以确考；二是李白对后世的诗学影响，远不及杜甫深重，故而历代对李白的研究也远不如杜甫深入、全面。这样一来，围绕李白的“话题之多”与“材料之少”，就酿成了一个巨大的矛盾，由此产生的讨论和争议也就不可避免。

讨论多本来是好事，毕竟“理越辩越明”；有争议也不是坏事，毕竟“人红”才会“是非多”。但面对这些讨论与争议，人们出现了三种不同的态度与处理方式：一是牢牢抓住材料和作品中的草蛇灰线，抽丝剥茧，环环相扣，去还原李白及其诗歌的真实面貌，这叫学术研讨；二是在现有认识的基础上融入主观情感，合理想象，有限发挥，用李白的人格精神和艺术魅力去感染大众，这叫艺术创造；三是脱离或歪曲时代背景、作家生平与作品文本，颠倒黑白，无中生有，为博取眼球刻意标新立异，这叫胡说八道。毫无疑问，学术研讨要进行彻底，艺术创造应引导鼓励，胡说八道则必须摒弃。

然而可惜的是，在这三种态度和处理方式中，往往后者最能蛊惑人心、最有话题——从李白的出生到仕途的坎坷，再到生命的归宿和身后之事，近年来各种让人跌破眼镜的歪理邪说实在是层出不穷、甚嚣尘上，诸如“李白原来是外国人”“李白被逐出朝廷是因为喜欢杨贵妃”“李白的后人下场凄惨、断子绝孙”等等，无论是观点、态度还是用词，都极为轻慢，对我们的文化传统缺乏基本的敬畏，却有着很高的人气和点击量，甚至成为人们茶余饭后的谈资笑料，实在令人伤心、忧心。这样的热度和关注，我想还是少些为好。

在李白的推崇和追捧者之中，很多人可能也缺乏一种同情的理解，甚至没有真正读懂李白。正如我在前面给那个“引领着诗歌在当代流行的最炫风潮”的“李白”加上引号一样，他更多的是一个我们当代人依据自己的想象和需求，从原有历史和诗歌形象中提炼甚至重新塑造出的“李白”，他的“个性张扬、风格多变、青春洋溢”，和杜甫的“忠君爱国、苦大仇深、沉郁顿挫”一样，是一种选择出来的刻板印象，所不同的只是因为迎合了一种兴趣或风潮而相对热闹，但在热闹的表面背后呢？其实更多的还是“满堂座上客，独无知心人”的寂寞。

对于李白，人们大都喜欢“我本楚狂人，凤歌笑孔丘”这一时的叛逆不羁，却容易忽略“我志在删述，垂辉映千春”的毕生执着追求；人们往往高谈“天生我材必有用，千金散尽还复来”中昂扬的人格自信，却常常读不出“凤凰台上凤凰游，凤去台空江自流”背后隐含的千古哀愁；人们或许揶揄他“小臣拜献南山寿，陛下万古垂鸿名”的谄媚阿谀，却大多不了解“君王多乐事，还与万方同”这般政治理想的本质；人们有时讥笑他“南风一扫胡尘静，西入长安到日边”的不识时务，却不知早在“五岁诵六甲，十岁观百家”时就埋下了深层的思想根源……或喜或悲，或爱或怨，往往出于一种以今度古的价值判断，对于隐藏在表象背后的诗学奥义、人格精神和时代风貌，大多数人还是知之甚少。

换句话说，李白的伟大不应被简单化，不应被局限于某一方面，更不应被后人的好恶所左右。他对盛唐时代精神和社会风貌的展现，他对于宇宙、人生问题的深刻思考，他在诗中传达出的超越时空的生命体验，他对于诗歌艺术的总结、提炼和开拓，才是成就诗仙之伟大的真正内核，也正是本书着重为大家讲述并且希望引导大家去关注的，是更为真实、全面和深刻的诗仙李白的成就与特质。

二、割裂的理想与错位的人生

大家都知道，李白是“诗仙”，杜甫是“诗圣”，但是否真的了解这两个称号的内涵呢?

所谓“圣”就是“通”，即通达世事人情的意思。从思想根源来看，带有鲜明、浓重的儒家色彩。杜甫出身于“奉儒守官”的家庭，一生执着于“致君尧舜上，再使风俗淳”的治世理想，无论做官、归隐还是著述，都将儒家士人“兼济天下，独善其身”的出处准则贯穿始终，故而足以称“圣”。

“仙”的意蕴则截然不同。《说文》解释：“仙，长生迁去也。”毫无疑问有着浓厚的道教神话色彩。后文也会讲到，李白其实是一个道教徒，追求长生不老与自在逍遥，是李白一生的重大理想之一，李白诗中那种高扬的自我形象和宏大的宇宙意识，都与之有着密不可分的联系。

而这一理想其实还要追溯到魏晋南北朝的玄学时代。所谓玄学，简言之就是浮虚玄远之学，探讨的主要是世界的有无和生命的长短问题，核心观念是道家所谓的自然，尤其是进入南朝以后，玄学逐渐演变为一种对超然心境和自在生活状态的追求。

这种思潮诞生于魏晋南北朝士族政治的背景之中，这一时期的世家大族，垄断了经济根基、政治权力和学术话语，甚至足以与皇权分庭抗礼，文人士大夫的人生轨迹自出生之时便已由血统所决定：首先一辈子没有衣食住行上的顾虑，享有优裕的生活和享乐条件；同时在仕途上，以门第高下论官品，不必求仕也不必做出政绩，可以“平流进取，坐致公卿”；在此基础上，士人们日常没有任何现实生计和时事政治的诉求，所关注的问题也就自然而然地转向浮虚和玄远，转而求取遥不可及的长生不老了。李白所处的唐代，虽然士族政治的背景已经基本瓦解，但这种士族文化仍然有着较强的影响和存留，所以铸就了他追求长生不老与自在逍遥的人生理想。

但李白的理想当然不止于此，作为一名成长于盛唐时期的文人士子，他内心毫无疑问也有着积极入世、乘时而上、建功立业的豪情壮志。在这一点上，李白和杜甫乃至广大盛唐诗人都是一致的，几乎可以说是盛唐文人理想的高度浓缩：在具体目的上，他渴求“使寰区大定，海县清一”，这像极了杜甫 “致君尧舜上，再使风俗淳” 的崇高追求；在实践方法上，他鼓吹“三杯吐然诺，五岳倒为轻”，又标榜“希圣如有立，绝笔于获麟”，这文武之道是对张说“昼携壮士破坚阵，夜接词人赋华屋”般人生理想的细致诠释；在立身之道上，他既有着边塞诗人慷慨任侠的豪雄气概，又有着山水田园诗人“红颜弃轩冕，白首卧松云”的淡然情怀。

按理说，对李白而言，实现这样的政治理想真的不难。毕竟他有着远超常人的雄才大略；毕竟他“五岁诵六甲，十岁观百家”打下了扎实的基础；毕竟他比杜甫早生十一年，赶上了盛唐的最后一波时代红利——如果愿意踏踏实实考个科举，等到日后专掌诰命、位登台辅，或是愿意立功边塞，期待早日出将入相，可能他的理想也就有实现的机会；毕竟在李白出道的时代，只要有本事、肯努力，还是能够成功的。但唯一的代价，就是放弃对于长生不老和逍遥的追求，就像他的好朋友高适。当然，要追求自在逍遥也可以，那就彻底放弃对功名的渴望，比如他的另一位好朋友孟浩然。

然而对李白而言，恰恰是因为拥有了超世之才，所以他不可能安心于任何一端，更不可能放弃任何一端——他的政治理想不但坚定，而且还很高远；他的人生追求不但要实现，还得实现得漂亮——内外兼修、文武全才、进退自如、名利双收，这才是李白心中盛世天才的人生打开方式！正如龚自珍那句尤为精到的评价："庄、屈实二，不可以并，并之以为心，自白始。儒、仙、侠实三，不可以合，合之以为气，又自白始也。"但残酷的是，个人的努力终究不可能超越时代的局限，纵然是李白这般的天才俊逸，也难逃在割裂的理想中挣扎取舍的必然命运，因此在不断地求索和反复中蹉跎了一生。

之所以把李白的人生遭际也归结于时代，是因为在其他时期，有人实现过李白这样的人生追求，否则他也不至于有着这样的执念，这个人便是东晋的名士谢安。李白不止一次在诗中明确表露他对谢安的崇敬与羡慕之情，甚至常常自比谢安以明志，诸如"尝高谢太傅……谈笑安黎元""但用东山谢安石，为君谈笑静胡沙"等等。谢氏是东晋时期一等一的高门甲族，正如前面所讲，保持逍遥自得的生活状态本非难事；可贵的是，谢安在政治上尽心王室、扶保江山，对内竭力辅政，遏制了桓温的专擅篡权，对外抵御前秦，获得了淝水之战的巨大胜利，功成之后又不求荣禄，淡然处之，这正是李白所追求的人生境界！我们不敢说李白认为自己比谢安强，但从他自比谢安来看，至少在他心里，两个人是不相上下的。但他的确没有意识到，谢安的贵族身份和所处的士族政治环境，是自己不拥有，也不可能获得的。他所采取的“平交王侯”的入仕路线，和“为帝王师”的政治追求，严重脱离了盛唐的历史背景和政治实际，不具备任何成功的可能性。但也正是盛唐这样一个开放包容的时代，明明没有机会，却又处处向李白昭示着实现梦想的可能，就这样造就了诗仙起起伏伏、反反复复的传奇一生，也成就了诗国最为奇绝梦幻的浪漫风采。

三、“凤凰台上凤凰游”

孟子说：“颂其诗，读其书，不知其人，可乎？是以论其世也。”我们常说，知人论世是解读诗歌作品的一个基本方法，对李白和李白的诗而言也一样。李白比杜甫大十一岁，虽然没有“盛世同龄人”这一特殊的身份意义，但他的生命同样与大唐王朝的国运兴衰有着紧密的联系。

李白出生于武后长安元年（701），这一年前后，大唐的中央文坛告别了频繁动荡的时代，开始蓬勃发展，近体律诗在这一时期定型。李白融入中原文坛的开元十五年（727）——之前讲过，是诗歌史上浓墨重彩的一年——是盛唐全面到来的标志，李白的“出峡”为其增添了闪耀的光芒；李白入朝的天宝元年（742），是大唐盛衰转变的关键之年，这一年形成了影响日后唐代政局走向的节度使制度，李白看到了其中的问题，却对此无能为力；天宝三载（744）后，李白远离政治中心，辗转于唐王朝的大江南北，虽然时衰世乱的苗头已经四处涌现，但相比于身处长安的杜甫的忧国篇什，在山水之间更多流传着的还是李白的盛世情怀与清音雅调；安史之乱与李白的关系则不必多言，无论是依附永王还是长流夜郎，对李白而言都是对其人生彻底的颠覆，这场大动荡不仅打破了唐王朝的盛世风华，也将李白诗歌中的浪漫情怀彻底击碎；宝应元年（762），李白去世，同时离去的还有玄宗和肃宗，虽然此后杜甫还在用自己的“彩笔、白头”追忆着大唐盛世，但盛唐最后的符号似乎确实随着李白这颗明星的陨落而终于消失在了历史长河之中。

可以说，李白的一生就是一场关于盛世的浪漫之梦，从渐渐萌生到日趋兴盛、意味正浓，转而依依不舍、将去还留，梦中经历过一切虚幻的美好、一切无助的挣扎，到头来终是骤然梦醒、两眼成空。但这场梦中总有些多彩的记忆，即使醒来也仍然在脑海中挥之不去。

这多彩的记忆，比如“三绝”——裴旻的剑舞，张旭的草书，李白的歌诗，在书剑飞扬、翰墨飘香中，泼洒出盛唐锦绣；比如“饮中八仙”——贺知章、李琎、李适之、崔宗之、苏晋、李白、张旭、焦遂，在酒香馥郁、半醉半醒之际，吞吐着快意风流；再比如“竹溪六逸”——孔巢父、韩准、裴政、张叔明、陶沔、李白，时而纵酒酣歌，啸傲泉石，转眼高步庙堂，指点江山；当然还有“文质相炳焕，众星罗秋旻”的盛唐诗人们，更是在独坐、酬答甚至诗艺较量中，将盛世风华融入民族的文化血液，铸就了超越时空的诗意灵魂和精神王国。

李白的《登金陵凤凰台》开篇即说“凤凰台上凤凰游，凤去台空江自流”，其实是对他一生的完美写照：凤凰是神鸟，盛世现于人间，中国历史与诗歌经历了三千年的积累，终于迎来了大唐盛世，也等来了李白这一盛世祥瑞的出现，而当盛世过去，凤凰随即升天，只剩下空荡荡的长江依然日夜奔流，仿佛一切都没有发生，这是历史的无情，也是人间的无奈。不过凤去江流的背后，真的什么都没留下吗？我看其实倒也不然。

四、“李杜诗篇万口传”

三千年一遇的“凤凰现世”，虽然没能“使寰区大定，海县清一”，但至少留下了近一千一百篇诗文，这个数字比之杜甫诗略少，但已是蔚为大观。而与杜甫诗歌五七言律占主导的格局不同，李白诗中的乐府、歌行与绝句显为重中之重。

这种体裁格局的区别，一定程度上反映出的是创作风格的差异。比如明代诗论家高棅在《唐诗品汇》中说：“太白天仙之词，语多率然而成者，故乐府歌词咸善。”是说乐府歌词率意而为的体式特点，更符合李白率性洒脱、天仙之词的诗歌风格，这是很有见地的；其实杂言歌行，比起乐府歌词，更加能够体现出李白豪放俊逸的风格特点；而绝句脱胎于歌谣的体式渊源和短小凝练的体制，同样与李白短篇诗歌“清水出芙蓉，天然去雕饰”的风格完美契合。

创作风格的差异之外，李杜诗作体裁格局的区别，更多反映出的是二人诗学思想和诗歌成就的不同。杜甫是中国古典诗歌的标尺和集大成者，这一点上，即使是李白也不能与之相提并论，但杜甫的这一地位大多是由他的创新性贡献所决定的，与五七言律诗成为诗坛主流这一现实密不可分。除此之外，若论对前代文学成果的总结和继承，李白的意义至少是不亚于杜甫的，与杜甫的创新不同，他是唐代复古诗学界的佼佼者。

何谓“复古诗学”呢？就是指与齐梁以来的新体诗相对的，以复兴风雅之道为主要追求的诗歌创作思想，代表人物有陈子昂、张九龄和李白。在作品上的实践，就是古风诗歌和古题乐府的写作：在古风诗歌的写作中，李白综合运用古意、古韵、古象、古词，使得诗歌整体呈现出古典雅正的风貌，而语气也自然清新古朴浑成，代表了唐人最高的诗歌审美追求；而在古题乐府方面，李白尽可能挖掘出了古题的本意，在本意的基础上结合具体情境，融合现实政治的元素，重新发挥其美刺讽喻的功能，重新赋予了古题乐府诗歌鲜活的生命力。在“复古诗学”中，李白的成就是空前绝后的。而李白的复古和杜甫的创新，一起将中国古典诗歌的艺术推向了高峰中的高峰！

想必大家已经发现了，这里解读李白的诗歌，其实还是运用了“知人论世”和“辨体”两把钥匙，这是治学的门径，无论何时都不能舍弃。我对李白人生和创作的讲述，自然会以他的生平经历为主要线索，但同时也会加入更多对前代乐府诗歌的介绍作为补充，而体裁格律的内容则会相对较少，这是李白的创作特点所决定的。

准备好了开启这场盛世之梦，那就从李白的降生说起，这是一个充满传说与疑团的事件，看来这位伟大的诗人，从生命之初就注定与不凡相伴。围绕着李白的出生究竟有哪些传奇故事呢？

第二讲

乡关何处

——诗仙可不是外国人

一、“谪仙人”的传说

李白的一生是一场关于盛世的浪漫之梦，其实他的出生与得名就与一个神奇的梦有着密切的关系。

这个传说出自李阳冰之口，这个李阳冰对李白而言是个非常重要的角色。他是李白的同族叔叔，李白晚年贫困潦倒之时，就投奔在他的膝下，度过了自己的余生，李白在病重弥留之际，将自己的文稿全部交到他的手中，请他代为编辑、作序，传之于世。李阳冰也没有辜负李白的重托，将这些诗文编成了《草堂集》十卷，使之得以流传后世、彪炳千载。也就是说，如果没有李阳冰，我们可能就很难看到诗仙这么丰富、完备的作品了，那将是多么难以估量的文化损失！

关于李白出生的传说，就来自李阳冰为《草堂集》作的序，其实记载很简单，就是短短的一句话：

惊姜之夕，长庚入梦，故生而名白，以太白字之。世称太白之精，得之矣。

“惊姜”是女子分娩的文雅说法，典故出自《左传》的名篇“郑伯克段于鄢”；“长庚”是长庚星，也叫启明星、太白星，也就是八大行星中的金星。这段话就是说：李白的母亲生李白的这天夜里做了个梦，梦到了金星，也有人说是梦到了主管金星的神仙——也就是《西游记》里的太白金星，然后她就生下了李白。所以给他起名叫“白”，起字叫“太白”，世人也都称赞李白得到了太白星的精华。

古时候人们习惯以五方五色配五行，比如：东方、青色配木；南方、红色配火；北方、黑色配水；中间、黄色配土。这在很多文学作品中都有体现，比如杜甫的第三首《望岳》，开篇说：“南岳配朱鸟，秩礼自百王。歘吸领地灵，鸿洞半炎方。”其中的“南”“朱”“炎”就构成一组关系。那么，在五方、五色与五行中，剩下的一组对应就是西方、白色配金，所以李白的母亲梦到金星，就给儿子起了对应的颜色“白”作为他的名字。

那么“太白之精”又是什么意思呢？这也是古代一种迷信的思想，认为不同的星斗拥有不同的能力，类似于现在的星座说，而古人认为金星主导“上公、大将军之象”，也就是有着较高的武力值，比如欧阳修在《秋声赋》中就说：“兵象也，于行用金。”所以李白“十步杀一人，千里不留行”的侠义精神，从迷信的角度就可以追溯到这里，当时的人们显然也是这样认为的。

当然，李阳冰没有亲眼见证李白的出生，更不可能知道李白的母亲在"惊姜之夕"到底做了什么样的梦，这一传闻极大可能是李白晚年在闲谈中透露的，以李白自命不凡的性格来看，这一故事可信度到底有多大我们不做评论。但从同代人对李白的评价来看，似乎持相似观点的人也不少。比如称他为"谪仙人"的贺知章，再比如称他为"酒中仙"的杜甫，不论是不是真的信他的所谓神仙传说，但对李白的飘然仙气和超世之姿，这些盛唐的一流文人都是普遍认可、没有太大疑义的。

二、先于盛唐登场

前文也提到了，李白出生于公元701年，比杜甫大十一岁，但在这短短十一年间，大唐王朝却换过四代皇帝，虽然总的趋势是迈向兴盛，但政局变动仍然十分频繁，因此，文坛演进也就显得曲折多变。

公元701年，也称为武后长安元年。这一年大周女皇七十八岁，已经处于统治的后期，一方面她通过此前一系列的政治运作，早已牢牢掌控了大唐政局的命脉；另一方面在狄仁杰等重臣的努力劝说下，立李显为太子，下定了去世以后还政李唐的决心。于是，此时的女皇，在政治上大体表现为一种无欲无求的状态，沉溺于声色犬马、诗酒文章。乍一看，将诗酒文章和声色犬马放在一起，似乎有辱斯文，但不幸的是，事实就是这样，在当时，文人、文学大多数时候只是统治者消遣的工具和手段。

一年前的久视元年（700），女皇针对文坛做了两件十分关键的大事，影响了唐诗的走向：第一件事是夏天时，女皇携太子、诸王、群臣来到嵩山石淙，召开了一次盛大的诗会，由她首倡，众人奉和，留下了二十七首七言律诗。这是中国诗歌史上第一组大规模的七律组诗，一举奠定了七言律诗的声律、格式、审美风尚，并使之成为宫廷唱和的主流体裁，大大提升了诗歌地位。第二件事是以修书为名，设立了一个叫作“奉宸府”的机构，选出当时最为精英的一批文人任职其中，编修《三教珠英》。这批文士有李峤、苏味道、崔融、杜审言、沈佺期、宋之问、刘知幾、张说、徐坚等，都是初唐乃至盛唐文坛上的宗师角色，他们被聚集在一起，时常往来唱和，交流诗技，直接促成了近体诗的定型。女皇的两次率性而为，为日后的诗歌繁荣打下了坚实的基础，很难说她是有意栽花还是无心插柳，但从实效来看，她的确是唐诗繁荣的功臣。

后来，在神龙元年（705），也就是武后生命的最后一年，她的儿子、太子李显将其赶下了皇位。然而这位新上台的中宗皇帝，与他的父亲一样，是一位既宠妻又惧内的男子，又与他母亲晚年一样，是一位享乐主义至上的皇帝。也可能是在放逐期间吃尽了苦头，他登上大位之后，便开始朝夕不停地开展文学享乐活动。中宗恢复并扩建了一个文学机构，叫作修文馆，设置了二十四名大学士、学士、直学士，其实大体也还是之前编《三教珠英》的那拨儿人，只不过不编书了，日常活动就是陪着中宗到处游山玩水、饮酒写诗，仅仅景龙元年（707）这一年，留下来的宴会诗作就有将近两百首。其母对于诗歌发展的贡献，到了儿子这里又被大大地发扬了。

刚刚说了中宗宠妻又惧内，他的妻子韦氏，是个很像武则天的女人，后来更是毒杀了中宗，试图重走武则天的道路，不过终究不得人心，政权被交到了中宗的弟弟、睿宗李旦的手中。睿宗与中宗有着截然不同的成长环境和生活经历，也形成了与之相异的人格。睿宗的突出特点是崇儒与尚俭，他所好尚的文学，更趋向于宏丽典正的“大雅之音”

和骨鲠端直的“汉魏风骨”，于是陈子昂、张说、张九龄等人所崇尚的“复古诗学”才有了逆流而上、蓬勃发展的土壤。虽然睿宗当政的时间不长，但他的精神特质，深刻地影响了儿子玄宗，也奠定了盛唐文艺的基本路线。

至此，在李白迈入文坛之前，唐诗已经在四代君主的影响下，在多条道路上做好了充分发展的准备，无论是复兴汉魏风骨，还是探索近体声律，成果都远超前代，就这样等待着这个伟大灵魂，乘着盛世风云，将它们有机地统摄结合起来，以造就不朽的诗歌高峰！

三、故乡之争

万事俱备，只差主角登场，然而李白的出生问题，却存在巨大的争议。李白到底是哪里人呢？且不说现在多个城市为了争“诗仙故里”的招牌和旅游资源而闹得不可开交，其实早在唐朝，甚至在李白还活着的时候，这就已经是一笔糊涂账了。

对于故乡的问题，李白自己谈过吗？我们不妨先看看他的说法，在开元二十五年（737）所作《上安州裴长史书》中，李白曾说：

> 白本家金陵，世为右姓。遭沮渠蒙逊难，奔流咸秦，因官寓家，少长江汉。

这里的“金陵”不是指南京，此事先放在一边。唐代以右为尊，所以“右姓”就是大姓，也就是所谓的世家大族；“沮渠蒙逊”是十六国时期北凉的君主，都城在姑臧，也就是如今的武威一带。说到这里大家就明白了，“金陵”为什么不是南京，沮渠蒙逊在武威附近打仗，身在南京的李白一家何至于受到影响？况且，我们所熟知的江东士族，无外乎顾、陆、朱、张、虞、步而已，李家在南京，无论如何也算不上“右姓”。所以这里的“金陵”应该是指甘肃酒泉地区。南北朝分裂时期，各政权为了凸显自己的合法性地位，常常虚张声势，侨置郡县，说白了就是要显得自己地盘大、来路正，当时的西北政权就把酒泉叫建康、金陵，而李姓确实也是陇右的大姓之一。

按照李白自己的这种说法，他祖籍应该是甘肃酒泉，在十六国时期避难迁徙到了关中咸阳一带，又因为父亲做官的缘故，搬迁到了江汉地区，在那里度过少年时代。对于这个说法的前半段，虽然不可确考，但是至少可以证明他的后半句是不可靠的！我们非常清楚地知道，李白的童年时代在蜀中度过，有大量诗作流传、铁证如山，所以“少长江汉”的说法显然是立不住的。那么李白为什么这么说呢？应该是为了套近乎，这段话是说给安州长史裴宽的，安州就是湖北安陆，李白在此地生活多年，并且娶妻成家，冒充本地人，八成也是为了和地方官员套套近乎。

李白还有一封《与韩荆州书》，与前一篇内容类似：

白，陇西布衣，流落楚、汉。

韩荆州是指荆州长史韩朝宗，更是一位政坛和文坛上响当当的大人物，尤以提拔奖掖后进文士著称于当时，李白在信中这么说，套近乎的意味就更明确了。

说起来，出于立功扬名等等不同的目的，唐代大诗人都喜欢吹牛说瞎话，李白、杜甫皆是如此，所以他们自己的话有时候不能全信，还得看看同时代的其他人怎么说。有两个人提到过李白的出生地，分别是为李白《草堂集》作序的李阳冰和为李白撰写墓碑的范传正。

李阳冰在《草堂集》的序中说：

> 李白字太白，陇西成纪人，凉武昭王暠九世孙……中叶非罪，谪居条支，易姓与名……神龙之始，逃归于蜀，复指李树，而生伯阳。

这里提到了三个地名：一是陇西成纪，也就是如今的甘肃天水；二是条支，是一个古国名，大概在今阿富汗首都喀布尔附近；三是蜀，就是四川。他说李白祖籍是陇西成纪，后来因为家族中有人获罪，被贬官流放到了条支，改名换姓，直到神龙初年才逃回四川，因为看见了李树就决定姓李，而后生下了李白。

对于这个说法，熟悉李白和唐史的读者很快就会发现一个问题：按照李阳冰所说，李白的父亲神龙元年逃回蜀地，而后生了李白，那么李白便出生在公元 705 年以后。但我们熟知李白生于长安元年，即公元 701 年，这一点在很多作品中都可以得到确证。那到底是搞混了李父逃归和李白出生的先后，还是记错了回来的时间呢？看来李阳冰对此也是迷迷糊糊，毕竟他的信息来源极大可能也是李白的口述，很难确考。

最后再看看范传正的《唐左拾遗翰林学士李公新墓碑》序文：

> 公名白，字太白，其先陇西成纪人……约而计之，凉武昭王九代孙也。隋末多难，一房被窜于碎叶，流离散落，隐易姓

名。故自国朝已来，漏于属籍。神龙初，潜还广汉。因侨为郡人。父客，以逋其邑，遂以客为名。高卧云林，不求禄仕。公之生也，先府君指天枝以复姓，先夫人梦长庚而告祥，名之与字，咸所取象。

范传正是德宗贞元年间的进士，比李白晚大概半个世纪，据说他从李白孙女手中得到了数十行残缺的李白之子伯禽关于家世的手书，可信度大概也不是很高。这一说法与李阳冰之说大体相近，明显不同的地方主要有三点：一是流落奔亡的地点，由条支改为了碎叶，也就是今吉尔吉斯斯坦的托克马克附近；二是没有明确说明李白的出生时间及其与逃回广汉的先后关系；三是指出了李白的父亲叫李客，姓“李”是因为皇帝也姓李，叫“客”是因为客居的身份。

综合以上几种说法，我们还是没能弄清楚李白到底出生在哪里，但是根据这种说法基本可以梳理出一条大致的脉络：李白祖籍陇西，先祖避难到了中亚条支或碎叶，大概在此生下了李白，到神龙元年左右逃回蜀地，而后李白在这里成长，度过少壮时光。

那么问题来了，如果说李白出生在阿富汗喀布尔或是吉尔吉斯斯坦托克马克，那我们的诗仙不就成外国人了吗？当然不是，因为唐龙朔元年（661）所设条支都督府，属安西大都护府管辖，至天宝十载方归于阿拉伯帝国；而碎叶城，建于高宗调露元年（679），与龟兹、疏勒、于阗并称“安西四镇”，同样隶属安西大都护府，此地直至1864年才被俄国侵占，离开中国版图。所以，在李白出生的长安元年，无论条支还是碎叶，都是中国领土，李白的国籍毫无疑问是中国！

而从另一个角度考虑，神龙之初，李白一家即逃回蜀中，这时的李白不过五岁，正是对世界刚刚开始认识的年纪，如他所说自己“五岁诵六甲”，此后他所读的书、所见的人、所度过的童年生活，完完全全是建立在中原文化背景之上的，因而他的三观和文学思想，也都是根植于中原文化的，更不论李白此后继承历代诗歌发展成就与传统、与中央朝廷和国家政治始终保持着紧密联系。他得以在诗歌史上大放异彩，和中华文化传统丝毫不能分割。故而我要说，诗仙可以是世界的诗仙，但李白一定是民族的李白！

四、家世之谜

最后还要顺带说说李白的家世，这也是个充满谜团和争议的话题。前一段中的四条材料，都将李白的祖籍指向了一个地方——陇西，这里有什么特殊之处吗？当然有，对此，大家只要翻开新旧《唐书》第一卷，便一目了然：

> 高祖神尧大圣大光孝皇帝姓李氏，讳渊。其先陇西狄道人，凉武昭王暠七代孙也。

> 高祖神尧大圣大光孝皇帝讳渊，字叔德，姓李氏，陇西成纪人也。其七世祖皓，当晋末，据秦、凉以自王，是为凉武昭王。

陇西李氏是李唐皇族的姓氏，尤其是李阳冰的序和范传正的碑都说李白是“凉武昭王九世孙”，而唐高祖李渊是七世孙，这么算来，李白竟是唐朝的宗室之后、皇家血亲了。不过这个说法可信吗？我看大体是不可信的。前面讲过，唐代处于贵族社会向士人社会的过渡阶段，魏晋南北朝遗留的士族文化风气还相当浓厚，尤其在家族门第观念上，人们还是喜欢标榜自己的出身，有时虚报郡望、攀龙附凤。比如韩愈出生在河南孟州，却自称“郡望昌黎”；高适出生于宋城，却自称“郡望渤海”，都是借以邀名，抬高身价的常见手段。只不过李白野心更大一些，要攀亲就攀个最高的，直接和皇家挂上了钩，不过如果真是宗室之后，总不至于连族谱也拿不出来。我们常说什么东西“不靠谱”，最早指的就是这种情况，谱就是族谱、家谱。还有一种猎奇的说法，说李白是玄武门之变落败的太子李建成的后代，隐姓埋名逃到中亚地区，并以此来解释他为什么没有家谱，这种说法，大家当笑话听听固然可以，不足为信。

对于李白的家世，其实完全不必考虑得太神秘，依据现有的材料和研究，大体可以得出以下结论：第一，李白的父亲不是中原正统的读书人，更不是官宦世家、书香门第；第二，李白的家庭条件十分优裕，他的父亲极大可能是商人或大地主阶级；第三，李白的父亲性格较为率性洒脱，还有一定的侠义精神。

这三点对李白的人格塑造其实有着很大的影响：非书香门第、官宦世家，就使得李白没有成为杜甫一样怀着“奉儒守官”理想的士子，而是兼涉百家，有着自己独特的政治理想和参与方式；优裕的家庭环境，为李白的成长提供了良好的条件，使他得以自由地学习文武之道，也有充足的资本闯荡大江南北；而李白的父亲率性洒脱、具有侠义精神的人格，更是直接随着基因遗传到了李白的身体里。

看得出来，李白之所以成为诗仙，之所以能够怀着浪漫主义情怀在盛唐谱写理想的乐章，与他的家世是有着密切关系的，而这种联系首先便体现在他的童年生活之中。自神龙之初随家迁徙，至开元十五年出峡漫游，李白在蜀中度过了二十多年时光，这段岁月里他都经历了什么，又在他的人生中留下了怎样的印记呢？

第三讲

书剑童年

——小天才的养成计划

一、少年诗仙的别样“书单”

虽然由于材料所限，我们尚难以得出关于李白的故乡与家世的确切结论，但至少搞清楚了诗仙不是外国人，而且知道了他独特的家庭条件，对于李白豪放俊逸的人格养成有着特殊的意义。一方面，优越的家境使得李白从小就拥有良好的教育条件，能够博览群书，结交名流；另一方面，非儒学世家，又使得李白没有像其他中原文人一样，被浓重的儒学思想所左右，养成“奉儒守官”的人格，而是接受了相对多元的学术思想和多样的文化熏陶，从而养成了更为复杂的人格精神。

我们姑且按照李阳冰《草堂集序》和范传正碑文的说法，认定李白在神龙之初随家人迁回蜀中，那么也就是在他五岁的年纪，终于回到了中原文化占主导地位的生活环境之中。幸运的是，这正是小李白人格精神开始养成的年纪，而恰巧，关于他童年生活的记录也开启于此时。

李白在《上安州裴长史书》中介绍了自己的童年生活，从中，我们可以一窥李白年少时的读书和学习情况。他说道：

> 五岁诵六甲，十岁观百家。轩辕以来，颇得闻矣。常横经籍书，制作不倦，迄于今三十春矣。

关于“六甲”，有很多复杂的意思，比如我们现在常说的女子“身怀六甲”，指的是干支纪日，当然和这段话没什么关系。对于这一段中“六甲”的含义，一般存在两种观点：一是认为“六甲”是一种特殊的诗歌体裁，比如南朝有个叫沈炯的诗人，就写过“六甲诗”，在每两句之前分别冠上天干十字。宋代严羽也在《沧浪诗话》中对此有所总结。不过这种体裁成就很低、影响很小，虽然与前面的“诵”字对应密切，但作为李白这样一个大诗人，即便是童年时代，品味也不会这么差，去读这种所谓的“六甲诗”，更不至于到了三十多岁还把这种事情拿出来炫耀，所以这种理解是不对的。第二种解释，也是我所认可的观点，就是认为“六甲”是一种以五行方术为主的特殊的道教符箓，类似于“奇门遁甲”之学，这个就很厉害了，以当今的学术体系来看，它涵盖了天文历法、哲学思想、战争谋略等多个方面。而李白作为一个五岁的孩子，就能将这些内容背得朗朗上口，说得头头是道，的确是罕见的奇才了。从中也可以看出李白自小的喜好就与常人不同，他一生追求做“帝王师”的理想，很可能在这时就已经埋下了种子。

到了十岁，李白更是博览群书，而且和大多数人的专精儒术不同，他所读的是“百家”之学，对于“轩辕以来”的各种典籍，李白常常将它们放在一起，进行对比阅读，兼取其精华，可以说他的思想体系和学问是非常广博的——儒家之道，作为中国古代的正统和主流学术，自然不可偏废，李白的治世理想、文学观念毫无疑问来源于此；而道家思想中“逍遥”“遗世独立”的人格境界，以及道家追求“长生”“求仙”的理想则塑造了李白的另一重人格；纵横家们“幽观大运，待时而动”的世界观，更是从根本上影响了李白追求理想的方法论与具体实践，他不拘世俗、平交王侯的理念与此密切相关；当然，还有其他百家的知识、理论和思想，以及历代经史、文集，或丰富了李白的精神世界，或成为他重要的思想积淀，都是这座诗歌高峰崛起过程中不可或缺的基础。

如果想知道李白都读过什么书，大可翻一翻《旧唐书·经籍志》和《新唐书·艺文志》，里面著录的经史子集各家经典，想必大多是李白读过的。从数量上看，杜甫说自己“读书破万卷”，但还是以儒家经典为主，李白比他的阅读面更广，想必数量也要更多些。不过其中有一本还是要格外指出来，那就是《文选》。《文选》是《诗经》以后，唐代以前，文坛的集大成之作，也是唐代文人士子标准的文学教科书，杜甫的诗圣伟业，离不开他“熟精文选理”的基础；李白也是如此，晚唐有个文人叫段成式，写了一部野史笔记叫《酉阳杂俎》，里面讲述了李白“前后三拟《文选》，不如意辄焚之。惟留《恨》《别》赋”，虽然这条记载属于野史，不可尽信，但《拟恨赋》《拟别赋》两篇作品确确实实留在李白的文集里，至今仍可以看到。除此之外，大量的古题乐府创作以及对大量前代文学典故的灵活运用，都足以证明李白对《文选》有着认真的学习和借鉴，更有着精微的钻研和掌握，对于标举“复古诗学”的诗仙而言，这一点尤为关键。

二、神奇的“十五岁”

在广泛涉猎、博览群书的过程中，小李白满足着自己对大千世界、无限宇宙的好奇与向往，在对古往今来、兴衰成败的全面认识中，逐渐形成了扶摇九天的人生理想和高视阔步的人格境界。转眼间，时光匆匆而过，他到了十五岁的年纪。

对唐人来说，十五岁有着特殊的意义，按照唐律，男子十五岁可以成婚，也就意味着长大成人，人格发育健全，该步入成年社会了。所以唐代很多著名的文人，都在十五岁的年纪度过了人生的重要节点，比如：王勃十五岁“上书自陈”“对策高第”，给宰相写了自荐信，并且在朝廷上高谈阔论，由此步入仕途；王维十五岁离开蒲州家乡，西渡黄河，去往长安赶考，并在途中写下了“星辰七曜隔，河汉九泉开”的磅礴诗句，在唐诗之路上留下了最早的足迹；杜甫同样在十五岁的年纪，开始“出游翰墨场”，真正步入文坛，并且在中原地区博得了不少的赏识，有文坛前辈将他比作当代的班固、扬雄。他们无不是怀着一颗日益成熟的好奇心、上进心，迈出坚实的人生第一步，走向探索和追求人生理想的康庄大道。所以可以说，十五岁对唐代文人而言最称得上是“风华正茂”的美好年纪！

李白的十五岁，同样是不同凡响的，而且比起其他文人，由于独特而多元的人格精神，他的青春年华则更为丰富多彩。

读书是小李白一直坚持着的好习惯，而且所看的书仍然很杂，在看的同时，还不忘写写文章练笔，如果段成式《酉阳杂俎》的记载可信，那么李白“三拟《文选》”的事情，大概就发生在他十五岁前后。李白在《赠张相镐》其二中说自己：

十五观奇书，作赋凌相如。

奇书，也就是李白一贯喜欢看的各类典籍、百家之书，尤其是思理精微、风格拔崛、见解独到、气势卓然的作品。一般来说，最符合“奇”这一特点的是纵横家之学，可以看出，在兼涉百家的基础上，李白对于遍干王侯、出奇制胜的纵横家学说情有独钟，因为这大概是最有可能兼顾他“儒家治世理想”与“道教人格追求”的实践道路；而相如，自然是西汉的辞赋家司马相如，他在前人的基础上发展了大赋这一体裁。赋本身一定程度上脱胎于纵横家的文辞，特点是辞藻富丽、结构宏大，所言内容是对诸侯、天子的歌颂和规劝，目的在于润色鸿业，讽喻君王，体现了政治理想与文学追求的紧密结合。李白说自己“作赋凌相如”，这个“凌”字的核心就在于气势与境界的超越，在最注重磅礴气势的大赋文体中，十五岁的李白认为自己已经全面压倒了堪称宗师与鼻祖的司马相如，这是何等地自信与有魄力！而这种自信，自然也根植于“三拟《文选》”这样日积月累的学习和实践。

如果只是观书与作赋，就说自己“凌相如”，那恐怕难以使人信服，于是李白在十五岁时还干了两件事，那就是学剑与求仙。在《与韩荆州书》中，李白说自己：

十五好剑术，遍干诸侯。

李白的剑术到底如何，是个争议很大的问题，有人说他师从盛唐“剑圣”裴旻，但没有任何确切的历史记载，大概是不靠谱的。从他的家庭环境、人格特点和后来的很多人生经历来看，李白尚侠义之道、练过武功，而且功夫不错，却是毋庸置疑的。前面说了，李白大体选择了走纵横家的道路，以追求和兼顾自己多元的人生理想，因而日后必然要去云游四海，增长见识，遍干诸侯，寻求机遇——那么，修炼剑术，精进武艺，是漫行天下必有一技傍身的重要需求；兼备文武之道，能够出将入相，更是作为奇才吸引君王必不可少的特质。

而关于求仙，在《感兴八首》其五中，李白是这样说的：

十五学神仙，仙游未曾歇。

前面反复讲过，李白的人生理想有两个，一是在政治上“为帝王师”，做到“使寰区大定，海县清一”；二是在人格上，追求“红颜弃轩冕，白首卧松云”，“永随长风去，天外恣飘扬”，要做自由的世外仙人。为了实现前一个理想，他“观书”“作赋”“学剑术”“干诸侯”，选定纵横家的道路去不断实践；余下的精力，便留给了后一个理想，去学道术、炼丹药、游山林、求神仙了。同样是在《上安州裴长史书》中，李白讲述了这样一个故事：

又昔与逸人东严子隐于岷山之阳，白巢居数年，不迹城市。养奇禽千计，呼皆就掌取食，了无惊猜。广汉太守闻而异之，诣庐亲睹，因举二人以有道，并不起。

说自己曾经与一个叫东严子的隐士一起隐居在岷山南麓，筑巢而居，不踏进人们聚居的地方，只与自然相伴，还养了几千只奇异的鸟类，和它们相处十分密切、融洽，只要招呼一声，它们就飞到人手上来吃东西，毫无戒备。这便是《庄子》所谓的独与天地精神往来的境界。当时的广汉太守听说了这件事，觉得十分奇妙，便跑过去亲眼见证了这一景象，然后就决定推举李白和东严子为“有道科”举人，把他们进献给朝廷，推荐他们做官。但李白却对此毫不心动，最终也没有应举。为了求神仙之道，给个官都不动心，李白的信念也是相当执着了。

其实这个事情也不难理解，对李白而言，访道求仙是与“为帝王师”同等重要的追求，当他正在与天地相通的兴头上，甚至也许在他看来，自己与仙界不过一步之遥了，这个节骨眼上，一个普通的制举推荐名额，类似于公务员考试入场券，对于李白的吸引力之小，也就不言而喻了；况且即便考中，也还得从基层职员做起，这与他的人生追求，更是格格不入的。

这个东严子，也是个不凡的人，从一定程度上来说，他算是李白的启蒙老师。他原名叫赵蕤，是梓州盐亭人，比李白大四十多岁。此人长于术数、博于韬略、通晓百家，有经世之才，而且还“任侠有气，善为纵横学”，除了不写诗以外，简直和李白一模一样。李白的人格养成，可以说与他有着密切的关系。赵蕤有一部著作，叫《长短经》，共十卷六十三篇，以谋略为经，历史为纬，交错纵横，蔚然成章，是一部纵论治世立身之道的鸿篇巨制，正是李白认为的标准的“奇书”，对他造成了很深的影响。

李白在十五岁的年纪确实做了很多事，“观奇书”“好剑术”“学神仙”，看似忙忙碌碌，所求甚广，互不相干，其实通过上面的细致分析，想必大家也都能看出其中的共性与关联——这都是李白在进一步明确自己“儒家政治理想”和“道教人格追求”的基础上，选定“纵横家入仕道路”并由此展开的具体探索与实践。与众多唐代文人一样，在最好的青春年华里，李白也将自己的青春投入到了为理想而拼搏奋进的追梦征途之中！

三、“匡山读书处”

李白在蜀中的故里叫青莲乡，今属绵阳江油市，李白的别称“青莲居士”正是得名于此，他的少年时光大多是在这里度过的。但在特殊地理环境的影响下，巴蜀地区有一种特殊的文化风俗，那就是当地的文人少年都喜欢进山读书，他们认为这样既亲近自然、容易吸收天精地华，又更能够沉心静气、专心学业，李白当然不例外，他读书的地方便是青莲乡北不远处的大匡山。

大匡山，又叫大康山、戴天山，其山势险峻，林壑深邃，风景秀丽，因山势如筐而得名。李白十来岁开始在这里读书，也在此留下了人生中最早的诗歌作品。如今李白诗文集中可以确考的最早的作品是这首《访戴天山隐者不遇》：

犬吠水声中，桃花带露浓。
树深时见鹿，溪午不闻钟。
野竹分青霭，飞泉挂碧峰。
无人知所去，愁倚两三松。

这是一首五律写景诗，创作时间大概是李白十五岁前后，题目中的戴天山隐者究竟是谁，现在已不可考。这首诗主要表现了一种清新自然的山林逸趣：深山峡谷之中，潺湲的流水击打在山石之上叮咚作响，与犬吠之声交相呼应，河畔桃花开放，在露水点染下更为鲜艳浓丽；拨开掩映的层林枝叶，时而有小鹿穿行其间，即便是正午，也不会有钟声打破此间的静谧与安宁。

读到这里便不难看出这首诗的写作结构，是以诗人探访山林的第一视角展开的，于是心情随着景物而变化就显得十分明确，从初入自然的新奇，到繁花入眼的喜悦，再到沉浸其间的安然，都流露于字里行间。我们随着诗人的视角继续前进，看见的是薄薄的青色雾气被同样是青色的竹叶分开，碧绿的山崖之上，一道泉水纵贯而下，一个“挂”字写尽了山势的陡峭曲折和泉流的奔腾飘逸。原来这里就是戴天山隐者的栖居之地，虽然寻访不遇，但也算见到了如此仙境美景，不虚此行，何苦要表现得愁容满面呢？我们还是要通过李白的理想与性格去加以推测，他跋山涉水来到山中，难道只是为了欣赏美景、寻访普通的隐士吗？当然不是，正所谓“十五学神仙，仙游未曾歇”，他是要求访神仙的啊！

听说戴天山上有个神秘的隐士，可能是个老神仙，认识他就能得到修仙的金丹良方，于是李白怀着激动和向往的心情而去，一路更是被这如仙境般的景色吊足了胃口，到头来却一无所得。靠着松树等一会儿吧，也不知道这位隐士去了哪里、什么时候回来；不等吧，好不容易来了一趟，就这么走了，心理落差实在太大。你说他愁不愁呢？

同时所作的还有一首《寻雍尊师隐居》：

群峭碧摩天，逍遥不记年。
拨云寻古道，倚树听流泉。
花暖青牛卧，松高白鹤眠。
语来江色暮，独自下寒烟。

这首与前者不但创作时间相近，风格内容与主旨思想也十分相近：尊师是当时对于道士的称呼，这位雍尊师何许人也，同样不得而知。诗的开篇写出了群山环抱的景象，前面说了，大匡山因形似筐而得名，身处其中，抬眼望去便都是参天的峭壁群峰，有一种与世隔绝、超然度外的感觉，于是便不记其年。中间四句写的是寻访的过程及所见景象：拨开缭绕的云雾，在山间探寻幽深古道，有时迷失在树丛中，还要停下来静静地聆听泉水流动，以此判断方向；走着走着终于来到了隐居所在，一只青牛惬意地卧在鲜花丛中，白鹤倚着松树悠然安睡，山水、草木、鸟兽与目睹着这样一番景象的人，此刻共同构成了一幅和谐无间的图画，这正是李白所向往和追求的逍遥境界。与前番不同的是，此次李白没有白跑一场，他找到了雍尊师，并与之促膝长谈，交语移时，不知过了多久，天色都已经昏暗，这才兴尽而归，独自下山。有人评价结尾一联“神韵悠然”，的确，全篇没有一处对人物的正面描写，但雍尊师与李白这两个高蹈林泉的逍遥形象却呼之欲出，颇有一番得意忘言的高妙境界。

李白最早期的诗歌作品基本都是这样的写景诗，描写寻幽览胜的美好经历，表达林泉高秩的生活状态和精神追求，这是他的人生理想、成长环境和盛唐早期的诗歌风尚所共同决定的，大匡山的美好风景更是为他的诗歌创作提供了绝佳而无尽的素材。这类诗歌虽然不能代表李白诗歌的最高水平，甚至在盛唐山水诗中也很难位居前列，但可观之处也不在少数，既体现了李白一个阶段内的生活和心境，更是李白今后文学创作道路的重要铺垫，有着不可忽视的价值与意义。

很快，到了二十岁这年，李白真正第一次走出家门，先是去往蜀中更广阔的天地闯荡，途中遇到了两位重要的贵人，而后更是怀着“大鹏展翅，万里横行”的理想，出峡直入中原，真正踏上了盛唐诗歌的中心舞台。那么，李白在蜀中漫游都经历了什么？究竟遇到了哪两位贵人？他又是如何下定决心出峡远游的呢？

第四讲

仗剑去国

——西南天地飞起的大鹏

一、锦官城的花开花落

李白在成长过程中明确了自己的“儒家政治理想”与“道教人格追求”，并选定了“纵横家入仕道路”，由此在家中和大匡山上，展开了一系列读书、作诗、习剑、求仙的活动，并开始走上自己的文学创作之路。虽然作品还显得有些稚嫩，但已打好了坚实的基础。

开元八年（720），二十岁的李白开始了人生的第一次漫游，目的地不远，就是蜀中的几座大城市。青莲乡往西南方向一百二十公里，便是益州的第一大城市成都，这是盛唐西南的政治、经济、文化中心，也是历史悠久的文化名城。李白此行不外乎两个目的，第一是找几处景、增长见识，第二是见一个人、寻求机遇，当然，后者更为重要。

我们先从重要的说起，李白要见的这个人叫苏颋，在盛唐的政坛和文坛都是宗师级的人物。苏颋出生于关陇豪族、官宦世家，世封“许国公”：远祖苏绰，是北周宇文泰改革的重要参与者，可以说是隋唐政体的奠定者之一，他所草就的《大诰》是隋唐公文的范式；高祖苏威，是隋朝宰相；祖父苏亶，和唐太宗是儿女亲家，女儿嫁给太子承乾为妃；父亲苏瑰，历任中宗、睿宗两朝宰相，辅佐睿宗登上皇位；而苏颋自己则是玄宗朝宰相，与宋璟共同主政多年，同时专掌制诰。文学方面，苏颋早在中宗朝时，便充任修文馆学士、中书舍人，为皇帝起草诏命文书，前后长达二十多年。他发挥了从远祖那里继承来的传统，把质实、雅正的内容与宏博、飘逸的文风结合起来，将唐代文章写作水平推上了新的高峰，与另一位文学家、政治家燕国公张说，并称“燕许大手笔”。他大力奖掖新进文士，是盛唐的第一代文坛领袖。开元八年，五十一岁的苏颋出任益州大都督府长史，节度西南，因此来到成都。

李白听闻这一消息，便迫不及待地赶去投刺。若是能得到苏颋的赏拔并被引荐到朝廷，那平交王侯、为帝王师的理想，想必不日也就能实现了。于是，不等苏颋到达成都，李白在半路上就截住了他，并拿出自己精心准备的诗文作品向他行卷，请苏颋指点。苏颋一贯礼贤下士，对李白这位布衣青年也十分亲切、礼遇，接过李白的“卷子”，认真地看了很久，而后对随行的官员说了这样一段话：

> 此子天才英丽，下笔不休，虽风力未成，且见专车之骨。若广之以学，可以相如比肩。

从这段话足以看出，苏颋不愧是多年的文坛宗主，对李白的评价可谓鞭辟入里：“天才英丽”是说他的天赋过人，神思英俊，文采秀丽；“下笔不休”是说他勤奋有积累，功底深厚；“专车之骨”是说他的气质骨鲠、新奇，足以形成鲜明的特色；而“风力未成”则是指他涉世未深、学养和阅历尚没能够融会贯通，达到浑然一体的境界。所以，要“广之以学”，就能达到与司马相如相当的水平了。一位纵横政坛文坛数十年的宰相、文宗，对初出江湖的布衣少年做出这样的评价，是非常少见的。

对于苏颋的评价，李白不能不信服。但他自认为“作赋凌相如”，宗主却说他“广之以学”，方“可以相如比肩”，可能多少还是有些心理落差。从实际效果而言，他一路跟随苏颋的仪仗来到成都，却最终没有达成让苏颋引荐自己的心愿，这肯定让他觉得失望。于是，他打算完成自己此行的另一个目的，去转转成都的名胜古迹。

成都的名胜古迹很多，比如武侯祠、相如琴台、文翁石室，等等，卢照邻、高适、杜甫等著名诗人都留下了很多吟咏当地名胜古迹的佳作，李白应当也不会例外。但可能是由于早期文献资料保存不全的缘故，李白在成都创作的诗歌没能流传下来，或是还没有从投刺失败的阴影中走出，心情不好，无意写诗作文，只有一篇《登锦城散花楼》可以一观他成都之行的点滴片段：

日照锦城头，朝光散花楼。
金窗夹绣户，珠箔悬银钩。
飞梯绿云中，极目散我忧。
暮雨向三峡，春江绕双流。
今来一登望，如上九天游。

散花楼是隋代蜀王杨秀所建，在成都的众多名胜古迹中不算出彩，但可能是散花之名契合了李白落花般的失意心境，故而选择在这里登览作诗。诗的前四句写初升的太阳照耀散花楼的景象，阳光下闪着金光的窗子与绮绣的门户错杂排布，银钩之上挂着细密精致的珠帘箔幕，这种镂彩错金的雕饰之感，是李白早期诗歌中极为少见的风格，侧面反映出他作为一个壮志少年，对于政治理想的迫切向往；中间两句是过渡，写登楼远眺的动作；后四句便转入了远眺的所见所感：向东望去，三峡的群峰上阴云笼罩，一场大的风雨即将降临；往西边看，静谧的两条春水仍环绕着锦官城，安详流淌，仿佛一切外在的变动都与之无关——这反映了两种截然不同的人生道路选择，是安守西南天地，闲静一生，还是到东方更大的世界，去搏击风雨，簸却沧溟，想必此时的李白心中已经有了答案。此时，他也明白了，当着眼点变高、变大，世界也会豁然开朗，与“三峡暮雨”相比，散花楼上的“金窗绣户”“珠箔银钩”又算得了什么呢？所以他发出了“今来一登望，如上九天游”的感慨，这是一种心境被骤然打开，与宇宙相通的由衷喜悦。

二、“丈夫未可轻年少”

成都之行算得上喜忧参半，虽然在仕途上没有实际收效，但得到了政坛领袖、文坛宗主的高度赞许，也开拓了心境和眼界，终究是没有白跑一趟。离开成都的李白，紧接着来到了蜀中的第二座大城市渝州，也就是如今的重庆。李白去渝州也是为了见一个人，这个人也是盛唐著名的文学家、政治家，同时还是一位卓越的书法家，他的父亲是唐代最通行的文学教科书《文选》的注释者李善，他自己后来也成为盛唐文坛的第三代领袖，他就是李邕，此时任渝州刺史。

前面讲到过李白对《文选》的信奉和推崇，听说最权威的《文选》

学家李善家的公子李邕就在不远的渝州当刺史，怎么可能不想前去当面讨教其中的学理呢？于是李白把投刺苏颋的诗文又毕恭毕敬地誊抄了一份，毕竟当着大书法家的面，字也要写得格外工整，然后带上它顺着水路而下来到了渝州。他心想：我的诗文，苏颋看了赞不绝口，不过居然认为我不及司马相如，这次让更熟悉《文选》的李邕看看，他的评价肯定会更公允吧。

谁承想，卷子递到李邕手里，李邕却并没有太当回事，原来李邕虽然家传《文选》，也熟精六朝诗文，但自身的兴趣却主要在应用类的碑文上，对于杂诗和文赋并不感冒。而且在李白来访期间，李邕正在精心结撰他准备献给玄宗的大礼《修孔子庙堂碑》，心思全然不在李白这里，只想尽快把他打发了。李白满怀期待跑来行卷，本想着能遇到知音，与行家好好地学习、探讨《文选》之理，甚至受其汲引，登上仕途的天梯，谁想到被当头浇了一盆冷水。年轻气盛又失望透顶的李白，这下是真的坐不住了，他怀着满腔激愤与不平写下了这首著名的《上李邕》：

大鹏一日同风起，扶摇直上九万里。
假令风歇时下来，犹能簸却沧溟水。
时人见我恒殊调，闻余大言皆冷笑。
宣父犹能畏后生，丈夫未可轻年少。

开篇便引用了《庄子·逍遥游》中大鹏“水击三千里，抟扶摇而上者九万里”的典故，其中的“风”是指时运、机遇和贵人的扶助，“沧溟水”便是广阔的自然和人类社会的象征，而志存高远、心胸广博、怒而振翅的“大鹏”毫无疑问便是李白的自比——这是李白在作品中第一次自比大鹏，自此，大鹏鸟成为李白的人生图腾，伴随了他一生。李白说：我是一个大鹏一样逍遥不羁的高士，有朝一日抓住了时运，便可以扭转乾坤，干出经天纬地的事业；即便时运不济，暂时落魄，那也足以在人世间留下非凡的足迹。世人总觉得我与常人的思维、言行格格不入，每每听到我说这番豪言壮语，总会冷眼嘲笑。言下之意是什么呢？我原以为您李邕大人是独具慧眼的，能够发现我的超世之才，可没想到，您也不过是持这样的“时人”之见啊。史上真正的大圣大贤，比如孔子，尚且觉得后生可畏，对年轻后辈的才干见识感到钦佩，您李大人却如此轻视我这个白衣青年，实在是太不应该了。这首诗率然而成，充满了少年的不平意气与豪放情怀，尤其前四句，将云霄的高广与沧海的深远运于股掌之间，蕴含着无穷的动感与张力，一个绣口吞吐盛唐的宏大宇宙人格，也随着这样的文字而呼之欲出了。二十四年后，已经成为文坛领袖的李邕与同样名满天下的李白在东鲁重逢，座上还多了日后诗坛地位比他们更高的杜甫，不知当他们不经意间回味起这段尴尬的初次相遇，又会有怎样的心情与感受呢？

不过，李白的渝州之行也不是一无所获，虽然在李邕门上碰了钉子，但当地有个姓宇文的县尉却对他十分赞赏，还送了他一份礼物——当地生产的桃竹做的书筒。李白也非常大方地回赠了一首诗作，《酬宇文少府见赠桃竹书筒》：

桃竹书筒绮绣文，良工巧妙称绝群。
灵心圆映三江月，彩质叠成五色云。
中藏宝诀峨眉去，千里提携长忆君。

前四句都是在描绘书筒精良的做工：良工巧匠精心在筒面上雕琢了绮绣的花纹，整个书筒形状如同倒映在江面上的月影一样圆满规整，外壁的颜色也互相叠加渗透，仿佛五彩云霞一般斑斓多姿。最后两句说明了书筒的用途和自己的感谢之情。李白爱书是出了名的，他今后就将用这个书筒装上最珍爱的宝诀，伴随他去政坛扬名、山野求仙，日后无论走到哪里，只要看到这个书筒，便能够回忆起这位宇文少府大方相赠的款款深情。

三、“莫怪无心恋清境，已将书剑许明时”

结束了成都和渝州之行，李白回到了阔别两年有余的青莲乡，再次登上大匡山。经历了短暂的颠沛和两次不大不小的挫折，当他再次看到眼前这些伴随他度过美好青少年时光的“老朋友”时，一花一草都让他倍感亲切，因为他知道这次的重逢必然短暂，还有更高的山、更长的路在前方等待着他去征服。

这首《冬日归旧山》作于回乡之初：

未洗染尘缨，归来芳草平。
一条藤径绿，万点雪峰晴。
地冷叶先尽，谷寒云不行。
嫩篁侵舍密，古树倒江横。
白犬离村吠，苍苔壁上生。
穿厨孤雉过，临屋旧猿鸣。
木落禽巢在，篱疏兽路成。

拂床苍鼠走，倒箧素鱼惊。
洗砚修良策，敲松拟素贞。
此时重一去，去合到三清。

前两句交代漫游归来的背景，外界在他看来都是尘世，只有大匡山的一方天地，充满了自然淳朴的气息：一条碧绿的长满藤条的小径蜿蜒延伸，勾连起远方晴空下若隐若现的万点雪峰，沿着它前进，先是伴随着满树落叶而感觉地气寒冷，进而又被山谷中阻滞的浮云沾湿了衣裳。渐渐地，离屋舍旧居越来越近，只见房前屋后长出了新鲜的竹子，一棵古树却横倒在门前的江边，事物的新旧更替就是这样自然而不近人情。白狗闻到了主人的气息，远远地跑到村外来叫着迎接，墙壁因久无人居，生出了深绿的青苔；家里的景况同样显得萧条：厨房里已经被野鸡打出了洞穴，它们正大摇大摆地穿行而过，临近的房舍中竟出现了猿猴的啼鸣；那棵横倒的古树上，鸟雀的巢还依然完好；篱笆已经十分稀疏，野兽从中走出了一条小路；进到屋内，拍拍睡床，便有可爱的苍鼠团团乱跑；翻倒书箱，里面的蛀虫更是被吓得不知所措。面对这一派颓靡衰败的景象，李白丝毫没有沮丧、失落，更没有烦扰、忧愁，而是立刻开始了清洁和整理工作，他清洗了学习用具，为的是学好治国的本领，修整了倒下的松树，为的是陶冶高尚坚贞的品格。他内心深知，这次回来不久便又将离去，等待他的是一番经天纬地的大事业。

在家的这段时间，李白比往常更加勤奋地读书、练剑、修道，还认识了一位朋友，这位朋友日后陪伴了李白近乎一生的时光。他是一位道士，也在大匡山上修习，是传说中的“戴天山隐者”的徒弟，名叫元丹丘，也就是《将进酒》中的那位“丹丘生”。

转眼间，时间到了开元十四年（726），李白二十六岁，在他看来，又经历了大匡山上三年多的沉潜，自己的学养、道术、辞章、风力都得到了进一步的提升，去往更大的天地一展身手、逐梦中原的时机已经成熟，于是他下定决心“仗剑去国，辞亲远游”。临行前，他写下了著名的《别匡山》申明己志：

晓峰如画参差碧，藤影风摇拂槛垂。
野径来多将犬伴，人间归晚带樵随。
看云客倚啼猿树，洗钵僧临失鹤池。
莫怪无心恋清境，已将书剑许明时。

从十五岁左右立志来此读书，到如今二十六岁决意出峡，前后整整十年时间，李白不可能不对大匡山充满感情。清晨，那参差不齐的树木点染出深浅不一的绿色，犹如一幅美好的图画；藤蔓在轻风吹拂下垂搭在栏杆上，摇曳的影子更增添了几分动感。到了傍晚时分，又常有暮归的樵夫踏着余晖、背着柴薪，在爱犬相伴下唱着田园牧歌回到家中。闲来无事，便倚在树边，看天空的云卷云舒，丝毫不打扰树上的猿猴啼鸣；也有老僧前来失鹤池中清洗钵盂、打水做饭。这是一派何等祥和、淡然、清平的世外桃源，是多少人毕生追求而不可得的理想清境，但此时李白却不得不离开了，不是不爱，而是七尺之身已经许与这开元清明盛世，便再难留恋此一方的安宁！在他心中，当四海皆是此番太平境界之日，便是自己与这清境重逢之时。

四、峨眉山月

离开了大匡山，李白一路乘船顺江而下，他计划先沿着岷江向南，到宜宾转入长江水道，而后出三峡，直入中原。于是，在这年晚春，李白来到了岷江边的峨眉山。峨眉山是蜀中第一名山，既然来了，多多少少是要去探访一番的，于是他弃舟登岸，向山顶进发。

途中，写下了名篇《登峨眉山》：

蜀国多仙山，峨眉邈难匹。
周流试登览，绝怪安可悉？
青冥倚天开，彩错疑画出。
泠然紫霞赏，果得锦囊术。
云间吟琼箫，石上弄宝瑟。
平生有微尚，欢笑自此毕。
烟容如在颜，尘累忽相失。
倘逢骑羊子，携手凌白日。

前四句交代登山的背景，在巴蜀众多名山之中，峨眉的地位是不可匹敌的，倘若能够登上顶峰，想必能够看到极端奇绝怪异的景象吧。于是紧接着开始具体描绘“绝怪”之景：青苍的山峰展列于天际，色彩斑斓如同出自画中；赏玩山间轻盈的紫霞，仿佛得到了修道成仙的锦囊妙计。在山顶吹奏起玉箫，在山石上弹起宝瑟，如同身处云间，飘然屋外。平生所追求的神仙理想仿佛就要实现，世俗之乐也将自此断绝，脸上充满神仙才有的烟霞之气，尘世的牵累也忽然间消失。倘若在这里能遇上仙人骑羊子，就与他相互携手凌跨白日而飞仙了。这首诗写得亦幻亦真，虚实交错，体现了李白的奇绝想象和对求仙理想的执着。但其实李白心里知道，神仙不是这么容易就能当的，踏踏实实走好人间的每一步，才是正道。

于是李白下了山，继续前行，毅然决然踏上了“仗剑去国，辞亲远游”的征途。我们所熟知的《峨眉山月歌》，是他留在巴蜀大地上的最后一篇名作：

峨眉山月半轮秋，影入平羌江水流。

夜发清溪向三峡，思君不见下渝州。

诗中连用了五个地名：峨眉山、平羌江、清溪、三峡、渝州，其实勾勒出了李白去蜀出峡的路径。其中，平羌江是岷江流经峨眉山、乐山一段水路的别称；清溪即清溪驿，属犍为，在平羌江畔；三峡是指平羌江上犁头峡、背峨峡、平羌峡组成的“小三峡”，这也解释了为什么先到“三峡”而后到“渝州”。诗中的“君”自然指月亮，李白在下弦月夜离开峨眉山，经平羌江、长江而至渝州，历经大概一旬，至渝州时，正好晦日。天上的月亮，仿佛一位送行的使者，一路伴随着李白出峡的路途，日日减清辉，直到他离开之时恰好消失不见。这轮峨眉山月，正是巴蜀故土留给李白这位远行游子的最后印象，故而当他日后举头望见山月之时，低下头来才会倍加思念故乡。

就这样，李白离开了生活二十多年的故乡，来到了中原更为广阔的天地闯荡，他的第一站是哪里？又将有什么样的风景和挑战等待着他呢？

第五讲

桃花流水

——从长江头到长江尾的漫游

一、“仍怜故乡水，万里送行舟”

李白在开元十四年春下定决心“仗剑去国，辞亲远游”，在峨眉山辗转一段时日后，岁末又顺着岷江、长江水道一路东下，向中原进发，走走停停，终于在来年，也就是开元十五年的春天，来到了巴蜀的东大门——三峡的巫山。巫山是我国二、三级地理阶梯的分界线之一，也是联结巴蜀与荆楚的门户，过了巫山再往东，便是中原的天地。

李白刻意在巫山脚下留宿了一晚，这也是他在故乡土地上度过的最后一夜，为此，他特意写下了诗作《宿巫山下》：

昨夜巫山下，猿声梦里长。
桃花飞渌水，三月下瞿塘。
雨色风吹去，南行拂楚王。

高丘怀宋玉，访古一沾裳。

这首诗是以回忆性的口吻写下的：昨夜在巫山下过夜，满山猿猴啼鸣，在梦里都仿佛能听到它们悠长的叫声。猿啼是三峡著名的物象，所谓“猿鸣三声泪沾裳”，那凄厉的声音常常唤起游子思妇的满腹愁情。但李白不同，虽然满怀对故园的不舍，但前方的广阔天地更让他无限向往，区区几声猿啼并不足以让他泪下，反而是阳春三月的水涨潮涌、桃花落英，使他东下瞿塘的心情更加迫不及待。几年前，站在锦城散花楼上，他曾远眺三峡的暮雨，如今这激荡的风云真的要降临，更让李白充满了幻想。他想到：这云雨曾淋湿过楚王的衣襟，这山风也曾吹拂过宋玉写出的美丽辞章。访古而思今的李白，多么希望自己也能像宋玉一样，以满腹的文采和韬略去辅弼君王。想到此处，便不禁激动得热泪盈眶。

于是，乘着飞腾的逸兴，伴着方生的春水，李白的小舟飞快东下，不久便抵达了荆门。这里已经是中原的天地，看见豁然开朗的天地江山，李白的心胸和眼界也骤然博大了许多，很快他便交出了给中原诗坛的第一份见面礼——五律名篇《渡荆门送别》：

渡远荆门外，来从楚国游。
山随平野尽，江入大荒流。
月下飞天镜，云生结海楼。
仍怜故乡水，万里送行舟。

一个年方二十七岁的巴蜀青年，不辞辛劳，远渡荆门，来到楚地游历。随着轻舟经由三峡，逐渐驶入江汉平原，连绵的群山由层出错落，将而慢慢舒展、渐渐隐没，消失在地平线上；本来波涛汹涌的江水，随着河床的开阔，散入广阔莽原，却仍不减澎湃的气势，仿佛裹挟着宇宙天地，滚滚奔流。夜幕降临，野旷天低，一轮皎洁的明月宛如天上飞来的明镜，垂在头顶，照亮四野；远处暮云生起，月光透过云气、水汽照耀出五彩图案，如同一座座壮观的海上城楼！中间这两联，气象壮大，境界开阔，又虚实相生，如梦似幻，将山中青年初见壮美河山时，心中那份新奇、激动、昂扬、澎湃和盘托出，让人身临其境、感同身受；同时，这皎洁无瑕的明月与若隐若现的海楼，正像是李白心中那圣洁而缥缈的人生理想，那么地美好圆满，那么地引人入胜。诗的最后两句，看似运用了拟人的手法，将丰沛的情感投射进客观的江水之中，生动地表达了对故乡的无限留恋。其实从更深层的角度去理解，这两句更像是一场仪式化的告别，一段面对中原新天地的宣言：我那多情的故乡水啊，谢谢你的哺育滋养，谢谢你的依依不舍，不远万里，一路送我这位游子来到新的天地；回去吧，待我摘下那天上的明镜，将那彩云织成的海楼化为现实，再来与你重逢！

二、江汉船歌

踏入了中原的天地，本来就“好奇”的李白更觉得一切都充满了新鲜感，他不再急于赶路，而是放舟江流，任其所往，自己则纵身漂游，静静观赏这荆楚大地的壮观美景。

很快，在这种状态下，他就写下了进入中原后的第二首作品《荆门浮舟望蜀江》：

春水月峡来，浮舟望安极？

正是桃花流，依然锦江色。

江色绿且明，茫茫与天平。

逶迤巴山尽，摇曳楚云行。

雪照聚沙雁，花飞出谷莺。

芳洲却已转，碧树森森迎。

流目浦烟夕，扬帆海月生。

江陵识遥火，应到渚宫城。

春水方生，流波浩渺，李白“纵一苇之所如，凌万顷之茫然”，一眼望去，看不到江水的尽头，只知道这水是从月峡来的，水中夹杂着飘落的桃花瓣，散发出阵阵芳香，一如当年散花楼下的锦江般清澈明丽。月峡，位于渝州；锦江，位于成都——是蜀中最大的两座城市，李白又想起了刚刚离开不久的家乡。明亮碧绿的江水，浩浩荡荡，与天平齐，仿佛拖拽着两岸的巴山缓缓蔓延，直至地平线下，又恰似摇动着天际的层层楚云，随波而动，一同向东。江岸的沙滩上，一群大雁聚集，如同雪一样鲜明白净；谷口飞出一只只黄莺，好像翻飞的花瓣一般灵动飘扬。开满鲜花的水中小洲，看起来就像围绕小船转动，为舟中的游子翩然起舞；排排绿树更是热情地张开臂膀，迎接远客的到来。船行悠悠，时光流转，视线慢慢萦绕在日暮的江上烟波之中，一轮明月也随着船帆在不经意间升起，远远望去，依稀能够分辨出城墙的灯火，即将到达漫游的下一站——江陵渚宫城了。

江陵，也就是如今的湖北荆州市，在唐代是荆州都督府所在地，也是长江中游重镇、荆楚第一大城市，政治、经济、文化中心，李白以

“遍干诸侯”为实现人生理想的重要途径，自然不可能不在江陵有所活动。不过李白在江陵，却并没有奔走于达官显宦之家，而是毕恭毕敬地去拜访了一位名满天下的道士前辈——司马承祯。司马承祯何许人也？相传他出生于贞观十三年（639），李白在江陵见到他时，他已经是八十九岁高龄了。他自幼修道，是道教上清派茅山宗第十二代宗师，著有《形神坐忘论》《修真秘旨》等道教经典，曾多次被睿宗、玄宗诏入禁中讲论道法，还曾在开元九年（721）奉敕校正《道德经》，被玄宗深加礼遇，呼为“道兄”，可谓是将道士这一行业做到了极致，这正是李白“道教人格追求”的顶配境界。这年，在天台山修道的司马承祯正好云游到了江陵，李白自然要去见上一见。两人的年岁相差一个甲子还多，但却一见如故，成了忘年之交，还是那句话，伟大的灵魂总是相通的——司马承祯也许是看出了李白人格中那股不凡的仙气，发出了一声惊叹：“此子有仙风道骨，可与神游八极之表！”李白也很受鼓舞，写了篇《大鹏遇稀有鸟赋》，表达自己找到精神契合的知音时，无比激动的心情。

从江陵再往前走便是江夏，也就是如今的湖北武汉，在当时它的地位还没有现在这么突出，但也是长江上的商业重镇。由于悠久的航运传统和繁荣的商业文化，这里在魏晋南北朝时期形成了一种特殊的地方民歌形式，叫作“西曲”，多写商人妇的相思离别和劳动者的爱情生活，语言流畅自然，风格清新明快，最杰出的代表作便是著名的《西洲曲》。李白虽然在文学传统上以《诗经》《文选》为宗，但他天性好奇，又好周游四海，于是每到一地，便积极仿写当地民歌，汲取其中的文学精华而为自己所用，从而极大地丰富了自己的诗歌风格，这一点，是恪守家学传统的杜甫所不能比拟的，其他诗人更是难以望其项背。加之他出身于商贾之家，对于同样基于商业传统而产生的西曲歌就更有一种特殊的偏好。他在江夏写作了一首《江夏行》，就十分本色当行：

忆昔娇小姿，春心亦自持。
为言嫁夫婿，得免长相思。
谁知嫁商贾，令人却愁苦。
自从为夫妻，何曾在乡土？
去年下扬州，相送黄鹤楼。
眼看帆去远，心逐江水流。
只言期一载，谁谓历三秋。
使妾肠欲断，恨君情悠悠。
东家西舍同时发，北去南来不逾月。
未知行李游何方，作个音书能断绝？
适来往南浦，欲问西江船。
正见当垆女，红妆二八年。
一种为人妻，独自多悲凄。
对镜便垂泪，逢人只欲啼。
不如轻薄儿，旦暮长追随。
悔作商人妇，青春长别离。
如今正好同欢乐，君去容华谁得知？

这首诗比较长，且通俗易懂，讲述了女子嫁为商人妇后，聚少离多，思君不得，日渐红颜衰老的故事，表现了女子内心的孤独愁苦与悲凄落寞。很难说这首诗表达了李白怎样的情怀，因为这更像是他的一篇民歌仿写练笔，但诗中细腻直白的抒情方式、流畅朴实的语言风格、灵动活泼的音节韵律、五七言交错的句式节奏，则内化为了李白重要的诗歌艺术特色。

三、一片孤帆

在荆楚之地游赏了大约半年，虽然见识广博、收获颇多，但志在四海的大鹏终于还是振起了他的双翅，朝着下一个目的地——盛唐最具浪漫气息的吴越进发。

临行前，他写下了一首《秋下荆门》，表明了自己的志趣：

霜落荆门江树空，布帆无恙挂秋风。
此行不为鲈鱼鲙，自爱名山入剡中。

秋风渐起，秋霜落下，曾经张开怀抱的碧绿江树，如今叶落成空，桅杆上升起的布帆期待着再度乘风起航。西晋有个叫张翰的东吴人在洛阳做官，见秋风起而想到家乡到了鲈鱼熟美的季节，立刻辞官不做，赶回了江东。李白当然不是为了这一点口腹之欲才启程的，此时的他更不可能轻易放弃自己的大好前程，而去吴越游历，不过是为了满足自己好入名山的夙愿罢了，毕竟求仙访道与平步青云，在李白看来同等重要。吴越的山水清丽，名山众多，中国山水诗的发展成熟便依托于此，谢灵运、谢朓的诗作更使它们充满了自然与文学的双重魅力，李白怎会不为之心动呢?

秋天由荆楚去往吴越，顺风顺水，舟行迅速，李白一路满怀期待，情绪高涨。途经鄱阳湖时，他系舟停泊，不经意间抬眼一望，就看见一座秀丽多姿的山峰，状如香炉，在阳光的照耀下紫烟缭绕，一派祥瑞之气，一注水流如玉带般挂在岩壁之上，在断崖处冲刷之下三千余尺，仿佛银河卷挟着万钧气势，由九天之上落下，震撼心灵！于是，李白快速将眼中所见和心中感受诉诸笔端，率尔写就了千古名篇《望庐山瀑布》：

日照香炉生紫烟，遥看瀑布挂前川。
飞流直下三千尺，疑是银河落九天。

若非一瞬间感受到了深入灵魂的视觉冲击，诗人断不会产生如此壮大绝美瑰丽的想象；而若没有深厚的文学底蕴，纵然内心有如此想法，也很难将这种感受表达出来，进一步震撼世人——这正是这首短篇的独一无二之处和诗仙李白的难以复制之才。

其实《望庐山瀑布》一共两首，还有一篇较长的五古，没有前一首出名，但也写得不错：

西登香炉峰，南见瀑布水。
挂流三百丈，喷壑数十里。
欻如飞电来，隐若白虹起。
初惊河汉落，半洒云天里。
仰观势转雄，壮哉造化功。
海风吹不断，江月照还空。
空中乱潨射，左右洗青壁。
飞珠散轻霞，流沫沸穹石。

而我乐名山，对之心益闲。

无论漱琼液，且得洗尘颜。

且谐宿所好，永愿辞人间。

被壮观美景所吸引的李白，决定弃舟登岸，从西面登上了香炉峰，望见那“飞流直下”的瀑布就在南边：它高悬三百余丈，喷涌而出，在山谷里形成溪流，足有数十里长；水流迅疾如同闪电，又时隐时现，恰似空中白虹升起；初见时那“银河落九天”的印象更加深刻，又仿佛抛洒进云天之中，将天地都融为了一体。见此景况，如何不感叹天地自然的无穷造化之功！继而，风吹月上，在风月的吹拂、照耀下，水注飘摇，光影清空，水花在空中四散，冲洗着两侧的山石，飞溅的水珠或化作流霞散入长空，或变成水沫翻滚在巨石之上。李白平素喜爱山川之游，此行本就为“名山入剡中”，见此瀑布自然更觉闲逸自得。无论是饮此九天之水，洗去凡俗尘气，还是在此仙境中放荡心情，都让他萌生飞升之愿，永辞人间。这首诗比七绝的那首写景抒情更为细致，但就传递出的惊喜之感、壮观之态而言，还是高下立见。

李白依依不舍地辞别庐山，与这如梦似幻仙境的初次短暂邂逅，在他的心里埋下了一颗种子，等待着日后的生根发芽，再续前缘。下庐山后，李白继续放舟东下，一路来到了安徽芜湖附近的天门山，这里有东梁、西梁两座山峰夹江对立，犹如天生的石门，故而得名。其中，东梁山兀然陡峭，耸立江畔，扭转中流，令东向千里的长江折转北去。李白驾着一叶小舟，踏着落日的余晖，自西而来，火红的余晖洒在江面，水天浑然一体，小舟如同日边驶来。李白同样将此情此景写成了诗歌，就是《望天门山》：

天门中断楚江开，碧水东流至此回。

两岸青山相对出，孤帆一片日边来。

滚滚东去而又突然北回的长江，一如奔流不息的人类历史长河，李白的生命也如“一片孤帆”漂流在这长河之上，时常有青山阻隔，难免会波涛汹涌，而那日边巡游的理想，却多少次出现在他的梦境，又多么渴望着能如眼前这般美景一样，早日照进现实。

四、金陵览胜

过天门山不远，就进入了吴地，这里的政治、经济、文化中心，毫无疑问当数六朝古都——金陵。李白到达金陵的时候，已是这一年的深秋，自去岁春日辞别匡山，李白经历了一年半的跋涉，顺流四千里，从长江头来到了长江尾。回望来时的长路和一年半中经历的人与事，不禁再度令他豪情满怀。凝望着东流的江水，他写下了《金陵望汉江》：

汉江回万里，派作九龙盘。

横溃豁中国，崔嵬飞迅湍。

六帝沦亡后，三吴不足观。

我君混区宇，垂拱众流安。

今日任公子，沧浪罢钓竿。

这里的“汉江”和前篇的“蜀江”一样，是对长江特定流域的称呼，指的是流经江汉平原的一段，它在楚地的平野回环流淌，水系交错，如九龙盘卧一般，过后便又合成一股激湍迅流，横溃而下，贯通中国大地，直入东海，也流经了眼前这座金陵古城。这里曾是六朝都城，繁华一时无二，如今不过百余年，就因为国家的衰败沦亡而使三吴不见了昔日的风采；不过当今天子一统六合，清平寰宇，又让这里在安定太平中孕育着复兴的希冀。《庄子·外物》篇中记录了一位任公子，他挥竿于东海钓起一条大鱼，让天下的人都能与他共享美味，李白在诗中以之自比，显然是认为自己也有着一样的才干、境界和胸怀；不过面对太平江山，他也认识到，恐怕一时半会儿是不用他来挥动钓竿的了，于是且先安然地在沧江踏浪，也足以逞志逍遥。

于是李白开始在金陵城四处访古游历，登临览胜，同时也作诗纪行。在金陵的诸多名胜中，城西的瓦官阁，又名升元阁，是梁代留存的古迹，楼高二十五丈，前瞰江面，后据重冈，最为胜景。李白登览其上，并写下诗作《登瓦官阁》：

晨登瓦官阁，极眺金陵城。
钟山对北户，淮水入南荣。
漫漫雨花落，嘈嘈天乐鸣。
两廊振法鼓，四角吟风筝。
杳出霄汉上，仰攀日月行。
山空霸气灭，地古寒阴生。
寥廓云海晚，苍茫宫观平。
门余阊阖字，楼识凤凰名。
雷作百山动，神扶万栱倾。
灵光何足贵，长此镇吴京。

李白的登临是在清晨，目的在于将金陵城的全景尽收眼底，这里也果然没有让他失望：巍巍钟山正对着阁楼的北窗，南面的栏杆之下，则是秦淮河水滔滔奔腾。不一会儿，到了寺庙礼佛的时间，信众们抛撒鲜花入天中供养诸神，犹如漫天花雨落下，旋即又响起了清畅嘹亮、微妙和雅的佛乐之声；回廊两侧，声声法鼓振响，四角的风铃也迎风脆响叮咚。这一刻，让李白的心境和思绪又一次不由得超然，仿佛高出云汉，攀摘日月，神游太空！回过神来，才又觉出了美中不足：钟山秋色萧条，相传王霸之气耗尽，多少忧伤的故事沉积成了这里悠久的历史，也不知自己能否走出这兴亡的宿命轮回。思想之间，光影流转，不觉已经夜幕降临，云海寥廓无边，巍峨几乎与之齐平的宫观也尽显苍茫；六朝旧宫的大门上，“阊阖”二字依稀可见，王朝气运却早已不存；凤凰台上留存这“凤凰”之名，却不曾见这盛世瑞鸟降临人间。骤然，一阵惊雷将李白带出了幻想，也许很多事情本不是人力所能及，就如同这座高楼能留存至今，恐怕大多也仰仗了神仙的力量。最后，李白许下了自己的心愿，希望这座神灵扶助的、灵光殿一般伟大的楼宇，可以长久地护佑金陵城，也护佑自己早日实现理想，跳脱出兴亡的轮回，成就别样精彩的人生。

吴越之地，不仅江山佳丽、文化底蕴深厚，还充满了脂粉之气、浪漫风情，作为浪漫与风流化身的青年李白，在这里又会遇到怎样的风流韵事，写下哪些多情的浪漫诗歌呢？

第六讲

竹马青梅

——那些关于青春与爱情的故事

一、"郎骑竹马来，绕床弄青梅"

李白历时一年半，经过四千里水路，从长江头的巴蜀来到了长江尾的吴越，意图在这片新的天地，追求更高的境界、更大的作为。然而，吴越不仅有清丽的山水园林、繁华的商业城镇、厚重的历史文化，更是六朝脂粉洗刷过的浪漫之乡。我们不难想象，当二十七岁意气风发、风华正茂的青年诗仙，在大唐鼎盛的开元十五年，于桨声灯影、莼鲈飘香的秦淮河畔、会稽山下，邂逅迷人的吴娃越女，会有怎样的故事发生。

李白对吴越浪漫风情的参与和体悟，与在荆楚时一样，还是从民歌仿写开始的。吴地最为流行的民歌形式叫作"吴歌"，它的体制短小，一般是五言四句，诞生于日常劳作中的口头吟唱，内容多是以女子的口吻，表达对男子的爱慕与思念之情，语言简洁生动，多用谐音双关，整体风格含蓄委婉、柔媚动人，代表作品是《子夜歌》和《子夜四时歌》。前面讲过，李白非常乐于且善于吸收地方民歌的精华，将其融入自己的创作当中，于是仿作了多篇吴地乐府民歌，比如《杨叛儿》《白纻辞三首》等，都写得吴侬软语、情深意长，但真正体现其这一时期乐府民歌最高水平的作品，还当数《长干行》。“长干”即金陵长干里，旧时是当地船家的聚居之地，故而《长干行》这个乐府古题本来就以表现船家女子的相思之情为主，李白用这个题目写作了两首作品，成就更高的是其中的第一首：

妾发初覆额，折花门前剧。
郎骑竹马来，绕床弄青梅。
同居长干里，两小无嫌猜。
十四为君妇，羞颜未尝开。
低头向暗壁，千唤不一回。
十五始展眉，愿同尘与灰。
常存抱柱信，岂上望夫台。
十六君远行，瞿塘滟滪堆。
五月不可触，猿声天上哀。
门前迟行迹，一一生绿苔。
苔深不能扫，落叶秋风早。
八月胡蝶来，双飞西园草。
感此伤妾心，坐愁红颜老。
早晚下三巴，预将书报家。
相迎不道远，直至长风沙。

诗歌以女子的口吻展开，前十四句描述了这对青年男女由相爱到结为夫妻的历程：我在头发刚刚盖过额头的年纪起，便喜欢在门前折花玩闹，等待着心上的情郎骑着竹马前来，与他绕着井栏，互掷青梅，一同嬉戏，我们从小一同在长干里居住、长大，彼此了无嫌隙，不必猜忌；十四岁那年，我嫁给了“青梅竹马”的郎君做妻子，羞答答地不敢轻易露出笑脸，尽管心中乐开了花，却还要低头对着墙壁，任他呼唤千遍也不回头；十五岁时，经过了一年的婚姻生活，才真切地感受到爱情的甜蜜，决心要永远和他在一起，哪怕化作尘与灰，也要像那桥下抱柱的女子一样不离不弃，从没有想过夫妻竟会分离。然而，好景不长，十六岁那年，一场分离还是如约而至，丈夫溯江而上，远行瞿塘，去到那滩急浪险、猿声哀鸣的地方。四句过渡之后，后十二句便将视角转回了眼前，是对思妇现实心境的展现：当年你离家时，在门前徘徊许久留下的足迹，而今已经一个个生出了绿苔，我不忍扫去，生怕扫乱了你的足迹，再没什么可以用来怀念，经年累月，绿苔也就积了很深，片片树叶落下，又一年秋天来到，心上人却还没有回家。八月里，一对黄色的蝴蝶飞来，在那西园的草丛中出双入对，这一幕映入我的眼帘，无疑使孤独更添了几分，在闲居忧愁之中，青春的容颜也无奈渐渐衰老。但我相信，夫君总有一日会从巴蜀归来，那时你务必要预先捎一封家书给我，我一定会不惧路途遥远，一路到七百里外的长风沙去迎接你的归来。

这首诗以第一人称视角，刻画了一位单纯、痴情的闺中少妇，以她的口吻讲述了一段美好而又遗憾的爱情故事，文字虽然朴素平白，却因为丰沛的情感投入，而显得如泣如诉，感人至深：前半部分，将两人“青梅竹马”“两小无猜”的爱恋展现得无比令人羡慕；后半部分，又将女子独守空闺、红颜衰老的处境描绘得尤为惹人同情——而二者之间存在着一种内在关联，即两人的爱情有多深、婚姻生活有多幸福，分别之后的思念也就会有多浓烈、孤独感就会有多深重，这就是结构的张力。同时，诗中对于一些典型场景的选取，更见出诗人对生活的细心体察：从“绕床弄青梅”到“苔深不能扫”，从“两小无嫌猜”到“双飞西园草”，对应情景的前后关联和转换，细腻地烘托出了“人成各，今非昨”的心境变迁。吴歌的突出特点和优势，就在于一种娓娓道来的细腻深情，李白的这篇作品对此有着极为精到的把握。

相对而言，第二首《长干行》没有第一首精彩，但也是一首不错的吴地乐府民歌：

忆妾深闺里，烟尘不曾识。
嫁与长干人，沙头候风色。
五月南风兴，思君下巴陵。
八月西风起，想君发扬子。
去来悲如何，见少离别多。
湘潭几日到，妾梦越风波。
昨夜狂风度，吹折江头树。
淼淼暗无边，行人在何处。
好乘浮云骢，佳期兰渚东。
鸳鸯绿蒲上，翡翠锦屏中。
自怜十五余，颜色桃花红。
那作商人妇，愁水复愁风。

诗中所讲的故事与前一篇大同小异，只是略去了对童年回忆性的描述，而以全部篇幅去描绘夫妻别离后思妇的孤单处境和落寞心境，由于少了离别前后情感状态的对比落差，诗歌整体的感染力比前一首逊色不少，更是在众多游子思妇主题的篇什中缺乏新鲜感，难以脱颖而出。但这首诗笔触同样细腻真切，语气同样如泣如诉，对于眼前生活景况的展现也更加丰富具体，可以说是各有所长。

通过民歌仿写，对吴地的浪漫风情有了一定的认知之后，年轻而洋溢着风流才情的李白，自然也少不了在日常生活实践中去体会那歌儿舞女带来的似水柔情。这一日，李白骑马来到金陵城郊游赏，在小路上遇到一位女子的车驾，纵使隔着帷幕也能感觉到她的形容姣好，气骨清新，便驻马相问，女子也撩起珠帘，含羞带笑地指向远方说道："红楼之处便是妾家，公子有意可来寻访。"说罢便翩然而去。李白被她的美貌与仙女般的气质所深深吸引，依依不舍，"目逆而送之"，又将这邂逅情景回味良久，写就了题为《陌上赠美人》的短札：

骏马骄行踏落花，垂鞭直拂五云车。
美人一笑褰珠箔，遥指红楼是妾家。

虽然对女子的描写只有一个动作、一句话，但这举手投足、一言一行之间，已经将她那清丽的容颜、纤细的腰身、如兰的气质、巧笑的花靥、流盼的目光刻画得活灵活现。与之相应的，让一个"骏马骄行踏落花"的少年停下步伐驻足良久，也从侧面渲染了女子的超凡之美。至于李白后来有没有去红楼寻访美人，这位女子姓甚名谁，和李白还留下了怎样的故事，我们都已不得而知，但这次朦胧的相遇，已经足够给诗坛增添一段佳话了。

李白在金陵还认识了一位名叫段七娘的歌伎，也曾为她赠诗一首：

罗袜凌波生网尘，那能得计访情亲？
千杯绿酒何辞醉，一面红妆恼杀人。

这首《赠段七娘》的意境与《陌上赠美人》截然不同，更多的是一股浓艳的风尘气息：段七娘那纤纤罗袜、凌波微步高蹈在红尘俗世之中，不知道如何才能与她亲近，得到她的芳心。于是，年少的诗人只能独自坐在酒肆之中，饮下千杯绿酒也不知迷醉，只为见到她那一面红妆，却又不禁为求而不得生出满腔恼恨。

无论清新还是浓丽、纯真还是风尘，这都是青春年华、诗意浪漫与盛世荣光的美好交会，李白笔下金陵的浪漫有何等地多样，诗国大唐的绝代风华也就有何等地令人神往。

二、下扬州

李白在金陵，自开元十五年秋待到了开元十六年（728）晚春，除了访古览胜、仿写民歌、郊野寻芳、酒肆留情之外，他还干了很多事，比如接济落魄公子豪侠，以广交朋友，积累人脉，为平交王侯的理想做着充分的准备，也许有朝一日他接济过的某位人才就平步青云、入主朝廷了呢，届时这些“沉没成本”便都会成为他的“人脉资源”。

李白有钱，也肯花钱，尤其舍得为朋友花钱，用他自己的话说：“东游维扬，不逾一年，散金三十余万，有落魄公子，悉皆济之。”这里的“金”肯定不是黄金、金币，大概率是铜钱的意思，可是即便如此，三十万铜钱也是相当可观的一笔数字了，按照当时的物价，把这些钱都用来买米，大概能买上十万石，可以供养两万五千人吃上整整一年。于是，靠着洒脱的性格、超凡的魅力和阔大的手笔，李白在金陵文人圈子里混得可谓风生水起，朋友遍布，于是当他离开金陵时，送行的场面也自然是人山人海。他的诗作《金陵酒肆留别》记录了这一盛况：

风吹柳花满店香，吴姬压酒唤客尝。

金陵子弟来相送，欲行不行各尽觞。

请君试问东流水，别意与之谁短长？

春日里，柳条随风拂动，似锦的繁花也在春风催送下满店飘香，同样香气四溢的还有新熟的春酒，当垆沽酒的吴姬特地从小槽上榨取了几杯，呼唤李白前来品尝。李白接过酒杯，高高举起，对着前来送行的满街宾朋深施一礼，请他们暂且留步，众人一同饮罢送行的美酒，却都迟迟不肯离去，这份不舍之中，饱满地蕴含着感激、钦佩与精神契合。终于，李白登上了东去的舟船，与金陵的吴姬和子弟们挥手作别，感佩地说道："大家与我惜别的情意，与脚下这不尽的流水，我也不知道谁短谁长！"就这样，李白结束了自己的首次金陵之行，向着下一目的地——扬州进发。

扬州，又叫广陵，与镇江隔江相望，由于位于长江下游江面平缓较窄处，是古来重要的渡口，也是六朝时期的守备要塞和南北交兵的前沿阵地，因而成为吴越地区仅次于金陵的历史文化名城。李白于开元十六年暮春离开金陵，来到扬州不久，便进入了夏季。他来扬州的目的不同于金陵，因为这里是淮南道大都督府所在地，他原本是想要干谒达官名流，有所进取的，然而不知什么原因，这一目的终归没有达到，而且似乎还闹得很不愉快，这让李白不得不又重新回到了畅游山水的生活状态当中。这年夏秋，他分别游览南湖和西灵塔，各自留下一首诗作。《渌水曲》作于夏秋之际：

渌水明秋日，南湖采白蘋。
荷花娇欲语，愁杀荡舟人。

澄明的秋日下，南湖水同样清澈碧绿，诗人泛舟其上，采摘白蘋，去夏不远，荷花还都开得娇艳，仿佛有话倾诉，然而这似言不言、欲迎还拒的姿态，却令我这荡舟之人愁苦万分，因为那朵朵娇矜的红莲，正好像那些高门达官，对李白的干求不置可否，让他看似有所希望，却实际又了无着落，真真愁煞。

还有一首《秋日登扬州西灵塔》作于稍晚时候：

宝塔凌苍苍，登攀览四荒。
顶高元气合，标出海云长。
万象分空界，三天接画梁。
水摇金刹影，日动火珠光。
鸟拂琼檐度，霞连绣栱张。
目随征路断，心逐去帆扬。
露浩梧楸白，霜催橘柚黄。
玉毫如可见，于此照迷方。

开篇六句写塔的高峻：西灵塔位于扬州城西北，建于隋文帝时，宝塔高入苍穹，登览而上，可将扬州城尽收眼底；塔顶高标，往高处可与天空元气相合，向远方又与云海一道无限延长。“万象”与“三天”皆为佛教术语，是指世间万物和无穷的境界，前者将西灵塔与天界分隔开来，后者则依托于画梁，与人世相联通，这一座高峻的佛塔竟成了李白眼中既区分天地又勾连寰宇的矛盾存在。其下四句则写塔的秀美：金光闪闪的塔影倒映在水中，随波摇动，太阳一出照耀着塔顶的明珠，又散发着火一样炽热的光芒；飞鸟从琼玉点缀的檐间掠过，充满了灵秀与动感，霞光升起，连携着彩绘的斗拱在天空铺开，如同锦绣般灿烂夺目。最后六句是写登塔的所见所感：目光随着蜿蜒的征途望去，一眼看到了尽头，心中却已决意扬起船帆，去往更远的地方；秋意已经越来越浓，露水染白了梧桐与楸树叶，寒霜则将橘柚的果实催黄，已经是成熟与收获的时节，可自己的人生理想还没有任何要实现的迹象；身处这佛门净地，隐约之中看到了佛祖眉间的白毫，似乎在为迷途的人指点着前进的方向。

方向究竟在何处呢？对李白而言，首先自然是离开扬州，去往新的地方。

三、“越女颜如玉”

虽然秋日已经决意离开扬州，但一场不期而至的大病却延缓了李白的行程，他不得不留下来休养了半年之久，等到春来气暖，身体逐渐康复，才又踏上了征途，此番的目的地便是山川最为秀丽、孕育了“大小谢”山水诗的越中。

此番李白来到越中，一定游访了很多名山大川，但或许是过于流连美景，忘了写作；或许是敬畏“大小谢”的诗歌成就，不敢轻易动笔；

抑或是文献散轶，没能流传下来。总之，我们看不到李白此次越中之行表现清丽山水的诗文。不过对于越中另一道靓丽风景——其颜如玉的越中美女，李白倒是留下了不少吟咏的佳作。比较有代表性的如《越女词五首》，这是一组比《长干行》更典型的吴歌仿作：

长干吴儿女，眉目艳星月。
屐上足如霜，不着鸦头袜。

吴儿多白皙，好为荡舟剧。
卖眼掷春心，折花调行客。

耶溪采莲女，见客棹歌回。
笑入荷花去，佯羞不出来。

东阳素足女，会稽素舸郎。
相看月未堕，白地断肝肠。

镜湖水如月，耶溪女如雪。
新妆荡新波，光景两奇绝。

题为《越女词》，其实是吴越并言，五首分别写长干女、荡舟女、采莲女、东阳女、镜湖女五种类型的女子姿态，她们或妆容浓艳、衣着华丽，或天真活泼、秋波含情，或含羞凝睇、笑靥如花，或坚贞纯情、守望如一，或冰清玉洁、素雅恬静。她们形象不同，性格各异，但有着共同的特点，都是吴越山水人文荟萃所造就的精灵，美得自然天成，美得活灵活现。李白以白描的笔法，抓住最具典型性的外貌、神态、动作和外在环境，每篇都只用洗练的寥寥数语，便勾画出一个个生动逼真的形象，语言自然流畅，音韵婉转天成。

而与接近于吴歌的《越女词五首》相比，《采莲曲》则写得更具越中特色：

若耶溪旁采莲女，笑隔荷花共人语。
日照新妆水底明，风飘香袂空中举。
岸上谁家游冶郎，三三五五映垂杨。
紫骝嘶入落花去，见此踟蹰空断肠。

若耶溪位于绍兴境内，相传古时有七十二条支流，水系繁茂，又依托群山，极具诗情画意，水中长满了荷花和莲藕，无尽的碧绿荷叶更增添了山水的清丽。就在这样的美景之中，一位佳人正在采莲子，在荷花掩映下，与人言笑晏晏，尽显朦胧之美：太阳照耀在澄明的溪水上，反射着她那迷人的红妆，她轻轻挽起的衣袖，也在和风吹拂之下飘摆，散发出淡淡的清香。这时，岸上的青年游冶而过，三五成群，在垂杨中相携作乐，不一会儿便骑着快马消失在了落花丛中，只留下诗人望着远去的背影，踟蹰断肠。诗中的采莲女明艳活泼，落落大方，宛如清水芙蓉，天然清雅，姿态宛然，清新脱俗；游冶郎也显得意气风发，洒脱豪放。唯有诗人自己，看见这般景象，因为孤单落寞、因为心生羡慕，而痛断肝肠。对于美好爱情的向往，人尽有之，何况是正当青春的浪漫诗仙呢?

情动的青年李白究竟想找寻一个怎样的配偶，这是一个有趣的话题，可能在他的《西施》这首作品中，我们能够得出一些线索：

西施越溪女，出自苎萝山。
秀色掩今古，荷花羞玉颜。
浣纱弄碧水，自与清波闲。
皓齿信难开，沉吟碧云间。
勾践征绝艳，扬蛾入吴关。
提携馆娃宫，杳渺讵可攀。
一破夫差国，千秋竟不还。

有的版本将这首诗的题目标为《咏苎萝山》，显然不对，这首诗是写人而非写山的。西施是著名的四大美人之一，浣纱江畔，有沉鱼之美，按照李白诗中的描绘，也有“羞花”之貌，她的美自不待多言。而西施的可贵之处还在于，她将自己的美貌奉献给了国家大计，以一己之身屈事吴王，最终助越灭吴，还功成身退，与范蠡相携终老，可谓功业、爱情双双圆满。这不正是李白所追求的人生境界吗？倘若有一位女子，能够与他一并奋斗，实现“儒家治世理想”，再相伴一起，去追求“道教人生境界”，这不才是李白心中最完美的爱情吗？

实话实说，李白心中的爱情理想，要实现起来真不容易。但还别说，没过多久，他就真的找到了这样一位女子，并与之偕为夫妻，过上了一段安定、美满的生活。

第七讲

定居安陆

——大鹏栖息的第一棵梧桐树

一、想要有个家

李白对爱情的要求很高，不仅要对方天香国色，更重要的是能够与他共同成就事业，功成身退之后，再相携终老。实话实说，即便是在诞生了女皇和知名女官的大唐时代，这样的要求对于女子来说也还是太高，至少在吴越地区是没有合适人选的，于是李白暂时收起了他的一腔浪漫之情，离开了烟花吴越，他该去真正找寻一个属于自己的归宿了。

离开吴越之后，李白溯着长江回转，来到淮南暂住，而这段时间也是他“仗剑去国”以来，漂泊感与孤独感最为浓烈的时期，他集中写作了几首表达思乡情绪的作品。比如《秋夕旅怀》：

凉风度秋海，吹我乡思飞。

连山去无际，流水何时归？

目极浮云色，心断明月晖。
芳草歇柔艳，白露催寒衣。
梦长银汉落，觉罢天星稀。
含悲想旧国，泣下谁能挥？

从题目可以看出，时间已经来到了开元十六年的秋日。诗中写道：秋日，凉风从海上吹来，一路向西，将诗人的思绪吹到了巴蜀故乡——对于秋风和思绪而言，千里之遥自然不在话下，然而于诗人的血肉之躯而言，却意味着连绵无尽的关山阻隔和一去不回的大河奔流。诗人抬眼望去，西边的视线尽头，天色昏暗，只有一轮明月交接，却散发出透骨的寒意，令人肠断，眼下已是百草凋零、露水降下的时节，家家赶制着冬衣，提示着又一年时光过去。李白多么希望此次东游是一场梦境，在梦境里他可以驱动日月，移星换斗，将天地大运握于掌中。无奈每一次醒来，才发现一切不过是幻想，天边依然星辰稀少，光彩黯然——其实他是在感叹自己蹉跎了多少岁月，却还没有摸到梦想成真的影子。于是，他含着一腔悲愤，泣下沾襟，这悲情中一半是对家乡的眷恋，另一半则是对自己一事无成的懊悔。

失意与迷茫之中，李白也曾想起他的老师——那位无所不能的“东严子”赵蕤。想想一路东下的自己，要才干有才干，要资本有资本，也完全是按照老师《长短经》中教的那样——久历山川、遍干诸侯、广结人脉、一掷千金，却为何到头来还是一事无成呢？他越想越想不明白，干脆写了封信回去向老师倾诉苦恼：

吴会一浮云，飘如远行客。

功业莫从就，岁光屡奔迫。
良图俄弃捐，衰疾乃绵剧。
古琴藏虚匣，长剑挂空壁。
楚冠怀钟仪，越吟比庄舄。
国门遥天外，乡路远山隔。
朝忆相如台，夜梦子云宅。
旅情初结缉，秋气方寂历。
风入松下清，露出草间白。
故人不可见，幽梦谁与适。
寄书西飞鸿，赠尔慰离析。

这首《淮南卧病书怀寄蜀中赵征君蕤》可以看作是李白离开吴越后一段时期生活状态的总结：此时的他是远行的客子，宛如从巴蜀漂泊至吴越的一朵浮云，功业上没有取得任何可观的成就，却感觉时光已经奔流了太久，日渐急迫。一时的失意，甚至让李白突然产生了放弃人生理想的念头，代表风雅的古琴被放进了盒子里不再弹奏，象征着侠义的长剑也挂在空壁上无处挥舞。没有理想的人如同咸鱼，衰老与疾病也就日益加剧。楚人钟仪身为晋国的阶下之囚，仍时刻带着楚国的帽子；越人庄舄在楚地卧病，口中吟哦的还是越地的歌曲。看来人越是在不得意的时候，思乡的情绪也越是浓重，可是巴蜀故乡远隔山川，如同天外一般遥不可及，蜀中那相如琴台、那子云故居，都只能在朝夕的睡梦中相见，姑且以之来抚慰满怀的乡愁。可是行旅之思刚刚消歇，这肃杀的秋气又将万物凋零，松林下寒风掠过，留下阵阵清冷，草间寒霜打落，更是茫茫一片纯白。最后，李白对东严子真情地呼唤：我亲爱的赵蕤老师啊，我好想念您，也许只有您才能解开我的迷思，指引我找到一条正确的路，可是除了梦境，我又要到哪里才能与您相遇？只好拜托西飞的鸿雁，捎去我的一封书信，希望它能消弭你我的相思之苦，传达这份远隔山海的情意。

思乡是中国传统文学中非常普遍的一种情感现象，但其背后其实有着深刻的文化内涵。我们可以设想一个游子在什么时候更容易思乡？第一，是在特定的节令，所谓“每逢佳节倍思亲”，团圆的氛围更容易引发对亲人的思念。而李白居淮南，自然不属于这种情况，而是第二类，那就是人生失意之时。当他在外闯荡遭遇困难、挫折甚至失败、空虚之际，对于故乡深情的怀念、对于亲人温情的渴望，自然也成为他人生最重要的慰藉。当然，还有第三种情况。

二、“背错”的《静夜思》

这一时期李白写作的最为脍炙人口的一首思乡诗作，还当数那首几乎无人不知的《静夜思》，这首诗看似通俗浅切，不用讲太多，但事实真是这样吗？我们不妨先来看文本：

床前看月光，疑是地上霜。

举头望山月，低头思故乡。

读到这里就有读者要问了：这首诗我从识字那年起就会背，背了十几年、几十年的“床前明月光”“举头望明月”，这里咋成了“看月光”“望山月”，是你打错了吧？这个还真没有，李白写的还真就是“看月光”“望山月”，这就涉及唐诗流传的版本问题了。

大家知道，唐代的时候，印刷术还没有特别普及——活字印刷还没有出现，雕版印刷也主要是应用在佛经上，绝大多数的书籍文献都要靠手抄来流传。那么手抄和印刷最大的区别在哪里呢？显而易见，印刷的文本，只要所用的底版是一致的，那这一批文本就是一致的，要对都对，要错都错，至少不会乱，我们称之为“刻本”，也叫“有定本”；而手抄的文本，那变数可就大了，不同的人抄写，甚至同一个人不同次数的抄写，都很难保障完全一致，更何况是抄写数万字甚至数十万字的巨著，“错、衍、讹、脱”都在所难免，故而这类文本的内容就千差万别，我们称之为“钞本”，也叫“无定本”。

而唐诗创造和开始流传的时代，是属于“无定本”的时代，这就给唐诗流传带来了巨大的问题。诗歌的异文可谓比比皆是，就拿李白的诗来说，且不谈他身后李阳冰所编的那本《草堂集》在传抄中产生了多少纰漏，就是李白自己早年写过的一首诗，可能到了晚年他自己回忆起来，字句也会不尽相同，而产生出不同的流传版本。在唐诗步入经典化的宋代，则进入了“有定本”的时代，但此时多种流传版本已经形成。当然，就诗人创作的原貌来说，这些版本中只有一种是对的，比如“举头望明月”和“举头望山月”，肯定只有一个是李白开元十六年的那个秋月夜在淮南思乡时写下的。但具体是哪一句呢？李白已经不在了，见过李白手稿的李阳冰也不在了，这个问题没人知道了，所以在刻书的时候这些不同的说法也就都流传了下来，直到今日。异文是诗歌流传过程中不可避免的一种现象，有的异文可以通过训诂、考据和版本源流来梳理清楚，有的则不能够彻底明辨是非，所以要理性客观地对待诗歌中的异文问题，在没有铁证的情况下，任何一种版本只要言之有理皆可接受，毕竟它们在流传过程中各自都产生了一定的影响。

那么，面对《静夜思》的两种异文，我们应该如何处理，是否能探究出一个唯一的答案呢？我们姑且试试。要对异文进行辨析，不妨先看看这两种说法分别是怎么来的。一般来说，出现的时间越早，距离诗人生活和创作的时代越近，越有可能接近真相。现存最早的李白诗歌的版本是宋代的蜀刻本《李太白全集》，这里面的《静夜思》就是“看月光”和“望山月”，此外，在宋代至明代早期的其他四种收录此诗的刻本中，这首诗无一例外，全部写作：“床前看月光，疑是地上霜。举头望山月，低头思故乡。”那么我们更为熟悉的“床前明月光”“举头望明月”最早出现在哪里呢？实际上，是明代以后的诗学家为了普及诗歌而改过来的。明代中期有两个人删修了宋人洪迈编的《唐人万首绝句》，最早将其中的第三句“举头望山月”改成了“举头望明月”；到了清代康熙年间，大学者沈德潜编《唐诗别裁集》时，则将第一句“床前看月光”改成了“床前明月光”；再到了乾隆年间，“蘅塘退士”孙洙编选了我们更为熟知的选本《唐诗三百首》，才首次出现了写作“床前明月光，疑是地上霜。举头望明月，低头思故乡”的这首《静夜思》。由于这部书普及性太强、影响太大，以至于我们从小背的都是这个版本，但严格来说，我们实际上背了一首清人改编诗，不是李白的《静夜思》原作。

这是从版本考据的角度看待这两种异文，毫无疑问“看月光”和“望山月”更接近李白原作。那么新的问题来了，明清诗学家既然要改，那一定是觉得改了的比之前的版本要好，而事实是这样吗？当然，从音韵流畅和谐的角度来说，新改的版本当然更加朗朗上口、易于吟诵，更具有朴实通脱的清新气息。但实际上，两字之差所营造和表达出的则是完全不同的诗境和情感状态，从这个角度来讲，我认为还是原作更经得起揣摩、推敲。

先来看“床前明月光”和“床前看月光”的区别，其实讲起来与陶渊明诗“悠然见南山”“悠然望南山”的区别颇有几分相像，前一句显得更随性、无意，后一句则是更有意识、有目的地去看，这一点上，“见南山”优于“望南山”已是公论。但这两个例子在小同之上其实有大异——陶渊明是在一种田园村居的自得心境中写下的诗句，他满足于躬耕垄亩的平易安闲，所以整体表现的状态是“悠然”，偶然一瞥当然比刻意注目要好；但李白呢，他创作《静夜思》时，内心是无比的落寞、失望以及不知所措的，他急切于探求与追寻一个方向、一个归宿，而在夜深人静之时、四野凄清之中，明月所投下的清辉，理所当然就应该成为他所要把握住的仅有的光明与希冀。所以他绝不应是悠闲地躺在床上，随意一眼瞥见了床前的月光，还不以为意地将其当成地上清霜，而是满怀深情的期盼，向月光投去珍惜和渴求的视线，而且还觉得不够真切，以为只是地上清霜迷了眼，而不曾真正见到光明。也正因如此，他才会进一步抬头望月，想要看个真切。

再来看“明月”与“山月”，若是从普世情怀来看，当然“明月”更能激起多数人的共鸣，毕竟望月思乡是我们民族文化传统中源远流长的情怀认同，但若是从知人论世的角度出发，显然“山月”更好。李白所处的淮南，地处东南丘陵北部，虽然整体海拔不高，但多山，多丘陵，多小型的盆地、峡谷，所以当李白抬头望去，的确望见的也该是群山环绕中的一轮山月，而这与他在巴蜀故乡时抬头所见的景致又是何其相似。前面讲过，李白出峡前写作《峨眉山月歌》，将那一轮山月视作了故乡最后的象征与乡情的寄托，因此，李白心头才会增添一缕乡愁，从而低下头来，愈发思念故乡，这也正是最容易产生思乡之情的第三种情况，即相似情景、风物再现，也就是所谓的“触景生情”。从这个角度来讲，“山月”要比“明月”能更确切地展现李白的乡愁与诗歌创作的具体情境。

总的来说，明清诗学家所改编的那首《静夜思》如今已经深入人心，也的确更具有普及性，有它特有的文学艺术价值，而原版的《静夜思》则更符合李白的创作心境和情感。对于这两个版本的《静夜思》要掌握其各自特点，并由此更好地把握分析和品鉴诗歌文本。

三、凤求凰

在淮南经历了一段时期的沉沦和落寞之后，终究还是要从失意中走出，毕竟理想还没有实现，而他也还年轻。对李白来说，眼下首要的便是要先成个家，这既是要完成的一件人生大事，也是借此对自己的政治理想有所帮助，而此时，正巧有一位朋友给他介绍了一门亲事，一门非常不错的亲事。

在距离淮南不远的湖北安陆，有一家姓许的大户人家，有一位掌上千金正待字闺中，要招赘一名金龟婿。这个许家在当地是一等一的名门望族，而这位要出嫁的许小姐，她的六世祖自北周开始，就担任楚州刺史；五世祖承父业，也当了隋朝的楚州刺史。

到了曾祖这辈儿，更不得了。许小姐的曾祖叫许绍，因为父辈做官的关系，和唐高祖李渊当了好几年“小学同学”，俩人关系还特别好，后来隋唐变革之际许绍保境安民，积极拥立唐朝，因此高祖亲自下敕书册封他为峡州刺史、安陆郡公，又因为平定南梁割据势力有功，进封谯国公，许绍病逝后，高祖为之哀痛不已，到了贞观年间太宗又追赠其为荆州都督，许氏家族自此显赫绝伦。

祖父这辈儿则是走进了大唐权力的中心。许小姐的祖父许圉师，年轻时便中了进士，到高宗时期，担任黄门侍郎，也就是三省之中主管批驳审议的门下省的二把手；并且同中书门下三品，大家记住，这个官职就是唐朝的宰相，而且是高级宰相；除此之外，还兼修国史；几年后，又进拜左相，成为门下省的一号长官。以上种种，对于唐代读书人来说，都是仕途的巅峰和至高无上的荣耀。

不过到了许小姐父辈这一代，境况稍微发生了一些变化。许圉师的长子，也就是许小姐的大伯父许自然是一个纨绔子弟，平日喜欢射箭打猎，不过箭法、准头实在是不怎么样，有一次竟然把一个平民给射死了。许圉师呢，一时糊涂包庇了自己的儿子，这个事情被他的政敌知道了，便联合起来弹劾他，高宗也就将他罢相、下狱治罪，贬官为相州刺史。看得出来，这个许自然是个“坑爹”的家伙。不过许圉师贬官后在地方的政绩不错，很受百姓拥戴，高宗对他也很赏识，就又将他提拔为了户部尚书，死后追赠幽州都督，并陪葬昭陵。

许圉师共有四个儿子，按长幼分别是自然、自牧、自遂和自正，其中“坑爹”的许自然事发后被治了罪，许自正后来任官泽州刺史，所以这两个人一定不是许小姐的父亲；至于自牧和自遂哪一位才是许小姐的父亲、李白的老丈人，我们不能定论，姑且称他为许员外吧。史书上没有对他的仕官记载，想来也是没有仕途上的大成就，但有着几世为官的深厚积累，俨然是安陆毋庸置疑的第一大族，无论家境的殷实、社会地位的崇高还是人脉资源的丰富，都有着不可比拟的优势。这对于李白而言，吸引力是巨大的，毕竟成为王侯的女婿，是平交王侯的一条捷径。

至于这位许小姐，虽然史书上对她的容貌事迹皆没有记录，但我们可以想象，一位出身书香门第的大家闺秀，该是怎样的形象，她的容貌、谈吐、举止、才学、品性应该都是不凡的，否则又怎能吸引那位一生追求浪漫的极具风情的“诗仙”甘愿与她携手白头呢?

开元十六年末，李白来到安陆，在友人的引荐下拜见了许员外，也邂逅了许小姐，李白的心意自然明确，而许员外对这位风华正茂、骨骼清奇、谈吐不凡、才华横溢的东床快婿也十分中意，很快就敲定了这门亲事，为二人举办了婚礼，李白自此结束了出峡以来漂泊漫游的生活，定居在了安陆的许家大院。

李白与许氏夫人之间感情深厚，婚后生活十分幸福，不久就育下了一儿一女，分别起名伯禽与平阳，熟悉历史的朋友应该知道，辅佐周平王的周公之子就叫伯禽，也是鲁国的始封君，从这个名字便足以看出李白的雄心壮志。对许员外来说，招赘的女婿就和儿子一样，何况对于李白的才干，他也的确很称赏，眼看夫妻二人生活稳定，便开始谋划着为女婿铺垫前程，进而光耀许氏的门楣了。一切的事态看似都如李白所愿，朝着一条十分明朗美好的道路发展着。

然而很快，美好的生活却又生出了变故。

第八讲
蜜月生活
——诗仙与盛唐的“最美时光”

一、“别有天地非人间”

开元十六年末，李白在朋友的介绍下来到安陆，娶了宰相家的孙女许大小姐，与当地的第一大豪族成功联姻，开始了一段幸福甜蜜的生活，更开始谋划着借助许家的地位，谋求更大的政治发展。

然而自古“豪门是非多”，这个许家也不例外。前文说到，许圉师有四个儿子，除了小儿子许自正远在泽州为官，另立门户之外，另外三家的后人都居住在安陆，李白的岳父虽然名义上是许家的掌门人，但到底不是长子，膝下又没有男丁，纵然有心把偌大的家业托付给李白，想必大量的许氏宗亲也都不会同意，尤其是许圉师长子许自然家的子弟。之前讲过，许自然是个纨绔子弟，因为打猎时射杀了平民，搞丢了父亲的宰相之位，自己也被定罪处理。他有个儿子，没有留下姓名，我们姑且称之为大郎，子随父相，也是个游手好闲之辈，他就对叔叔将家业托付给李白这位上门女婿的做法大加反对，并极力破坏。

有着大鹏之志，性格洒脱不羁，又出身豪富之家的李白自然不屑于为了些许家产与这位大舅哥争得头破血流，又因顾及许氏的门第尊严和丈人、爱妻的面子，更不可能与许大郎撕破脸皮。好在惹不起还能躲得起，于是，他带着妻子搬到了城西北寿山之上的一处别业中居住。这里原本是许圉师的一处读书堂，环境清幽，又少去了城中的诸多纷扰，正是共度二人世界，安享岁月静好的不二佳处。

李白很快爱上了在寿山的生活，这让他不禁想起少年时代在匡山读书的岁月。徜徉于山野自然之中，与天地精神相往来，又能静心钻研奇书妙论，探析古今之变，通晓大道玄机；而不同的是，如今身处中原，出山追求理想只需一步之遥，更有佳人在侧、红袖添香，实在是神仙般的日子。如此美好的生活，自然也就催生了不少精彩的诗歌，比如这首《山中问答》：

问余何意栖碧山？笑而不答心自闲。
桃花流水窅然去，别有天地非人间。

这是一首主客问答体的七言绝句，我们不知道提问的是谁，当然也并不重要，这甚至可能是李白的自问自答，问答在这里是一场看似没有意义的形式安排——若问的人不是知己，便不会关心他“何意栖碧山”；若是知己，当然就可以“笑而不答心自闲”，其间的会心妙悟值得我们细细玩味，而对李白来说，他只是想借机将自己的情趣表达出来而已。当然，未必每个人都是李白的知己，故而个中答案我们也已经在前面做了清楚的交代。李白真正想表现的境界在于后两句，这里运用了

《桃花源记》的典故，将寿山的别业比作一派世外桃源。与陶渊明笔下那个“阡陌交通，鸡犬相闻”“不知有汉，无论魏晋”的美好天地一样，这里没有争名夺利、没有俗务喧嚣、没有钩心斗角，其实点明了回避家世争端的用意，然而却完全着笔于山间的美好生活，以纯真、美丽与浪漫消解了一切的矛盾纷扰。整首诗行云流水、浑然天成，可谓不着一字、尽得风流。

与更像是自问自答的《山中问答》相比，《山中与幽人对酌》一诗，其对话的意味就更真切了：

二人对酌山花开，一杯一杯复一杯。
我醉欲眠卿且去，明朝有意抱琴来。

诗中的这位“幽人”极有可能是李白一生相伴的好朋友元丹丘，他这段时间正好来到了淮南云游，专程到寿山与老朋友畅饮开怀、坐而论道，是完全有可能的。诗歌的前两句交代了二人对酌的场景：在崇山密林之中，两位故友言笑晏晏，推杯换盏之间，山花仿佛追随着二人的笑靥而次第开放，这看似平淡的语句，表现的其实是人与自然的和谐之趣。而后两句则体现了两位朋友间交往的率性：“我喝醉了，想要睡觉，你姑且先回去吧，明天还想我的话，就抱着琴再来找我。” 乘兴而来，兴尽而返，得要有何等亲密无间的关系，两个人才能这样率意随性地谈吐和交往。这也是我们怀疑这位“幽人”就是元丹丘的另一个原因。这首诗与前篇一样，看似脱口而出、率尔成篇，实则意蕴悠长、尽善尽美，这是只有李白绝句诗能够达到的化境。

关于绝句这种体裁，这里需要多说几句。首先明确一个观点：绝句不是近体诗，或者严格地说，不完全是近体诗。大家过去可能有一种认识，认为绝句与律诗统称近体诗，四句的叫绝句，八句的叫律诗，我可以负责任地告诉大家，这种观点是错误的！绝句和律诗其实完全是两个层面的概念：绝句是针对句数而言的，所谓的“绝”指的是警绝，说白了就是篇幅短，但凡四句的齐言短诗，都叫绝句，它可以是古体，也可以是符合格律的近体诗。而律诗呢，是就格律而言的，所谓“律”就是法度、规范，只有满足了五七言八句、平仄粘对、平声押韵、对偶、起承转合结构等一系列严格规则的诗歌，才能叫作律诗。事实上，绝句的出现比律诗要早得多，我们前面介绍过的吴歌、西曲等流行于南朝的乐府民歌大多是绝句。它和律诗的区别也不仅仅在于句数，而更多的是诗歌渊源和审美追求上的不同，前者注重自然、流畅、清新、警策，后者则追求工稳、整饬、丰富、深广。

由于体制短小，绝句适用于任何生活化的创作场合，类似于我们如今的微博与朋友圈，不需要过于精心地结撰和长久地构思，往往脱口而出、倚马可待，而正因其率尔成篇的特性，又极为能够体现创作者的天赋与才性，若是在这样的情况下还能写出意蕴优美、回味无穷的作品，便完全可以说明，这种诗意的精神已经融入创作者的血液与人格之中了——正因如此，北大诗歌研究的奠基人林庚先生称“绝句的繁荣是盛唐诗歌达到高潮的最好证明”，的确，开元年间的一流诗人王昌龄、李白、王维、孟浩然，无一不是绝句的妙手、圣手！

李白在寿山上度过了近两年平静而美好的蜜月生活，其间他读书习剑、修道炼丹，时而与往来的“幽人”们对酌、谈笑，还生下一双儿女，可谓是在大唐最美好的岁月度过了一段人生中最幸福的时光，所以随之而生的这两首绝句，正像是天才诗仙与浪漫盛唐精神最完美的“蜜月结晶”。

二、走出“蜜月”

李白对于寿山之上的蜜月生活十分得意，也十分沉迷。两年间，他时常醉卧花间，更是不问世事，醒来之后偶尔写作两篇小诗，也多是《春日醉起言志》中所表现的这般的志趣：

处世若大梦，胡为劳其生？
所以终日醉，颓然卧前楹。
觉来眄庭前，一鸟花间鸣。
借问此何时？春风语流莺。
感之欲叹息，对酒还自倾。
浩歌待明月，曲尽已忘情。

他说：人生在世，就如同一场长长的梦境，既然一切都不是真实的，又何必为之辛劳终生？所以，他整日里饮酒作乐，沉醉过后便颓然卧倒在家门口。等到一觉醒来，环顾庭院四周，只有一只鸟雀在花间啼鸣，预示着春意正浓；随口向鸟儿发问，如今是什么时候？它自然不会回答，只是对着春风继续啼叫，但这悦耳的鸟鸣与和煦的春风，便足以说明一切——正是春风沉醉的日子。李白偶尔也会对春光有所感慨，也会想要叹息时光的流逝，然而当兴致到了，他便会又提起酒壶，自斟自饮起来；对着春光，饮着美酒，高歌一曲等待明月东升，曲终之时便已再度沉醉忘情。这首诗题为“言志”，所言之志便是这种半醉半醒间悠然转换、夜以继日寻欢作乐的生活追求，这种境界与曹植的《名都篇》

相似，其实是一种建立在高度盛世认同感之上的大同理想。

而就在李白沉迷于山中世外桃源的蜜月生活之际，一位友人的来信如同利剑般，刺破了平静的“桃花流水”。这位友人被称为孟少府，应该是当地一位县尉或县丞，他的文章题目大概是《移寿山文》，内容差不多写的是寿山之景不过尔尔，天下大有风景佳处，远胜于之。其实明眼人都看得出来，这是在通过批评寿山来影射李白的安于现状，说到底也是对他的一份好心鞭策。

李白收到这封书信，沉思良久，也渐渐开始反思，自己为何要“仗剑去国”，又为何来到安陆，入赘许家，一时的安乐险些让他忘了初心。好在良言在耳，醍醐灌顶，沉思中，他抬眼望见了廊外的一棵松树，并由此想到自己的非凡追求，便写下了一首《南轩松》以明己志：

南轩有孤松，柯叶自绵幂。
清风无闲时，潇洒终日夕。
阴生古苔绿，色染秋烟碧。
何当凌云霄，直上数千尺。

书斋南廊的房檐下有一棵松树，虽然孤单挺立，却枝叶繁茂，足以成荫。山中的清风时时吹来，摆弄着它的枝条，雨水也常在早晚间泼洒而下，冲刷着它的根基。然而，无论和风还是骤雨，都没有改变它日复一日生长的进程，渐渐地，它树荫下生长的绿苔都有了岁月的痕迹，参天的叶冠更是将秋日的云雾渲染成一片碧绿。怀着这样的劲头，有朝一日，这棵孤松一定能够参天而上、冲破云霄，直上千尺而依然端庄挺立！“木犹如此，人何以堪。”这棵松树其实就是李白的自况，他经历了蹉跎和失意，也享受过安闲与甜蜜，而今，他要明白，自己参天的壮志绝不能丝毫动摇和改易，只有如此，才能最终凌云直上千尺。

坚定信念、重拾理想的李白很快就给孟少府写了回信《代寿山答孟少府移文书》，他以寿山的口吻回应了孟少府的种种诘问与质疑：李白先夸耀了寿山的山川灵秀、地势险要、物产丰盈，不亚于其他名山，实际上以之隐喻自己虽无大名却抱有雄才；而后他又申发了贤才不得仕进的感慨，向孟少府解释，不是自己不思进取，而是命运使然。当然，在李白看来，安心于山中休养生息、神游自然，也是人生理想的另一种成就，不过，在文章的最后，他还是接受了孟少府的劝诫，他说道：

近者逸人李白，自峨眉而来，尔其天为容，道为貌，不屈己，不干人，巢、由以来，一人而已。乃虬蟠龟息，遁乎此山。仆尝弄之以绿绮，卧之以碧云，漱之以琼液，饵之以金砂，既而童颜益春，真气愈茂，将欲倚剑天外，挂弓扶桑，浮四海，横八荒，出宇宙之寥廓，登云天之渺茫。俄而李公仰天长吁，谓其友人曰："吾未可去也。吾与尔，达则兼济天下，穷则独善一身。安能餐君紫霞，荫君青松，乘君鸾鹤，驾君虬龙，一朝飞腾，为方丈、蓬莱之人耳？此则未可也。"乃相与卷其丹书，匣其瑶琴，申管、晏之谈，谋帝王之术，奋其智能，愿为辅弼，使寰区大定，海县清一。事君之道成，荣亲之义毕，然后与陶朱、留侯，浮五湖，戏沧洲，不足为难矣。即仆林下之所隐容，岂不大哉？必能资其聪明，辅其正气，借之以物色，发之以文章，虽烟花中贫，没齿无恨。其有山精木魅，雄虺猛兽，以驱之四荒，磔裂原野，使影迹绝灭，不干户庭，亦遣清风扫门，明月侍坐。此乃养贤之心，实亦勤矣。孟子、孟子，无见深责耶！明年青春，求我于此岩也。

从书信中，我们不难看出，虽然沉寂了两年之久，但李白心中那股傲然之气丝毫没有减退，他仍然是那个自命不凡、志在千里的大鹏，只是暂时止息着自己的羽翼，一旦他想要重新振翅，茫茫九天便都是他翱翔的场域。也正是在这里，我们首次看到李白喊出了“奋其智能，愿为辅弼，使寰区大定，海县清一”的政治理想，也第一次看到他将“事君之道成，荣亲之义毕”的政治理想与“浮五湖，戏沧洲”的自在人格追求统一了起来，再结合“申管、晏之谈，谋帝王之术”的道路选择，真正在一篇文章中“三位一体”地阐明了自己的人生计划，所以说这篇文章对于我们了解李白的人生有着十分重要的意义。

以这封自序式的书信为标志，李白辞别了寿山，走出了甜蜜而安闲的蜜月生活，重新踏上了追梦的征途，然而这条道路依然充满了崎岖坎坷。

三、上下求索

时间来到开元十八年（730），走出蜜月生活的李白已经步入了而立之年，他愈发意识到一种时不我待的紧迫感，毕竟三十岁的年纪还一事无成，比起其他大诗人们已经落后了太多：且不说初唐的王勃、杨炯早在十几岁的年纪就及第“神童科”；同辈的王昌龄、王维三十岁时也都已经考中了进士；还有他最钦佩的陈子昂，十八岁开始折节读书，仅用了六年便博得了武则天的赏识，效率之高，无人能及。

其实李白在蜜月期间也不是完全没有过求仕的探索，前面提到，他的岳父大人也曾想要动用资源，尝试着为他打通一些关节。安陆设有安州都督府，管辖六县，控扼荆楚，虽然影响力不及荆、益等大州，但也有着举足轻重的地位，凭借许家在安陆的地位，为李白在都督府谋求个官职是毫无障碍的，要推荐他入京应举也没有什么难度。那么为什么没有这么做呢？主要有三个原因：一是这条出路在李白看来，与他的人生志向相差甚远，不管是在安陆当个基层小吏，还是去长安参加“国考”，的确都不符合他平交王侯、做帝王师的追求。第二个原因，当然是以许大郎为代表的少数许氏宗亲的破坏，在他们的短浅目光里，女婿毕竟是外人，李白的官运越通畅，对他们争夺家产的威胁自然也就越大。第三个原因则在于当地的官员。当时的安州都督姓马，为人比较忠厚和善，与许员外关系也很好，但在唐代的地方官制中，都督相当于荣誉性的虚位首脑，实际上不视事，真正掌握实权的是都督府长史。安州都督府长史叫李京之，不巧的是，李白与他有些过节。事情发生在李白新婚后不久，一天他与朋友饮酒喝得大醉，乘着小登科的欣喜和得意，骑着高头大马在街道上肆意闲游，不承想正与出巡的李京之的仪仗撞了个正着。其实这个事情说大也大，说小也小，李白毕竟是布衣之身，冲撞官员仪仗，属于不敬，但要遇上个大度的官员，看在李白的才能和许家的关系上，可能也就算了。然而，李京之不一样，他身为安州的地方要员，却处处受制于豪强世家，本就对许家憋着一肚子气，这下倒好，他家新上门的女婿径直欺负到头上来了，是可忍，孰不可忍！于是，他将李白带回了都督府，要依法严办。按照《唐律》，街市走马、冲撞州县长官，是要判处鞭打、杖责的，虽然也不至于有太大的身体损伤，但对于读书人来说却是莫大的羞辱，李白和许员外当然都不愿意这样了结。最后好说歹说，李白写了一封言辞极其谦卑恭谨的《上安州李长史书》，自称“嵚崎历落可笑人”负荆请罪，事情才算了结，但梁子还是就此结下了。所以，在李京之担任长史的时期，李白在安州是不可能有出头之日的。

好在等到李白再度走出寿山时，这位李京之长史已经离任了，继任的长史姓裴，他与马都督一样，是一位重才干、惜贤能的忠厚长者，且与李白的好友元丹丘有着不错的交谊，因而李白对于他倒是有些期待的。不过，可能是李京之在与裴长史工作交接时没忘说几句李白的坏话，也可能是以许大郎为代表的少数许氏宗亲散播了不少李白的负面新闻，这位裴长史刚来似乎就对李白有些成见。为此，李白也写了一封有名的书信《上安州裴长史书》，来表明自己的心意。这篇文章交代了自己的身世，也回顾了既往三十年来上下求索的诸多经历，成为我们如今了解李白生平的重要文献。文中他通过申述自己轻财好施、存交重义、养高忘机、富有才情的品格，来为自己受到的种种谗言诬陷辩白，情真语切，委婉动人，也是我们得以探究李白人格精神的重要切入口。

显然，李白写作《上安州裴长史书》更突出的目的还是在于明志，而不是干谒求官，对于安陆这一亩三分地上的小官小吏，他是看不上的，只有去往更大天地才能让他这个志在万里的大鹏，施展出惊世的才能，实现更伟大的抱负。于是，他暂别了自己亲爱的妻子和寿山，向着更广阔的天地投去了目光。

第九讲

极目楚天

——广阔天地，能否大有作为？

一、“吾爱孟夫子”

开元十八年，而立之年的李白终于在友人的规谏下，下定决心走出幸福的蜜月生活，再度踏上追寻人生理想的征途。他深知，要实现匡君辅国的伟志，小小的安陆是远不能有所作为的，于是他暂别了心爱的妻子和儿女，向着当时的政治和文化中心进发。

安陆向北去往京畿地区，无论走水路还是陆路，襄阳都是绕不开的重镇，这里也是仅次于江陵的荆楚第二大城市。襄阳位于汉水中游，向南经由汉水、长江可抵扬州、益州，向北经由南阳直通洛阳，向西缘汉谷而上便是长安，是至关重要的咽喉要地，因而也有着中国古代最为高大的城墙和最深、最宽的护城河。而对于唐诗而言，襄阳最大的意义还在于这里常年居住着一位伟大的诗人——孟浩然。

孟浩然是盛唐数一数二的山水田园诗人，与李、杜、王、高、岑齐名，同时在盛唐所有诗人之中，他又是一个特殊的存在。他是唯一一位布衣诗人，一辈子没有做过官，换句话说，他是唯一一位一生都以作诗为主业的诗人，也是唯一一位仅仅凭借文采、诗才就名满天下的诗人。孟浩然的存在也证明了盛唐的确是属于诗歌的时代。李白对于孟浩然的声名自然是早就有所耳闻的，于是一来到襄阳便迫不及待地去拜访了他。不得不说，他们二人在性格上有着极高的相似性，率性自然、洒脱不羁、钟情山水，又有着非常深沉的宇宙意识，可以设想，倘使李白不从寿山出来，他所走的便是另一条孟浩然式的道路。正是因为这种性格上的相似，二人的交往也是一拍即合的。

李白在诗中毫不吝惜地表达了自己对于孟浩然的喜爱和推崇，如他的《赠孟浩然》写道：

吾爱孟夫子，风流天下闻。
红颜弃轩冕，白首卧松云。
醉月频中圣，迷花不事君。
高山安可仰，徒此揖清芬。

“夫子”是对男子的极高尊称，称对方为“夫子”就相当于自认为对方的“弟子”，孟浩然比李白年长十二岁，李白这样称呼他一方面当然是敬重长者、贤者，但更多的还是对于其诗歌成就与人格精神的推崇。他说：我十分喜爱孟老师，他的风流已是天下闻名！需要解释的是，“风流”当时不是我们如今所谓的“花花公子”式的风流，而是“数风流人物”的风流，指的是一种潇洒从容、雅量高致的风度和状态，这在唐代同时是一个特定的诗学概念，是诗歌创作的极高境界与追求，比如我们常说的“魏晋风流”便是这个意思。那么孟夫子的风流具体有什么样的体现呢？他年纪轻轻就不贪图功名，不羡慕和追求香车宝马、高官厚禄，到了高龄白首依然静卧山林，摒弃世事喧嚣；他所爱慕的，不过是月夜之下的一壶美酒和春光里的烂漫山花，在迷醉之中实现人格的无限高大，哪管什么圣、什么君，通通已不放在眼里，更不去折节屈就。这一描述，既是李白对孟浩然的赞许，其实也是他内心情愫的表露。最后，李白引用了《诗经》来再度拔高他对孟浩然的推崇。司马迁曾在《史记》中称赞孔子“高山仰止”，在李白心中孟浩然同样达到了这一高度，甚至于孔子这座高山尚可仰望，而孟浩然这座高山不可仰望，只能在此挹取他人格的芬芳，来内化为自己的修养。当然，这有些夸张过头了，不过对于好大言的唐代诗人来说，这么写也并不过分，我们从中读出的是李白对于孟浩然这位前辈、长者、同路人的极度推崇，同时也是对于自己人格追求的再度体认。

本来是出来追求政治理想，找寻门路做官的，谁承想李白一来到襄阳就遇到了孟浩然这么一位布衣隐逸诗人的杰出代表，一下又把他刚刚压抑下去的林泉之致通通勾了起来。我们前面讲过，李白一生的悲剧根源就在于他儒家治世理想和道教人格追求之间的巨大差异和矛盾，他徘徊于两者之间，既不能兼得，又不忍专事一端，终究蹉跎了一生，这里便又是一处实例。

李白在襄阳的主要活动便是整日和孟浩然一起饮酒、登览、闲谈、赋诗。襄阳最有名的一座山叫岘山，这里山高林密、风景秀美，可以俯瞰襄阳和汉江，既是著名的道教神仙赤松子的道场，也是前代贤臣羊祜曾经久居的地方，很符合李白兼通儒道的人生追求。孟浩然曾多次登临此地，并写下了传世名篇《与诸子登岘山》，留下了“人事有代谢，往来成古今。江山留胜迹，我辈复登临”的千古高唱！李白也在孟浩然的陪同下登临，并留下了自己的作品，颇有向心中偶像致敬之意，且看这首《岘山怀古》：

访古登岘首，凭高眺襄中。
天清远峰出，水落寒沙空。
弄珠见游女，醉酒怀山公。
感叹发秋兴，长松鸣夜风。

上四句写登览及所见之景：为了访求古迹，李白登临岘山，在高高的山巅眺望整个巍峨的襄阳城，抬眼望去，远处高峻的山峰如同从清朗的天际挺出，足见视线之高远。山下的汉江水退潮落下，沙洲虽然清冷寒寂，却也辽阔空荡，一片水天广大。下四句则是所思所感：水边有游玩的女子正在拨弄明珠，画面是那样地祥和，但四百年前同样是在这里，当时的都督山简却冒着生命危险在乱世中护送流民返乡，盛衰治乱的对比如此鲜明，让醉中的李白不禁回忆起了那位心系百姓的先贤。他想着，自己何时才能像先贤们一样成就自己的事业，青史留名，然而秋夜里没有他想要的答案，耳边只有疾风吹过松林的呼啸。大家注意，诗歌第二句的景象还是“天清”，到了结尾却已是“夜风”，这是一种不经意的时间流转，以诗人的主观感受带动着诗境的发展，这是孟浩然诗歌中最为常见和突出的手法，李白学习并加以运用，也是对孟浩然的致敬。

与孟浩然相交之后，李白又把治世理想抛在了一边，回到家里过上了“酒隐安陆，蹉跎十年”的生活，其间时常往返于寿山与襄阳之间与孟浩然会面交谈，缔结了一段伟大的友谊。又过了两三年，来到了开元二十年（732）前后，孟浩然计划东下广陵游历，李白闻知，便与他相约在江夏为他送行。江夏也就是如今的武汉，是汉水汇入长江之处，江边有著名的黄鹤楼，五年前大诗人崔颢曾在这里写下著名的《黄鹤楼》诗，刚刚出峡的李白路过这里，虽然满怀诗情，但面对这样一篇佳作也不得不为之搁笔。而今，他为了送别孟浩然，再度来到黄鹤楼，当两人饮罢饯行酒，孟浩然登舟离去，李白眼看着极为崇敬的友人渐渐消失在江水的尽头，也不知何时才能重聚，满腔的离愁别绪不由涌上心尖，也就顾不得什么“崔颢题诗在上头”了。于是关于黄鹤楼，就有了另一首传世名篇——《黄鹤楼送孟浩然之广陵》：

故人西辞黄鹤楼，烟花三月下扬州。
孤帆远影碧空尽，唯见长江天际流。

老朋友孟浩然向西辞别黄鹤楼，乘船往东而去，在这烟花如织的烂漫三月里，他将远赴浪漫的扬州。李白朝着他离去的方向深情眺望，一片孤帆渐行渐远，慢慢地消失在了碧空的尽头，只剩下滚滚长江仍在朝着远方日夜不停地奔流。看到长江奔流，便联想到一种历史的厚重感，李白表面写的是一次分别，其实更是深沉的人生感悟。活在世上的人们，何尝不像是浩瀚水天之间的一叶孤帆，时而风平浪静，时而波涛汹涌，有着太多的来来往往、东奔西忙，而无论个体如何，长江总在那里自西向东无尽地奔流，片刻不停，就像历史的进程与规律，丝毫不会以人的意志为转移。一切的分别、失落、迷茫，都是不可逃脱的命中注定，想到这里，一种怅然若失之感萦绕在李白的心头。

对于李白和孟浩然而言，这次分离是他们的诀别。两年之后，李白再度经由襄阳北上，孟浩然没能送别，而八年之后，孟浩然病逝于襄阳，身在东鲁的李白也没能陪伴他最后一程。两位伟大的浪漫诗人，将最美的友谊留给了最好的年华，这也许是命运的安排。

二、“但愿一识韩荆州”

告别了孟浩然之后，李白回到寿山又住了一段时日，两年之后的开元二十二年（734），他重新踏上了北上的征途，又一次来到襄阳。此次来到襄阳，他是为了拜谒一位名人，这个人叫作韩朝宗。

韩朝宗何许人也？他出身于官宦世家，父亲是中宗、睿宗朝的吏部侍郎，后来出任襄州刺史，他也子承父业，做到了荆州大都督府长史。开元二十二年，唐玄宗设十道采访使监察各州，他便被任命为山南东道采访使，兼任襄州刺史，来到了襄阳。采访使是什么级别的官员呢？大家熟悉唐代的节度使，是主管一方军政的大员，采访使与之平级，只不过掌管的是监察、刑狱等司法大权，地位也是很高的。这位韩朝宗还有一个突出的特点，就是以奖掖后进而知名，当时士子之间流传着一句话，说“生不用封万户侯，但愿一识韩荆州”，就是说只要能得到韩朝宗的赏识，离飞黄腾达就不远了。事实确实如此，经过韩朝宗提拔奖掖的都有哪些人呢？最有名的是“饮中八仙”之一的李适之。李适之原本是韩朝宗手下的通州刺史，后来韩朝宗亲自写信荐举，提拔他为秦州都督，再后来就一步步做到了左相兼兵部尚书，可谓是出将入相。传说韩朝宗还一度想要举荐孟浩然，约了他见面谈话，但到了约定的时间，孟浩然还在和朋友喝酒，就爽了韩朝宗的约，韩朝宗当然十分不爽，便放弃了举荐孟浩然的念头。一正一反两个例子，足以看出韩朝宗在士人进退上举足轻重的影响力。李白当然不可能再犯孟浩然式的错误，对于韩朝宗的举荐，他还是相当看重的，毕竟是一步登天的绝好时机，于是他写了著名的《与韩荆州书》，实际上是向韩朝宗干谒。

但李白的这篇干谒文章却写得不同寻常，整体看来不卑不亢，气势壮大，毫无阿谀谄媚之虞，又将自己的一腔真诚和盘托出。李白依托韩荆州是为了一步登天，早日通过平交王侯的方式实现自己的政治理想，而这封信本身就是平交王侯的体现。他将自己摆在与对方平等的位置，先称赞对方赏识人才的海内清誉，再展现自己的超世之才，同时引用古人良马伯乐的典故，表现出对韩朝宗赏识自己的期许完全是理所应当，是忠君报国的必然需求，这就使整篇文章的格局大大地提升了。文后，李白还附上了自己的一些诗文，作为卷子一并呈了上去。然而，在当时无论是请托还是干谒，都有着特定的礼仪规程，韩朝宗看见李白这篇不拘小节的干谒信，不知道是否被他的才华、气魄所感染，还是被他的张扬、放浪所刺激，终究的结果是没有对李白的仕途产生实际性的帮助。

对于这样的结果，李白自然非常失望，于是他便又开始整日喝起酒来，沉醉的世界里总能消去很多苦恼和失意。这一时期创作的《襄阳歌》集中体现了他的心路历程：

落日欲没岘山西，倒著接䍦花下迷。
襄阳小儿齐拍手，拦街争唱《白铜鞮》。
旁人借问笑何事，笑杀山公醉似泥。

开篇是一段热闹的场面描写：日暮时分，太阳即将隐没在岘山之西，喝醉酒的李白歪歪扭扭地戴着白头巾在乱花丛中迷迷糊糊，醉态可掬。襄阳街道上的那些小儿一个个拦在面前，拍着手唱着民歌《白铜鞮》，爆发出一阵阵的哄笑，路过的人不知道发生了什么，走近一看才发现，原来是在笑话这个像山简一样烂醉如泥的醉汉。李白到底喝了多少酒才醉成了这个样子呢？他接下来就做了交代：

鸬鹚杓，鹦鹉杯。

百年三万六千日，一日须倾三百杯。

遥看汉水鸭头绿，恰似葡萄初酦醅。

用鸬鹚嘴巴一样大的勺子将酒筛进鹦鹉杯中，一天要喝上三百杯，百年人生，喝够三万六千天。这简直是不折不扣的“杯酒人生”了！流经襄阳的汉水，是长江最长最大的支流，而在醉酒的李白眼中，那一江鸭头色般碧绿的江水，就好像刚刚酿好还不曾过滤的葡萄酒，散发着原始的醇香。这是多么浪漫而奇绝的想象，但谁能想到浪漫的背后又蕴含着怎样的辛酸。紧接着，他的想象越来越丰富：

此江若变作春酒，垒曲便筑糟丘台。

千金骏马换小妾，醉坐雕鞍歌《落梅》。

车旁侧挂一壶酒，凤笙龙管行相催。

李白想着，若是这一江春水变为美酒，便可以用其中的酒曲在江岸上垒起一座酒糟的高台，像当年的铜雀台一样，再用千金骏马换来几个歌儿舞女，一同醉坐雕鞍，高唱《落梅》之歌。不仅如此，他还要乘坐香车，在车旁挂上一壶美酒，在凤笙龙管的伴奏下畅行大街小巷，让所有人都看到他有多快乐。战马是驰骋千里的坐骑，更是武将安身立命之本，对于志向高广的李白而言，以之换小妾作乐，其实是有意在表明他对于所谓政治理想的摒弃。虽然我们都知道这不过是一时气话，可是他为何突然做出了这样的表态呢？紧接着他援引典故告诉了我们答案：

咸阳市中叹黄犬，何如月下倾金罍？
君不见晋朝羊公一片石，龟头剥落生莓苔。
泪亦不能为之堕，心亦不能为之哀。

这一段中引用了一正一反两个典故，这种正反互证的手法也是李白所常用的。“咸阳市中叹黄犬”，是指秦朝的李斯。李斯晚年与赵高争权落败，被诬下狱，判处腰斩于咸阳市上，临终前他对儿子感叹：“吾欲与若复牵黄犬，俱出上蔡东门逐狡兔，岂可得乎！”而后便被夷灭三族，李白叹他追名逐利一生，到头来却不得善终，远不及月下安然饮酒来得痛快。“晋朝羊公一片石”，则是指西晋名臣羊祜，他经营荆州襄阳数十年，深受百姓爱戴，死后百姓为之在岘山上竖起一座德政碑，人们见碑而思人，竟纷纷落泪，于是又称之为“堕泪碑”。不过五百年过去，驮碑的乌龟头上终究风化剥落，生出了片片青苔，襄阳人也不再见之落泪，甚至心中也没有了哀伤，那些德政又还有谁记得呢？用这两个典故不过是为了说明，追求政治理想，成了也不过荣耀一时，终究会被时光掩埋，败了则可能身死族灭，万劫不复，唯有饮酒所带来的快乐是无穷无尽，达于永恒的。于是，在诗歌临近结束的地方，李白发出了最潇洒的呼喊：

清风朗月不用一钱买，玉山自倒非人推。

舒州杓，力士铛，李白与尔同死生。

江上的清风和天空的朗月，“耳得之即为声，目遇之而成色，取之无禁，用之不竭，是造物者之无尽藏也”，而且不用任何代价，安然即可享有，身处其间的人们，更是可以喝醉以后像玉山一样倾倒，不用任何外人的辅助，饮酒者的快乐，就是这样的永恒、轻松且自在。想要一醉方休的人啊，端起那舒州出产的大酒勺，举起那大个的力士铛，来与李白一起喝到同死共生！诗歌的情绪至此，升高到了极点，这直抒胸臆的呼喊是李白此刻最后的张扬！随之，情绪便急转直下，悲从中来：

襄王云雨今安在？江水东流猿夜声。

原来他心中还是渴望着襄王云雨般的君臣际遇啊，不过一切的美好如今都追寻不得，在这醉卧江头的夜晚，能听到的只有无尽江水的东流之声和夜猿此起彼伏的凄厉啼鸣，一如滔滔不尽的历史长河中，丝毫不以人意志为转移的遗憾与悲情。我们常常羡慕和叹服诗酒相伴的李白活得多么率意潇洒，其实他每一次肆意沉醉的背后，都经历了酒醒时分的失落和苦痛，所以才会有所谓的“但愿长醉不复醒”。

这一次，在襄阳遭遇了挫折的李白并没有停下前进的脚步，很快他就提振精神，重新昂扬起高标姿态，去往了距离梦想更近的地方闯荡！

第十讲

初入长安

——第一次“进京赶考”前后

一、高楼玉堂

李白离开安陆途经襄阳北上京畿，在襄阳城结识了孟浩然，也干谒了韩朝宗，但这对他追求政治理想都没有产生什么实际的帮助，于是在短暂的失意之后，他重整心情，继续北上，涉汉水，越终南，一路来到了都城长安。

长安是当时的世界第一大城市，大唐的政治、经济、文化中心，也是所有读书人心中的圣地，无数的诗人毫不吝惜地用最为华美的文字和激昂的情感来歌颂这座伟大的都城，比如卢照邻的《长安古意》、骆宾王的《帝京篇》。珠玉在前，为了避其锋芒，满怀敬畏的李白没有写作同样题材的作品，但他同样以拟古诗的形式表露了自己内心对于盛世长安的由衷期待，他有一组《拟古十二首》，一般认为其中的第二首就是这时写下的：

高楼入青天，下有白玉堂。
明月看欲堕，当窗悬清光。
遥夜一美人，罗衣沾秋霜。
含情弄柔瑟，弹作陌上桑。
弦声何激烈，风卷绕飞梁。
行人皆踯躅，栖鸟起回翔。
但写妾意苦，莫辞此曲伤。
愿逢同心者，飞作紫鸳鸯。

长安城的楼宇高大直入青天，其下则是白玉点缀的富丽厅堂，天上的月亮仿佛都快要被这高楼撞上，而显得摇摇欲坠，正好对着窗户，晃悠悠地散发着清清冷冷的月光，为这繁华的帝都气象注入了几分哀婉的气息。这哀婉从何而来呢？原来是楼上的美人长夜难眠，任秋霜打湿了轻薄的罗衣，还在含情脉脉地拨弄着琴瑟，弹奏一曲《陌上桑》，以盼望知音之人的称赏。那琴声之中，饱含着凄切激烈的深情，随风而下，绕梁不绝，令行人驻足倾听，入巢的鸟雀也为之重新振翅飞翔。自《楚辞》起，美人这一称谓就在古典诗歌中形成了特殊的意象，指代品行、才能卓然而又渴求赏识的士子。显然，这里是李白的自喻——他来到繁华的长安，身处高楼玉堂，但没有得到赏识与机遇，自然是孤独失落，只好写诗诉说自己的哀伤。于是，篇末的心愿流露也就水到渠成：渴望能有一个与我志趣相同的人，像鸳鸯一样带着我比翼而飞，直入紫宸，实现人生的理想。

这首诗与其他十一首，题为“拟古”，虽然不是同时、同地所作，但其复古的意图是十分明确且一致的，这也体现了李白复古的文学主张。这一篇与《古诗十九首》中的“西北有高楼”一篇，在题材、主旨、意境、结构上有着高度的相似性，从汉魏六朝文学经典中汲取成熟的经验为自己所用，这是李白诗歌突出的艺术特点之一。

看得出来，初入长安的李白，深深地被这里富丽堂皇的帝王气象和昂扬开放的时代风气所震撼和吸引，其追求儒家政治理想的信念也立刻坚定和激荡了许多。他的《秦女卷衣》一诗将这种情绪表露得更加直白：

天子居未央，妾来卷衣裳。
顾无紫宫宠，敢拂黄金床。
水至亦不去，熊来尚可当。
微身奉日月，飘若萤之光。
愿君采葑菲，无以下体妨。

这也是一首古题乐府，李白面对身居未央宫的天子，将自己比作一名收拾衣裳的妾女，恭敬地期待着皇帝来自紫极宫的宠爱，丝毫不敢僭越而去拂坐黄金床。他愿意像桥下抱柱守信的女子一样，即便洪水到来也不逃跑，更有意学习西汉的冯婕妤，斗杀黑熊，保护皇上的安全。在盛德如日月的君王面前，自己愿意做一缕萤光，竭尽自己的微末之身来侍奉，只希望君王能够感知到他的超世才华和赤诚忠心，不要因为自己身居下僚而轻易抛弃、忽视。这首诗乍看起来，的确不像是那个张扬个性、天马行空的李太白的手笔，因为它显得那样谨小慎微、恭恭敬敬，甚至有些畏首畏尾。但我们可以设想，一个志向高广、拥有雄才大略而又屡遭挫折、百折不挠的士子，眼看着实现梦想的机遇就在眼前，而又很可能稍纵即逝的时候，心中激动、鼓舞与紧张、忧虑的情绪交织，大概会表现出怎样的状态。

二、贵人和小人

平复下激动与紧张的心情，初入长安的李白终于要开始细致谋划他的入仕之路了。盛唐士子常走的入仕之路有四条：一是门荫，李白不能；二是科举，李白不屑；三是从军，李白暂时不想；于是只剩下了第四条，也是和李白平交王侯的想法最为接近的一条，那就是干谒。之前李白没少干谒别人，从苏颋、李邕到司马承祯、韩朝宗，虽然一路收获赞誉，却始终没有实际成效，这让他很苦恼。好在长安城达官显贵云集，可以找寻的门路更多，看起来也更有含金量些。

李白很快选定了新的干谒对象，这是一位无论从身份地位还是思想信仰上都极为不凡的贵人，那就是玉真公主。玉真公主是唐玄宗的胞妹，在有着女性政治传统的初盛唐，这样的身份在朝政上有着举足轻重的地位，身边围绕着一圈依托她上位的官僚，大诗人王维就是其中之一。同时这位玉真公主又有两大爱好，一是听歌读诗，二是求仙访道，这不正中李白的下怀吗？他有足够的自信，无论哪一方面，自己在盛唐文士中都数一数二地拿手！于是他满怀憧憬写下了《玉真仙人词》，准备投赠给玉真公主：

玉真之仙人，时往太华峰。
清晨鸣天鼓，飙欻腾双龙。
弄电不辍手，行云本无踪。

几时入少室，王母应相逢。

诗中写道：玉真公主这位得道金仙，时常去往太华峰修炼，她在清晨时鸣响天鼓，驾驭双龙迅疾地飞腾，可以呼风引电，无所不能，而且腾云驾雾，来去无踪，想必等到她下一次去往少室山的时候，便可以与王母相逢了。这首诗出色地演绎了什么叫作“投其所好”，玉真公主一心想要修道成仙，李白就竭尽所能地夸赞她、为她祝祷，把她比作全能的仙人，且终将得到天界的认可。除了稍显奇绝的想象之外，这首作品也没有太多可观之处，而对于玉真公主而言，这类谀词听得过多，也很难在心中激起新的波澜，所以李白这首干谒诗写得真的一点也不成功。不过，他与这首诗一同递上去的卷子倒是引起了玉真公主的兴趣，尤其他巡游吴越时仿作的民歌和隐居寿山时写的那几首绝句，给了这位“盛唐音乐创作家协会名誉主席”眼前一亮的感觉。于是玉真公主开始对李白有了些许关注，还时不时把他邀来自己的道场，与他交流修道的心得，或谈论流行音乐的风尚。

李白在玉真公主身边待得久了，难免就会出现很多流言蜚语，尤其原本围在玉真公主身边的那一批官员，大多对公主座下这位张扬恣肆的“新欢”是不太欢迎的，于是有人开始出来规劝公主，与李白保持适当的距离，其中着力最甚者便是一位著名的“官二代”，名叫张垍。张垍的父亲，是盛唐的第一代文坛宗主，著名的宰相张说；他的岳父更不得了，谁呢？当朝皇帝唐玄宗，所以从关系上来看，张垍是玉真公主的侄女婿，故而时常在其府中出入。这个张垍，虽然家世好，也有才学，但人品极差，他长年在朝中与李林甫、杨国忠等人争权，而且完全摒弃了其父爱惜贤才、奖掖后进的作风，对新进文士多有所排抑，后来在安史之乱中，甚至投靠叛军做了伪官，足见其德行之差。

张垍听说最近玉真姑姑和一个新来的叫李白的年轻人走得很近，心中的醋意就泛滥起来，心想这人若是越发受宠，日后被公主推荐给皇帝，做了大官，岂不又要来和自己争权夺利？何况他常年担任卫尉卿的官职，也就是皇宫的守备司令，职业习惯也使得他对李白骨子里那股傲然之志、游侠之气有着天然的反感，决不容许这样的人经常出入公主府第，甚至日后进出朝廷。于是，他一方面对玉真公主说了很多李白的坏话，劝她减少和李白的来往；另一方面，则主动抛头露面，表面上对李白笑脸相迎，实际却堵死了他的进身之阶。

渐渐地，李白被玉真公主疏远了，来府第求见，时常吃到闭门羹，倒是时常遇到张垍，口口声声承诺着代他转达问候，却只拣难听的对公主说。而天真的李白，一开始却并不知道人心竟还会这般险恶，甚至还一度将张垍视作自己的救命稻草，比如在《玉真公主别馆苦雨赠卫尉张卿二首》中，就表达了渴求对方汲引、提拔的心意。其一写：

秋坐金张馆，繁阴昼不开。
空烟迷雨色，萧飒望中来。
翳翳昏垫苦，沉沉忧恨催。
清秋何以慰，白酒盈吾杯。
吟咏思管乐，此人已成灰。
独酌聊自勉，谁贵经纶才。
弹剑谢公子，无鱼良可哀。

自己坐在玉真公主别馆之中，面对着阴翳未开的天色和连绵不绝的秋雨，心境和环境一样萧瑟凄凉、昏昏沉沉，只能够通过独自饮酒来安慰内心的失意，想着管仲、乐毅一样的贤才今已不再，自己虽同样怀有经世安民的大才，却无人欣赏和任用，只求对面的张埴能够像孟尝君任用冯谖一样提拔自己，好让他不再重复那弹剑而歌的悲哀。其二用了更多的笔墨写雨景：

苦雨思白日，浮云何由卷。
稷契和天人，阴阳乃骄蹇。
秋霖剧倒井，昏雾横绝巘。
欲往咫尺途，遂成山川限。
潀潀奔溜闻，浩浩惊波转。
泥沙塞中途，牛马不可辨。

前十二句皆是从不同的角度来写雨水的浩大成灾，其实是以环境渲染出一个“苦”字，以点染失意、凄苦的心情。紧随其后便又写到了自己的处境：

饥从漂母食，闲缀羽陵简。
园家逢秋蔬，藜藿不满眼。
蟏蛸结思幽，蟋蟀伤褊浅。
厨灶无青烟，刀机生绿藓。
投箸解鹔鹴，换酒醉北堂。

饥饿了便向人乞食为生，无聊了便整理书帙来打发时日，田地里的庄稼都荒废得只剩野菜，屋室内的蜘蛛、蟋蟀更是侵占着日常栖居的床榻，厨房里烟火断绝，刀具已久置不用，只好解下衣物换来美酒，一醉方能解脱忧愁。从玉真公主的座上客，到无人问津的失意人，一切转换得太过迅速，然而面对张垍，李白还是没有放弃最后一丝希望：

丹徒布衣者，慷慨未可量。
何时黄金盘，一斛荐槟榔。
功成拂衣去，摇曳沧洲傍。

刘宋时期，丹徒有个叫刘穆之的人，过得穷困潦倒，一次去往岳父家里乞食槟榔，却遭到了妻兄的调笑，后来他飞黄腾达，做了丹阳尹，便差人用金盘装了一盘槟榔送给妻兄，以回敬当年的嘲笑。李白引用这个典故，自然是要说明自己也是慷慨不可限量之辈，终有功成之日，只盼张垍不要小瞧自己。他似乎也看出了张垍的一些小心思，还同时表态，一旦功成，必然身退，拂衣而去，摇曳沧洲，绝不与之争名夺利。当然，张垍是绝不可能相信李白这番承诺的，这也正是所谓的“燕雀安知鸿鹄之志”吧；渐渐地，李白明白了个中内情，也就越发心灰意冷，不再对张垍之流抱有幻想了，干谒玉真公主的计划自然也因此作罢。

三、“大道如青天，我独不得出”

因为张垍等人的干预和破坏，李白的首次长安之行到头来是彻底失败了。这一年是开元二十三年（735），同年的东都洛阳，一位年轻人参加科举考试同样遭遇了滑铁卢，这个年轻人叫杜甫。后来他们成了一生的朋友，这次“同病相怜”姑且也可以算是缘分的开始吧。

所谓“不平则鸣”，李白怀着满腔愤懑准备离开长安，临行之际将所有的情绪与感慨化作诗篇倾诉了出来，由此造就了一组诗歌史上颇具分量的作品——《行路难三首》，这也是李白此次长安之行留给中华文明史最伟大的印记。其一是我们最熟悉的一首，着重表现了此时的处境以及对前路的展望：

金樽清酒斗十千，玉盘珍羞直万钱。
停杯投箸不能食，拔剑四顾心茫然。
欲渡黄河冰塞川，将登太行雪满山。
闲来垂钓碧溪上，忽复乘舟梦日边。
行路难！行路难！多歧路，今安在？
长风破浪会有时，直挂云帆济沧海。

金樽之中盛满了一斗十千的美酒，玉盘之上也呈放着价值万钱的珍馔佳肴，面对着如此盛宴，李白却停杯投箸，无心享用，侠义至上的他恨不得拔出宝剑斩杀一切奸邪，却只能四顾茫然，不知何处下手。他明白，张垍这般小人是斩不尽、杀不绝的，就像阻塞黄河的坚冰和覆盖太行的暴雪一样，将布衣士子进取的道路彻底隔断，恶劣的不是某一个人，而是整个环境。面对这般险境，李白能选择的不过是像姜太公一样去往碧溪上垂钓，等待时机到来，或是像伊尹一样做着日边乘舟的美梦，渴求它早些实现，机遇尚未成熟，又能做些别的什么呢？对于自命不凡的李白而言，长安之行的打击是巨大的，以至于他接受了一个事实——于他而言，追求政治理想的时机未到，这是此前任何一次失意之后他都没有产生过的念头。于是，李白感慨：人生之路不易啊，如此多的歧途迷踪，如今将我引向了何处呢？既然时机尚未成熟，那便等待长风到来之日，再乘风破浪，高挂云帆，横渡沧海吧！所以，从最后两句诗中，我们过去读出的是希望与豪迈，而当了解了这首诗的创作背景和李白前后心态的变化，则更多地可以感受到一份失落与无奈。第二首诗中，这份失落表现为一种愤慨：

大道如青天，我独不得出。
羞逐长安社中儿，赤鸡白狗赌梨栗。
弹剑作歌奏苦声，曳裾王门不称情。
淮阴市井笑韩信，汉朝公卿忌贾生。
君不见昔时燕家重郭隗，拥篲折节无嫌猜。
剧辛乐毅感恩分，输肝剖胆效英才。
昭王白骨萦蔓草，谁人更扫黄金台？行路难，归去来！

长安的大道宽广如青天一般，却唯独没有我李白的出路！开篇便是对世道不平的痛斥和控诉。那么这如青天般宽广的大道可以给哪些人出入呢？有长安城中的富家子弟们，终日里斗鸡走狗赌博为乐，仅凭借着家世和血缘便可以官运通达；还有冯谖那样终日弹剑作歌发牢骚的门客，通过在权贵门下卑躬屈膝换取仕途的进展——这都不符合李白的心意和期待，也使得他像韩信和贾谊一样，显得与周围的人格格不入，虽然才能盖世，却受尽了无端的嘲笑与猜忌。他多么羡慕战国时燕昭王座下的君臣际遇，燕昭王重用郭隗的建议，修筑黄金台来招纳天下英才，为迎接邹衍，他亲自扫路、以衣袖遮挡尘土，毫不摆君王的架子，这番诚意也使得剧辛、乐毅等一批才士深受感动，不惜剖肝沥胆，竭尽所能为他效命！可惜的是，随着燕昭王的死去，那个尊崇贤才的时代一去不返，黄金台更是冷寂千载，无人打扫。在想要平交王侯的李白眼中，这的确不是一个成熟的黄金时机啊，他再度感叹一声人生道路艰难，索性安然归去吧。第三首便是顺着“归去”的主题展开：

有耳莫洗颍川水，有口莫食首阳蕨。
含光混世贵无名，何用孤高比云月？
吾观自古贤达人，功成不退皆殒身。
子胥既弃吴江上，屈原终投湘水滨。
陆机雄才岂自保，李斯税驾苦不早。
华亭鹤唳讵可闻。上蔡苍鹰何足道。
君不见吴中张翰称达生，秋风忽忆江东行。
且乐生前一杯酒，何须身后千载名？

归去不一定是要当隐士，像许由一样用颍川水洗耳朵，躲避天下之任，或是像伯夷、叔齐一样“不食周粟”，否认历史的兴亡都是不可取的。归去是为了韬光养晦，以待日后更好地出来，而不必自命清高，与云月比清白。看那自古以来的贤达之人，倘若不懂得功成身退，终究会损伤自己的性命：伍子胥被吴王弃于江上；屈原抱石自沉汨罗水中；陆机雄才大略，也终究不能自保，等到事败身死，想再问华亭鹤唳已不可得；李斯临终感慨，未能早些追求自在安闲，在上蔡东门牵鹰打猎的图景也再不能实现。倒是只有吴中的张翰是个达观之人，他在洛阳为官，见秋风起而动了莼鲈之思，便毅然辞官归乡，也因此躲过了不久之后的永嘉战乱。由此看来，生前有一杯酒就应尽情欢乐，何须在意身后那千年的虚名？

这三首诗看似主旨各异，但其内在逻辑其实环环相扣：其一由此次长安之行的失意，感慨大道不行、时机未成，只得等待机遇；其二对时机未成进行进一步的阐释，表达自己平交王侯的理想，以及这一理想在当下实现的不切实际，故而萌生归去之思；其三则解释归去的意义并不在于隐居自守，而是为了等待时机以更好地复出，明确乐天安命、顺遂自然的内心旨趣。从艺术上来看，这三首杂言歌行完美地发挥了其体式本身长于抒情、议论的特点，语言直白流畅、气势磅礴浩然、用典自然妥帖、节奏变化灵动，再配合奇绝的想象和奔放的情感，形成了极为鲜明的艺术风格。

李白在《行路难》中说要“归去”，他也的确是这么做的，离开长安的他重新将青春与热血投入了大好河山之中，开始了又一段漫游四海的岁月。前路上，还会有哪些新的壮丽风景呢？

第十一讲

问道中原

——西方不亮东方亮，做官不成去求仙

一、漫游京畿

李白开元二十二年至开元二十三年间初入长安，本来满怀信心，想着能以干谒玉真公主的方法迈上自己一步登天的仕途，然而现实总是比他的美好理想要复杂得多。在以张垍为代表的群小的破坏下，李白的长安之行可谓一无所获，于是他写下经典的《行路难三首》，长发一声“大道如青天，我独不得出”的感慨，离开了这座伟大的都城。

不过，对于一生好入名山、兹游奇绝的李白而言，政治理想虽然暂时破灭了，但既然来了长安一趟，对于京畿地区的风土人情，是不能轻易错过的，于是他开始了一段难忘的京畿漫游。开元二十三年秋，一场苦雨过后，李白出长安金光门，一路向西来到了新平小城。

新平，又称邠州，有时写作豳州，也就是大家熟知的《诗经》“十五国风”中的“豳风”所对应的区域，这是周文化和华夏文明的重要发祥

地之一。在魏晋南北朝和隋唐时期，由于常年被少数民族占领，胡汉杂居，这里的尚武游侠风气十分浓厚，这大概也是李白选择来此的一大原因和动力。新平距长安不远，从长安出来没几天，李白就踏着秋日的尾巴，登上了新平的城楼，此时他还没有从失意的情绪中走出，回望身后的那座伟大都城、那段难忘岁月和那些美好理想，他怎可能不感慨万千呢？于是一首饱含深情的《登新平楼》应运而生：

去国登兹楼，怀归伤暮秋。
天长落日远，水净寒波流。
秦云起岭树，胡雁飞沙洲。
苍苍几万里，目极令人愁。

显而易见，这里的“国”是指国都，李白离开长安来到新平，登上这座城楼，在暮秋时节，面对着寥落的江山，因为“怀归”而愈发伤情。这里的“怀归”是怀念哪里呢？巴蜀的故乡、安陆的家，抑或是长安的理想，我认为应该都有，因为这三者但凡有一项能够立刻出现在他身边，对李白而言都将是最好的寄托和安慰，正因为眼下无一可得，茫茫天地才更让他觉得形单影只、孤独无依。此刻，他的眼里只有天空辽阔，夕阳在远方落下；寒波微澜，河水在静静流淌。这落日，正如同那坠落的理想，带走了光明与温暖，与他渐行渐远；而日渐冷落又平静流淌、片刻不息的长河，则好似绵长而又无情的人类历史，不会轻易为一个个体的失意而泛起丝毫涟漪。从构图来讲，落日的轨迹由近处、高处的天空，向远处、低处移动，长河的运行自近处、低处的地上，向远处、高处延展，形成一个立体的投影视野，将视线向远方的一点上聚焦，景物层次十分鲜明。而远方视线的聚焦处则是巍峨的秦岭，在那里，云朵从山间的树林上升起，大雁也从林间飞回，落在眼前的沙洲上，再度将聚焦的视点放大。这一大一小、一出一入、一来一回，就构成了我们所谓的诗歌的开合张力！最后，对着茫茫苍苍的几万里天地，李白更加觉得一事无成的自己是那样地渺小，目力所见的江山越辽阔，心中的失落和无助所凝结的愁绪也就越浓厚。

失意的李白走下新平城楼，在城中住了些时日，这段时间他整日在街市酒肆中买醉消愁，也如愿结交了不少侠义少年，在与他们纵论天下大势中彰显他的快意恩仇，倾吐他内心的郁结之气，所以这一阶段，他的诗歌作品中有不少豪放任侠的格调。比如这首《赠新平少年》：

韩信在淮阴，少年相欺凌。
屈体若无骨，壮心有所凭。
一遭龙颜君，啸咤从此兴。
千金答漂母，万古共嗟称。
而我竟何为，寒苦坐相仍。
长风入短袂，两手如怀冰。
故友不相恤，新交宁见矜。
摧残槛中虎，羁绁韝上鹰。
何时腾风云，搏击申所能。

诗歌开篇引用韩信的故事，就是我们所熟知的“胯下之辱”和“一饭千金”的典故。韩信未发迹之前，浪迹于淮阴市井，饱受当地少年欺凌，他身体承受着胯下的屈辱，仿佛没有骨气，但伟大的壮志却始终蕴含于他的心中。因此，当他一遇上刘邦这样任用贤才的明主，便立刻得以施展抱负、叱咤风云，以千金报答漂母的一饭之恩，也获得了万古传颂的美名。而后，李白由古及今，转入了对自身处境的感慨：我李白如今在干什么呢？贫寒、穷苦交相而至、挥之不去，终日里坐立不宁，冬日的寒风吹进短袂的衣袖，两手抱在一起取暖，却如同怀抱寒冰。对这样一个落魄的汉子，故友都没有来体恤帮助，新结交的朋友更是不会有丝毫怜悯，他就像是被囚禁在笼中不能巡山的猛虎，又仿佛是被捆绑在兽架上难以飞腾的苍鹰。从昔日的"不足一年，散金三十余万"，到眼下的"长风入短袂，两手如怀冰"，从"大鹏一日同风起，扶摇直上九万里"的平生理想到"摧残槛中虎，羁绁鞲上鹰"的目下处境，李白经历了太大的人生落差，但他依然没有放弃自己的信念和追求，这不正与韩信的"屈体若无骨，壮心有所凭"形成了时隔近千载的呼应吗？在他心中，所欠缺的不过是"一遭龙颜君"的机遇罢了，于是，李白篇终发出了"何时腾风云，搏击申所能"的渴望：我何时才能借着风云冲出牢笼，进而呼啸山林、搏击长空，一展我的超世之能呢？

李白心中深知，短时间内，这样的机遇是不会骤然到来的，于是他在新平酒肆间饮酒买醉，逐渐将心中的苦痛麻痹之后，很快又将心思投向了人生的另一大追求——成仙上面。我们反复说过，李白一生的苦难根源在于其儒家政治理想与道教人生追求之间不可调和的割裂与矛盾，然而不可否认的是，他能够一生快意、洒脱、昂扬进取的最大动力也正在此处。当其中一个追求难以实现的时候，他不会感到人生失去了意义，而只要将更多的心思投放到另一方面就好。正如初入长安遭遇失败之后，政治理想的暂时破灭，就将他推向了对求仙访道的新一轮痴迷当中。

李白离开新平，转而向南，一路来到了秦岭的主峰——太白峰。太白峰位于长安以西的武功县（今陕西眉县），海拔三千七百多米，是关中第一高峰，渭河水系和汉江水系的分水岭，因此也是黄河流域和长江流域的分界线，进而划分了中国的南北。太白峰之所以得名“太白”，与李白字“太白”一样，也是与金星相关的。之前我们讲过，五行与五色、五方对应，金星主白色、西方，而太白峰正好是当时西部的高峰，故有此名，似乎冥冥之中注定此山与李白有一种特别的缘分；此外，道教之中还传说这里是太乙真人，就是哪吒的师父修炼成仙之地，故而又名太乙峰，这就使得这里成了一座道教的圣山，对李白这位道教徒有了十足的吸引力。所以，李白无论如何也要登上太白峰去看看，万一能就此得道成仙呢?

他的《登太白峰》以奇幻的想象记录了此番登山的所见所思：

西上太白峰，夕阳穷登攀。
太白与我语，为我开天关。
愿乘泠风去，直出浮云间。
举手可近月，前行若无山。
一别武功去，何时复见还。

向南来到太白峰，沿着太阳的脚步，一路登攀，在夕阳即将沉入地平线之时，也正好登顶，这一路李白如同追日的夸父，朝着修仙的理想锲而不舍地追逐！山顶上宛如脱离尘俗的仙境，也激发了李白的想象：他仿佛看到太白金星从云中走来，向他问好，为他打开了通向天国的关口，他也因此生发了泠然御风的幻想，想要直入浮云中间，伸手掬一把清亮的月光，而没有任何山岳的阻隔。这种飘逸自然的意境，固然是李白的想象，但也反映了他身处高山之巅那种游心太玄的自得之情，这种自得单纯地存在于他的内心世界与毫无纷杂的天地自然，没有任何人世间不怀好意的破坏和政坛上钩心斗角的阻碍，这种感受对于刚刚经历失意的李白而言，尤为可贵。因而在篇末，他才会感慨：一旦离开了武功的太白峰，这样的仙境，这样的感受，不知何时才能找回来！从这里，我们也能隐约看出，在李白的心中，对于这山下的纷杂世界，暂时还是割舍不下的。

二、东都之行

大家可能不知道，唐代其实有过六个都城，除了首都长安之外，东都洛阳也是相对被人们熟悉的，那么剩下四个是哪里呢？一个是北都太原，这是唐高祖起兵反隋的龙兴之地；一个是西都凤翔，安史之乱时唐肃宗曾临时驻守在此；南都有两个，先是成都，因为安史之乱时唐玄宗逃到了这里；后来又改为江陵，因其具有独特的战略地位。这就是唐代的六都，而巧的是，六都之中有五都都和李白有过交集：成都和江陵，一个在他家乡附近，一个在他妻子家乡附近，他都曾前去游历，还分别拜谒过苏颋和司马承祯；长安自不必说，李白曾两入长安，一次是之前的失意之行，成就了《行路难》，另一次更为知名，留下了很多传说，让他名满天下，也成就了《蜀道难》和《将进酒》；凤翔是一座小城，与李白的关系不大；而剩下的洛阳和太原，则和李白离开京畿地区之后的行踪有关。

先说洛阳，洛阳是唐代除了长安以外的第二大政治、经济、文化中心，李白曾两次到过这里，比较出名的一次是天宝三载，他“赐金放还”之后来到洛阳，遇见了杜甫，成就了一段流芳千古的友谊与佳话。而开元二十四年（736）春天，结束长安之行和京畿漫游之后，李白也曾来到东都，这一次，主要是为了找寻他的好友，在嵩山修道的元丹丘。至于杜甫，在开元二十三年“忤下考功第”之后便去“放荡齐赵间”漫游了，因而两人这时还没能够相会。

李白既然是冲着元丹丘来的，便先上了嵩山，去往老朋友的居所。这里环境清幽，不禁让李白想起了自己在匡山和寿山的家，他写了一首《题元丹丘山居》，诗中饱含着羡慕之意：

故人栖东山，自爱丘壑美。
青春卧空林，白日犹不起。
松风清襟袖，石潭洗心耳。
羡君无纷喧，高枕碧霞里。

元丹丘隐居的嵩山在洛阳以东，故李白称之为东山，同时暗用谢安“东山高卧”的典故，极言对这位老朋友的推崇和赞许，这里的一丘一壑、一草一木都孕育着自然之美，令人深爱、陶醉。与幽静的自然环境相匹配，元丹丘的隐居生活同样充满了真率之趣：在大好春光里，高卧于空寂的山林之中，日上三竿依然不必起床奔走劳碌，任由松间的清风吹拂着衣袖，带来丝丝凉意，在石潭边捧起清水“洗涤”自己的耳朵和心灵。“洗耳”用了许由躲避尧让天下的典故，表明了不问世事、不与朝政的超凡脱俗之志。元丹丘亦是如此，他不理外界的纷扰喧闹，高枕碧梧烟霞之中，独享一片天地的逍遥自在，怎能不让李白这位在外闯荡的失意人羡慕不已呢？

李白在嵩山上住了些时日，与元丹丘谈了谈荆楚离别以来，在长安和京畿的见闻，主要还是倾诉了这一路的辛酸和不易，元丹丘也用道家的理论对他进行了开导，如此一来，李白求道成仙的决心便更坚定了，对家乡的思念也愈发浓烈起来。一段时间后，他告别故友，走下嵩山，回到洛阳城里，此时已是暮春了。这一夜，李白正在馆驿中闲坐，思索着这一段时间的心路历程和未来的打算，突然，一阵曲调熟悉的笛声传来，打乱了李白的思绪——不一会儿，他便认出来，这曲子就是送别时常奏的《折杨柳歌》。音声本能传情，何况还是知音，饱含感情的笛声很快勾起了李白的诗性，他大笔一挥，写就了一首七言绝句《春夜洛城闻笛》：

谁家玉笛暗飞声，散入春风满洛城。

此夜曲中闻折柳，何人不起故园情。

首句写道，是谁拿着玉笛暗自里演奏出悠扬的曲调，暗暗地在这静夜中流传，隐隐约约传入了我的耳朵——一个“暗”字，便道出了吹奏者、传递途中和接收者的三重孤独，原来偌大的洛阳城，孤独的人不止李白一个。笛声散入春风，又随着春风播撒到整座城中，这是巧妙地化无形之物为有形。从李白的诗句里，我们仿佛能够看见音波带着浓浓的乡愁从玉笛中流出，又伴着和煦的春风传送到城中的千家万户——春风本是令人伤怀之物，点缀上玉笛曲声，忧伤便浓重了一重，而且无处逃避，毕竟何处没有春风、没有笛声呢？于是也只能听下去。从《折杨柳》中，李白听出了送别、听出了思念、听出了无数个离合悲欢的故事，也听出了自己蹉跎的岁月和逝去的青春。故园，那个有家、有爱、有亲情、有依托的地方，自然是此时于这个失意游子而言最好的归宿。

三、北上太原

没过多久，李白就离开了洛阳，但出人意料的是，起了“故园情”的他，却并没有回家，而是北上去了更远的地方——北都太原。原来是一位叫元演的朋友邀他一同前去，说要给他介绍官职。李白知道这位元演的父亲在太原担任刺史，可能有些门路，也就跟着他去了。

然而到太原见到这位伯父一聊，李白才得知，现在的官场环境实在凶险，元演的父亲也是镇守了北都十几年，才熬出个刺史的职位，很难替李白说上话，至于留他在太原做事，这位老翁也心知，李白是不愿意屈就的，于是压根儿也就没提。这再度印证了自己施展抱负“时机未到”的认识。但李白也没有那么失望，况且伯父对自己十分礼遇，北都也有着别样的塞上风光，这让李白终感到不虚此行。后来他在给元演的一封赠诗中还回忆了这段美好的岁月，他写道：

行来北凉岁月深，感君贵义轻黄金。
琼杯绮食青玉案，使我醉饱无归心。
时时出向城西曲，晋祠流水如碧玉。
浮舟弄水箫鼓鸣，微波龙鳞莎草绿。
兴来携妓恣经过，其若杨花似雪何。
红妆欲醉宜斜日，百尺清潭写翠娥。
翠娥婵娟初月辉，美人更唱舞罗衣。
清风吹歌入空去，歌曲自绕行云飞。
此时行乐难再遇，西游因献长杨赋。

这首《忆旧游寄谯郡元参军》是一首名篇，文本大致勾勒出李白在太原的游历生活：元演的父亲十分爱惜李白的才华，也遗憾自己不能对他的仕途有所帮助，因而设宴好好款待了他，还赠送了很多金银珠宝；元演也陪着李白在太原到处探访名胜古迹，他们游了晋祠和城西的曲水，欣赏那里的自然美景，也曾多次携妓出游，在青额皓腕和轻歌曼舞中度过了一段静好的岁月。

这样的美好岁月持续到了秋日，游玩的新鲜感过去之后，失意的苦痛和思归的情愫还是重新涌上了心头，这首《太原早秋》是李白心境的直接表露：

岁落众芳歇，时当大火流。
霜威出塞早，云色渡河秋。
梦绕边城月，心飞故国楼。
思归若汾水，无日不悠悠。

开篇点明时序，一入秋一年便已过去了一半，故称“岁落”，肃杀的秋气使得天气转凉、花草凋零。“大火”是天上的大火星，也是二十八星宿中的“心宿”，它位于正南天空，夏季位置最高，到了秋季便开始向下行，故而称“流”，表明夏去秋来，与之对应的有一个成语“七月流火”，就是天气转凉的意思。太原位于北方塞上，比中原地区寒冷，尤其对于常年生活在长江流域的李白而言，见到黄河以北的秋气来得如此迅速，这么早就有霜花落下，更是难以忍受。他望着边城的秋月，心思与梦境早就飞回了南方故园。那思归的心情，绵长得就像是眼前的汾河水，没有一天不在心中不停地流淌。于是不久，李白就踏上了返回安陆的行程，去与他的妻子儿女团聚了。

说起李白的太原之行，还有一个小插曲值得介绍。晚唐有个叫裴敬的人，写过一篇《翰林学士李公墓碑》，里面记载了这么一个故事："客并州，识郭汾阳于行伍间，为免脱其刑责而奖重之。后汾阳以功成官爵，请赎翰林，上许之，因免诛，其报也。"说李白在并州游历期间，还是一名士卒的郭子仪因触犯军法而被治罪，李白惜其有才，为郭子仪说情，救了他一命。后来，郭子仪成为平定安史之乱的第一功臣，封为汾阳王，而李白则因依附永王获罪，郭子仪便投桃报李，救了李白。由于这则材料是个孤证，难以确信，所以对于这个故事的真伪，我们不得而知，但对于仗义豪侠、喜结交名士的李白而言，这种可能性是不可忽视的。

终于，李白的第一次长安之旅、中原之行，以太原为终点，告一段落了。就"初心"而言，他本为求仕而来，终究一无所得；然而就实效而言，此行诞生了大量优秀的诗歌作品，更丰富了他的见识和阅历，这份留给诗歌的财富，是难以估量的。而且很快，他就会从荆楚重新回来。

第十二讲

移家东鲁

——另立山头，再建新家

一、泪别荆楚

李白开元二十三年离开长安之后，又在中原漫游了一大圈，这才回到阔别两年之久的安陆家中，回到了家人身边。在他外出求仕的两年里，许夫人独自操持着家务，还承担着抚养和教育儿女的任务，李白离家时才呱呱坠地不久的伯禽和平阳，如今已经能够在父母膝前围坐嬉笑了。面对这一切，李白心中有种说不出的愧疚：许夫人是大家闺秀，自小过着锦衣玉食的生活，为了爱情离开了自己的府邸，随李白来到寿山建立新居，为他生儿育女，而在李白外出追求理想的岁月里，这个新生的家庭全靠爱妻独自在撑持。李白本想着拿个功名来回报这份支持与守望，到头来却两手空空，眼看着许夫人形容日渐憔悴、身体也每况愈下，李白的懊恼和悔恨更重了。

他写了一首《赠内》诗表达自己的愧疚：

三百六十日，日日醉如泥。

虽为李白妇，何异太常妻？

他说自己一年到头“日日醉如泥”，这话也对也不对。之前讲过，李白与许夫人刚刚结婚的那段蜜月时光里，的确整日饮酒作乐、放浪山林，但那是李白一生中最美好的岁月之一；后来，他出山求仕，去了安陆、襄阳、长安、太原，兜兜转转了一圈，结果一无所得，蹉跎了时光，还消磨了爱妻的身体，反倒不如一直在山里烂醉下去了。在诗的后两句中，李白这位高傲的浪漫诗人更是少有地放下了自己的尊严：我亲爱的妻子啊，你嫁给我李白做妻子，和嫁给东汉那个只顾饮酒、不尽人夫之责的周太常又有什么区别呢？周太常本名叫周泽，此人嗜酒如命，曾经有一次醉卧在佛堂之中，多日不归，他的妻子前去看望他，他不但不领情，反而大怒，将他的妻子收入大牢治罪。当时的人们都评价说“生世不谐，作太常妻”，就是说谁嫁给这个人，真是倒了八辈子的霉了。其实我们看李白的婚后生活，他前期的山林放浪，多是与妻子同甘，后来的外出求索，也与妻子共苦，他并没有背着妻子在外大肆寻欢作乐，更没有做什么出格的事情，只是外出两年没有实际成效而已，这些无论如何也不至于和周太常这样的“家暴”行为相提并论。但在他眼中，让妻子操劳憔悴，已经是他作为丈夫不可饶恕的罪过，能让高傲的李白放下自尊认错的，只有心中对妻子深深的爱与由衷的愧疚。

李白决心留在家里，好好陪伴和照顾憔悴的妻子，更要分担抚育儿女的重任，安享一家人的天伦之乐，至于什么“海县清一”，都得等到爱妻的身体恢复过来再说。此后的一年里，他接管了家里大大小小的家务，无论是教伯禽读书识字，还是陪平阳采花扑蝶，隔三差五还会进趟安陆城里，买来食材和补药，给病体日渐沉重的妻子将养身体。酒基本上不喝了，诗也写得很少，李白成为一个尽职尽责的全职丈夫，虽然辛劳，但在爱人和儿女的陪伴中，过得平淡、幸福而充实。

然而，终究是天不遂人愿，开元二十五年（737）的冬天对李白而言是无比寒冷的，与李白相伴十年的结发妻子许夫人带着对他的深深挚爱和未尽期待，永远地离开了人世。李白伤痛不已，也懊悔万分，只恨自己没能给予爱妻更多的陪伴与幸福。安排完许夫人的身后事，生怕触景伤情的李白也再不能在安陆待下去了，他带着尚为童稚的一双儿女，悄然离开了这片居住十年之久、埋葬着他的青春与挚爱的山水天地，今生今世再也没有回来过。

二、故地新朋

离开安陆的李白先是南下去了洞庭湖边的岳阳，那是神话中湘君得遇湘夫人的地方，思妻情切的他也许幻想着能借着洞庭的浩渺烟波看见彼岸的香草美人，从而消弭那份生死茫茫，肝肠寸断。然而，美人没有，诗人却有一个——李白在洞庭湖遇到了王昌龄。

王昌龄是盛唐时代最有影响力的诗人，比起死后才被捧上神坛的“诗仙”“诗圣”，王昌龄在当时便已有“诗家天子”之称。诗歌史上作为盛唐到来标志的“开元十五年”正是因为王昌龄在此年中举而确立下来的，而彼时李白还是初出巴蜀的小年轻，杜甫更是刚刚长大成人，可以说，李白、杜甫之前的诗坛就是王昌龄的天下。

王昌龄此番来到岳阳，是因为朝中的政局变动。开元二十五年是唐代政局转变的分水岭，这一年张九龄罢相，李林甫上台，盛唐文儒治国的时代就此一去不返，清明的政治环境也转而日趋昏暗。王昌龄本是朝中的校书郎，虽然品级不高，却是掌管宫廷文书的清要官职，但也因身陷此事遭到了贬官。具体原因是王昌龄因张九龄罢相而满腹忧愁，外出饮酒，以致宿醉未归，他的上司——秘书监贺知章爱惜其才，决定轻判。然而李林甫却要借机打压朝中清流，于是抓住这件事不放，说王昌龄既然位卑名高，自然也该轻罪重判，于是执意将他贬官岭南。与李白相遇时，他正在去往岭南的路上。

也许伟大的灵魂之间有着特殊的吸引力，素未谋面的两位诗人此番也是一见如故。李白向王昌龄倾吐了自己长安求仕的坎壈挫折，王昌龄则向李白介绍了近来的政局变动和每况愈下的政治走向。李白听完，一方面为张九龄、王昌龄的遭遇感到激愤不平，一方面更是对自己“遍干诸侯，砥砺卿相”的理想前景感到了深深的担忧。

此时岳阳相会的王昌龄与李白，像极了十年后在洛阳碰面的李白与杜甫，一个是心灰意冷的贬谪失意人，一个是踌躇满志的朝堂未来客。此刻王昌龄的心中也有着和十年后的李白一样的矛盾，他既对眼前这位年轻人以超世才华扭转大唐的江河日下抱有殷切的希望，又深知这条道路的艰险曲折，不愿再有人重蹈自己的覆辙。犹豫再三，他终究没有多说什么，只留下一首《巴陵送李十二》便匆匆作别，诗歌写道：

摇曳巴陵洲渚分，清江传语便风闻。
山长不见秋城色，日暮蒹葭空水云。

王昌龄算是就此将中原诗歌的头把交椅交到了李白手中，至于诗中那“山长水阔，不见长安；暮色苍茫，空有水云”的迷离之境到底蕴含着什么意味，则一并等待着李白日后去自己体会。

也许是受到王昌龄的鼓舞，也许是受到时局变革的刺激，李白终于停下了南行的脚步，暂时收起对亡妻的思念，整顿精神，准备再度迎难北上了。他坚信着乱世必有英雄出，即便眼下时机未到，应该也快来了，既然要等待机遇，还是离长安近一些好。

从荆南北上的李白依旧先到了襄阳，五年前的那段经历还历历在目，恍如昨日，不过而今已时过境迁，物是人非：李白的挚友孟浩然，追随被贬官为荆州长史的张九龄去了江陵；他曾撰文干谒的韩朝宗则已经贬官洪州……李白站在岘山上，沉吟着孟浩然的那句“人事有代谢，往来成古今。江山留胜迹，我辈复登临”，对它的体会也更深了几分。于是，他饱含深情，写下了一首《忆襄阳旧游赠马少府巨》，既是对旧游的追忆，也是对逝去青春的祭奠：

昔为大堤客，曾上山公楼。
开窗碧嶂满，拂镜沧江流。
高冠佩雄剑，长揖韩荆州。
此地别夫子，今来思旧游。
朱颜君未老，白发我先秋。
壮志恐蹉跎，功名若云浮。
归心结远梦，落日悬春愁。
空思羊叔子，堕泪岘山头。

襄阳是江畔城市，故而以大堤代称。李白平居安陆时常常往来襄阳，不止一次登上岘山上的山公楼，像晋人山简一样打开窗户，临轩眺望，透过漫山碧绿，俯瞰山下的汉江奔流。江水纯洁得如同明镜，将天地青绿都一一映出，一如青春的颜色。那时的李白，曾戴着高高的冠帽，佩带着宝剑，像古时的壮士干谒诸侯一样，满怀英雄气概地来拜见韩荆州，是何等地意气风发、高谈阔步。也正是在那时，李白结识了本篇所赠的对象马少府。一别几年之后，如今故地重游。看着眼前的故人，依然是青春年少、朱颜未老，然而自己，虽然与他年岁相仿，也经过了相同的岁月，却因为理想的挫折和生活的打击，而生出了白发，显得苍老许多。眼看岁月不停地流逝，“寰区大定，海县清一”的壮志恐将蹉跎、难以实现，功名也如同浮云一般，转瞬即散、难以触摸。面对此情此景，想要回家，却已无家可归，只有将这份情愫托付给远方的梦境；到了日落时分，光阴的催促感加深了满腹春愁，更让人无法排遣。西晋的荆州都督羊祜，那是何等的伟人，无论功业、德行、民心都足以令人羡慕，然而就连他都感叹人生苦短，岁月功名难留，一想到这里，更让李白思索，空有壮志却还一事无成的自己，如何忍得住不在岘山上流下怅然之泪呢？

三、风云际会

离开襄阳之后，李白将目光投向了东鲁的任城，那里的县令是他的一位远房族叔，还有两位族兄，也在邻县的府衙当差，他去了以后总归有个依靠。于是，李白便带着平阳和伯禽，跋山涉水来到了这里，一路上的艰辛自不必说，好在又可以有个相对安稳的家了。

开元二十六年（738）夏秋之交，李白来到任城，先是寄居在叔父家中。还没来得及买房置地，他便听说著名的“剑圣”——金吾将军裴旻此时正丁忧在家闲居，他的家就在东鲁。这一下，李白可算是来了精神，“十五好剑术”、从小有一股任侠之气的他，早就有拜裴旻为师、学习剑术的想法，眼下正是大好时机。李白先是给裴旻去了一封书信，在信中明说：“愿出将军门下”，而后又兴冲冲地来到裴旻家中，打算拜师学艺。

然而裴旻此时大概没有收徒教学的心情，他当下的处境，名为“丁忧”，实际上就是被排挤出了朝廷。裴旻自开元初年便开始随着信安王西征吐蕃，北伐林胡，屡建军功，颇受恩宠，镇守边关多年，又入职朝廷，守卫宫禁，不过由于与宰辅不和，实权屡屡被削，一身武艺不能报国杀敌，只好做剑舞以资消遣。被后人称为“唐代三绝”之一的裴旻剑舞，在裴旻本人眼中，原是退而求其次的无奈选择。这多少与李白有些相似，身怀济世之志的李白也不想被后人当作一个完完全全的诗人看待。只不过此时对于裴旻心中的失落，他还不能透彻地理解。裴旻也早早听说过李白的诗名，坦诚地对李白说：“你尚武豪侠，对我的剑术感兴趣，我们自然可以在一起交流和切磋，不过这只能当作赏玩邀名的游艺，却不能成为立身建功的根本，故而拜师收徒这一套形式其实大可不必。”于是，李白隔三差五就来裴旻家里与他切磋剑法，虽然没有师徒的名分，但“诗仙”的剑法大概得到了“剑圣”的真传。

除此之外，李白在裴旻家中还有意外收获。原来，裴旻为了给母亲修建灵堂，特地请了“画圣”吴道子前来创作一幅壁画，在裴家常来常往的李白自然也就有了不少与吴道子交流、学习的机会。吴道子的画作超凡脱俗，善于象中取意，尤其以飘逸灵动著称，人称“吴带当风”，就是说他画中人物的衣带灵活得仿佛可以迎风飘摆。经过一段时间的耳濡目染，李白不但提升了水墨丹青造诣，更将这种绘画的思想、技巧融会贯通到了自己的诗歌创作当中，使他原本就天马行空、奇幻瑰丽的诗歌想象世界，更加浓淡得宜、栩栩如生。这次“诗仙”“剑圣”“画圣”在东鲁的风云际会，实在是历史给予大唐风华最美好的馈赠。

四、定居沙丘

没过多久，担任任城县令的叔叔即将秩满归京了，眼看一家人快要无处容身，李白这才告别了裴家，开始物色自己在东鲁的正式居所。在瑕丘主簿李洌和单父主簿李凝这两位族兄的邀请和帮助下，李白最终在瑕丘城东、汶水以西的沙丘下置了一套房屋，又在汶水东岸的南陵村置了十几亩田地。

李白选中这里定居，主要还是因为此处环境优美：他的田宅之间相隔十里，分居汶水两岸，靠一座名为“金口”的石筑堤坝相互交通，而这个“金口秋光”本就是著名的“兖州八景”之一，李白每日往返路上即可看到。“金口”再往东南不远处，则是一处名为尧帝祠的古迹，相传始建于汉代，唐初又有所扩建，从而有高丘接云、长杨拂地、石门喷泉、白鸥飞雪，可谓美景聚集。

定居在这样的环境之中，过着田园牧歌式的隐居生活，李白本该生活得舒舒服服、无忧无虑，然而住了一段时日他才发现，复杂的风土民情和邻里关系令人头疼不已。山东是孔孟之乡、儒家思想的发祥地，也盛产高门大户，因而当地士绅大都有一种天生的优越感，对外来人口本来就不太放在眼里，尤其像李白这样既读圣贤书，又修仙道、好游侠的通才，在这些儒生眼里更是典型的“不伦不类”，各种非议也就接踵而至。这让李白感到很不爽，于是写了一首辛辣的《嘲鲁儒》作为回击：

鲁叟谈五经，白发死章句。

问以经济策，茫如坠烟雾。

足著远游履，首戴方山巾。

缓步从直道，未行先起尘。

秦家丞相府，不重褒衣人。

君非叔孙通，与我本殊伦。

时事且未达，归耕汶水滨。

开篇四句便一针见血地点出了“鲁儒”们的致命弱点：这些老朽迂腐的儒生们，只知死守章句之学，纠结于经书的字斟句酌，熬到头发都花白了，但问他们经世济民的谋略，却都茫茫然一头雾水，毫无实践经验！这既是李白对“鲁儒”的讽刺，也反映出了他自己经世致用的学术追求和济世安民的崇高理想，正反之间，其实已经高下立判了。紧接着，李白讽刺他们谨守着礼法的束缚——脚下穿着远游的文履，头上戴着方山的头巾，沿着直道缓缓迈步，还没抬脚，已掀起了尘土。这种细致生动的刻画技巧，八成是从吴道子那里得到的真传。最后六句则是进一步对自己志向的申述：自秦朝起，宰相治国理政已经不重视你们这样褒衣博带的经学之士了；只有叔孙通一样通达时变的新儒人才能有所作为，而我李白正是这样的人。这是时运天命，你们尚且不懂，还是回到汶水之滨老老实实种田去吧。言下之意也很明确：他日我李白终将步入朝堂，让天下为之一震！这首诗歌的思想价值远远高于其艺术价值，尤其在六朝以来章句之学盛行、门阀士族垄断学术的背景下，李白的这一“嘲”有着金声玉振的响动。虽然没有因此直接推动起一场思想和学术解放的潮流，但对于新型士人的精神养成，李白已经以实际行动建立起了一个可供参考的标准与范式。

这些“鲁儒”读了这首诗，虽然气得眼睛发直、胡子冒火，却也完全折服于李白的胆略和才气，自此以后再也不敢轻易招惹他了。可是对李白而言，既没有朋友，又突然没了吵架的人，生活倒是显得更加寂寞了。他只好又出外到处散心，好在在兰陵受到了一位朋友的热情款待，激动的李白也写下诗歌来称赞此番情谊：

兰陵美酒郁金香，玉碗盛来琥珀光。
但使主人能醉客，不知何处是他乡。

李白在这首《客中作》里，多少找回了些寿山蜜月时期的诗歌感觉。这首诗一反游子悲苦思乡的传统，写客中之乐，甚至不觉身在他乡，那种由衷的喜乐和愉悦不言自明。然而，不过是一壶美酒、一场沉醉，这昔日里呼之即来的事物和感受，怎的此时就值得李白这般快乐忘怀呢？想到这里，其背后的那些辛酸、孤独与压抑，我们也就能够品味几分了。

五、两次婚姻

李白此时的孤独，很大程度上还源于中年丧妻之痛，毕竟许氏夫人去世时，李白还不到四十岁。另一方面，平阳和伯禽都还小，自己倘若再有外出求仕的打算，带着两个孩子总不方便，家里也缺个女主人照料。所以无论从哪个角度来说，李白的当务之急是要续弦再娶。

可是刚刚来到东鲁的李白，人生地不熟，又和邻里关系都不好，怎么能寻觅到合适的结婚对象呢？只能够权且通过亲朋好友上门说媒来解决，这样一来，挑选的余地就少了很多。然而李白对于爱情的要求是很高的，加之许氏夫人珠玉在前，所以他在东鲁经历的两次婚姻生活都很不如意。

他先是娶了一位刘氏，然而没有生活多久，就因为互相嫌弃而分道扬镳，基本没有什么夫妻之实；后来，李白又迎娶了第三任妻子，东鲁某氏，连姓都没有流传下来，可见没有什么特殊的身份地位，她与李白平平淡淡地生活了几年，并育有一子，名为颇黎，但这位夫人后来不知下落如何，我们猜想大概是在李白入职翰林之后、“赐金放还”之前离开了人世。

所谓“情场失意，官场得意”，李白将家搬到东鲁，本就考虑着以更好的姿态等待一个飞黄腾达的机遇，事实上没过多久，这个机遇真的就来了，而且是以李白梦寐以求的方式——直入长安、入宫面圣！——来的。是什么让这次机遇来得如此突然？李白此次真的能够得偿所愿吗？

第十三讲

大鹏振翅

——人还是要有理想，万一实现了呢？

一、一首求爱诗惹出的麻烦

由于原配许夫人的去世，李白在开元二十六年离开安陆，搬迁到了东鲁，定居在沙丘之下、汶水之滨，且又娶了两位继室妻子，但由于珠玉在前，李白对这两段婚姻其实都不满意。于是，平居之中的李白依然时常感到内心的空虚和寂寞。

这一日，李白安排好家中和田中的事务，照例外出游赏散心，却在归来途中见一女子，翩若惊鸿，宛如天人，不禁为之心潮澎湃。他大方地上前询问，竟得知这女子就住在他家的东边，可谓低头不见抬头见。也许是被这突然的惊喜冲昏了头脑，也许是被女子的美貌迷乱了神思，或是被家中的妻小所牵累，李白一时竟不知如何自处，只好短暂寒暄之后目送着伊人归去。而她手中的一枝海石榴花，则成为一段时间内，萦绕在李白心头，挥之不去的“白月光”。

回家之后的李白，对这位一见钟情的女子可谓日思夜念，一天天望向东窗之外的邻家，渴望着能再次一睹芳容，不过他自己也明白这种邂逅的可遇而不可得。过了许久，时间已经来到了开元二十七年（739）的春天，当李白再度将目光投向东窗，却看见了一个熟悉的“身影”，不是那位美人，而是一株盛开的海石榴树，与那佳人手中所持一模一样。春光下，满树盛开的繁花，彻底拨乱了李白的心扉，他再也按捺不住思慕之情，满含深情地写下了一首《咏邻女东窗海石榴》：

鲁女东窗下，海榴世所稀。
珊瑚映绿水，未足比光辉。
清香随风发，落日好鸟归。
愿为东南枝，低举拂罗衣。
无由一攀折，引领望金扉。

李白说：我家的东窗下便是那位美丽女子种下的世间少有的海石榴树——海石榴树哪里称得上“世所稀”呢？不过因为它是“鲁女”所种，更牵挂着李白的情思，如此便真的独一无二了。这棵树上，枝叶繁茂碧绿，还开满了火红的石榴花，如同红色的珊瑚映衬在无垠碧波之中，没有什么可以媲美它的美丽光辉。李白爱屋及乌，表面上写的是海石榴的艳丽，实则是在夸赞邻家女的美貌。他接着写道：一阵和煦的春风拂过，清香伴着春风的温暖散发出来，令人陶醉；日落时分，更有良禽归家，与之相融无间。此刻的李白，多么想化身为那只自由的鸟雀，可以无忧无虑地与树下的伊人相伴，他更想成为石榴树下那低压的枝条，有朝一日被心上人的罗衣和素手拂过，甚至摘下揽入怀中。可是，这一切都只是自己的一厢情愿，眼下只好伸长了脖子望过去，也许能看到树下美人的倩影。

李白这首诗写得情思绵长婉转，却毫不含蓄。他将自己想象成司马相如，想学他“琴挑文君”那样用自己的才华打动这位邻家女，成就鸾凤和鸣的美谈。然而可惜的是，他的诗写得固然出色动人，可山东这样礼法厚重的环境，毕竟不同于他和司马相如的巴蜀故乡的民风，完全不允许“凤求凰”的故事在这里产生。这首诗非但没能助他抱得美人归，反而惹出了很大的麻烦，不但邻家女孩的父母族人纷纷上门表达抗议，上年被李白写《嘲鲁儒》攻讦的那些迂腐儒生也算抓住了机会，纷纷前来助威，恨不得致李白于死地！这一下，李白彻底乱了阵脚，虽然他整天嘴上喊着“十步杀一人，千里不留行”，可毕竟还是个遵纪守法的好公民，眼看这群人惹不起，也只好躲了出去，跟着一帮道士朋友跑到徂徕山隐居了起来。

二、“飘然落岩间”

与李白一同在徂徕山下隐居的还有五位朋友，分别是孔巢父、韩准、裴政、张叔明、陶沔，由于他们居住和活动的主要地点位于徂徕山南麓乳山脚下的竹溪，故而人们习惯将他们并称为“竹溪六逸”。六人之中，除了李白之外，最有名的是孔巢父，后来出山做官，官至给事中，在德宗时前往叛军阵中招降，不幸为国捐躯，他与李白、杜甫都有交集，自己也有诗作。其余四人，名气、成就皆不显，但也都由于这段与李白纵酒酣歌、啸傲泉石、举杯邀月、诗思骀荡的生活而得以青史传名。

然而对李白而言，这段隐居生活中，最难忘的经历还属泰山之游。

泰山的地位与文化内涵是不言而喻的——十四年前的开元十三年（725），唐玄宗在泰山举行封禅大典，身兼宰相与文坛领袖双重地位的张说占尽风华；四年前的开元二十三年，年轻的杜甫在泰山上喊出了“会当凌绝顶，一览众山小”的豪言壮语，成就了千古绝唱；而开元二十七年，隐居徂徕山的李白，也特意去登览了这座不远处的天下第一名山，并在泰山上留下了属于“诗仙”的印记——《游泰山六首》。组诗大体上以先后顺序描绘了登览的经过、感受和想象。其一侧重于写登山的过程：

四月上泰山，石平御道开。
六龙过万壑，涧谷随萦回。
马迹绕碧峰，于今满青苔。
飞流洒绝巘，水急松声哀。
北眺崿嶂奇，倾崖向东摧。
洞门闭石扇，地底兴云雷。
登高望蓬流，想象金银台。
天门一长啸，万里清风来。
玉女四五人，飘飖下九垓。
含笑引素手，遗我流霞杯。
稽首再拜之，自愧非仙才。
旷然小宇宙，弃世何悠哉。

李白来到泰山时是开元二十七年四月，所走的便是十四年前唐玄宗封禅时所开凿的御道。大路可供天子车驾巡游，可以想见其平坦宽广，而心怀天下大志的李白走在上面，心中自然也不可能不有所感触。开元十三年那场封禅对于盛唐一代的诗人都有着深刻的影响——封禅是指有德君王于太平盛世中在泰山祭祀天地的活动，这是中国古代历史上规格最高的大典，寓意着河清海晏，寰宇大定，更体现了天子对于儒学的无上推崇，整个盛唐时代仅此一次。对于身处人格养成期的李白、杜甫等盛唐诗人来说，这无疑是一种巨大的精神鼓舞，在他们心中形成了挥之不去的盛世认同。

李白遥想那次封禅大典的情景：天子驾着六龙车经过东岳的万壑曲折而上，层层山涧之中回荡着仪仗的窸窣声响；满朝公卿臣僚们也都骑着高头大马围绕碧峰随驾前行，是何等地风光得意，可如今那些繁华的场景都已烟消云散，只留下漫山的车马踪迹，被历史的青苔写满斑驳的痕迹，不知道这样的盛事何时再来，也不知道自己何时才能参与其中。既然往事已不可追，李白便也暂且停下抚今追昔的感慨，继续登览。泰山的自然风光同样雄奇可观：飞流直下的涧水从山间绝壁上喷洒而下，急流冲刷击打着岩石，那巨大的响声与风吹松林的呼啸哀鸣相映，有吞没天地的气势，让李白不禁感叹造化的伟大。他绕过向东倾倒的石崖，极目朝北方眺望，那是天界紫微宫的方向，既然人间的盛事时不我待，他便要朝天界去追寻另一个人生理想。可是那北边的“仙人洞”上石门紧闭，地底也骤然生出了层云，响动着滚雷，预示着这条求仙之路依然不易。但李白绝不气馁，他继续向高处攀登，也许山巅之上可以望到仙界蓬莱的踪迹，他想象着神仙迭出的金银台就在那里。当“居高声自远”的李白对着天门发出一声长啸，忽而万里清风吹拂而来，让他有了羽化登仙之感：随风而来的还有四五位冰清玉洁的仙女，自九天之上飘摇而下，来到他的面前，微笑着伸出素手，捧着流霞做成的酒杯，邀李白共饮然后同上云霄。李白稽首拜了两拜，嘴上说着自己并非成仙之才，心中却早已乐开了花，只觉得天地宇宙都旷然开朗，这种遗世独立的快感何其悠然！当然，我们都知道这些游仙的内容不过是李白的瑰丽想象，但谁又能清楚地说出，这首诗里哪些是虚、哪些是实，哪些是真、哪些是假呢？将登览实事、内心感受与奇幻想象融合得如此了无痕迹，自由地转换于虚实之间，亦真亦幻，这正是李白的高妙之处！

其二和其三各自讲述了一个与“仙人”相遇的故事，充满了神秘色彩。这里的“仙人”打上引号，同样因为他的“亦真亦幻”，李白所见到的到底是不是仙人，可能在每个读者心中都有着不同的答案。其二写：

清晓骑白鹿，直上天门山。
山际逢羽人，方瞳好容颜。
扪萝欲就语，却掩青云关。
遗我鸟迹书，飘然落岩间。
其字乃上古，读之了不闲。
感此三叹息，从师方未还。

清晨时分，李白骑着白鹿，朝着天门的方向攀登而去，在半山腰上遇到了一位羽化仙人，他有着超凡脱俗的方形瞳孔，容颜也十分美好，大异于常人。对于这样一位仙人，李白当然不舍得错过，立刻用手攀折开青萝杂草，想要靠近他，与他交流道术仙法。可毕竟仙凡有别，那位仙人在他行将靠近时便收起了身形，躲进云关之中。可能仙人看他是可造之才，于是留下了写满古文的天书，飘飘然降落在岩石上。李白急忙前去捧起阅读，只可惜满纸的文字竟无一认识，读罢只觉一片茫然。李白心中极为失意，因为成仙看似就在眼前，却无论如何也达不到，只能长叹几声，继续踏上拜师弃世的道路。其三则写得更为有趣一些：

平明登日观，举手开云关。
精神四飞扬，如出天地间。
黄河从西来，窈窕入远山。
凭崖览八极，目尽长空闲。
偶然值青童，绿发双云鬟。
笑我晚学仙，蹉跎凋朱颜。
踌躇忽不见，浩荡难追攀。

平明时分，李白又来到了日观峰，想要一睹壮丽的泰山日出。当他抬起手抚向苍天，如同将漫山云雾拨开，眼界骤然开阔，精神也随之极度飞扬，仿佛要直冲天外，无所羁绊。他看见，滔滔黄河自西而来，静静地流淌入东方的远山。倚靠着山石向上下四方极目眺望，天地间的每一寸光景都足以收入眼帘。四句之间，李白营造出了宏大的世界，又将其轻而易举地收入了自己眼中，这便是大开大合的张力。突然间，一个牧牛童子出现在他的身边，那童儿头发还透着青绿，没有完全变黑，打着两个云鬟发髻，甚是可爱，简单交谈过后才觉得他谈吐不凡，他说："你看看你，蹉跎了太多岁月，脸色都苍老了，怎么这么晚才想起要学仙修道呢？"李白因这一问怔住了，他难以想象一个童子竟能说出这般话语，等他反应过来这是仙家化身，想要再去追问时，那童子却早已飘然而去，不知所踪了。这首诗与其一一样，将虚实相生的手法发挥到了极致：我们可以细细玩味这诗中的每一个细节，日观峰上的云海是不是真的随李白的举手浮动而骤然化开？李白的精神是否真的出入天地之外？是否真有一位“绿发双云鬟”的童子说了这番话语，而后又悄然不见？这一切都可以得到解释，但又看起来是如此的奇幻。这种虚实的二重可能性经过了诗人的情感投射和演绎，便成为一个亦幻亦真的朦胧诗境。

其后的三首同样都是游仙题材，发挥了李白想象奇绝的特点，将泰山登览行程的所见与自己心中对于神仙世界的追求想象结合在一起，整体风格奇幻飘逸，诗境瑰丽多变。其四李白写自己登山远望东海的所见以及由此引发的驾长鲸、游蓬莱的想象：

清斋三千日，裂素写道经。
吟诵有所得，众神卫我形。
云行信长风，飒若羽翼生。
攀崖上日观，伏槛窥东溟。
海色动远山，天鸡已先鸣。
银台出倒景，白浪翻长鲸。
安得不死药，高飞向蓬瀛。

其五写日观峰上所见奇秀的千峰万壑和水天相映，认为这里是修炼仙气的绝佳道场：

日观东北倾，两崖夹双石。
海水落眼前，天光遥空碧。
千峰争攒聚，万壑绝凌历。

缅彼鹤上仙，去无云中迹。
长松入霄汉，远望不盈尺。
山花异人间，五月雪中白。
终当遇安期，于此炼玉液。

其六直接以幻境中的瑶池宴饮开篇，极言升仙之乐，直到篇终才点破梦境，回归现实，既是一首诗诗境的终结，也是全篇游仙主题的收束：

朝饮王母池，暝投天门关。
独抱绿绮琴，夜行青山间。
山明月露白，夜静松风歇。
仙人游碧峰，处处笙歌发。
寂静娱清辉，玉真连翠微。
想象鸾凤舞，飘飖龙虎衣。
扪天摘匏瓜，恍惚不忆归。
举手弄清浅，误攀织女机。
明晨坐相失，但见五云飞。

这组《游泰山六首》不同于既往任何有关泰山的诗作，就其内涵之丰富、主题之多样而言，就连杜甫的《望岳》也很难媲美。整组诗以封禅开篇，转入游仙，又以梦醒结尾，诗歌主题的变化其实反映了李白人生轨迹的发展——他想要做陪驾封禅的名臣，也想成为遗世独立的神仙。而眼下，从当盛世名臣和羽化仙人两重梦境中醒了过来，他才发现自己原来一无所有。整体来看，组诗的主体内容还是游仙，这是他眼下的心境和生活状态所决定的，自初入长安遭遇失败以来，尤其原配夫人去世后，李白一直存在着逃避生活现实的心态。从这组作品也不难看出，李白的人生追求此时已经完全向道教升仙梦倾斜了。然而，历史常常喜欢和人的命运开玩笑，就在李白差不多要放弃自己的政治追求的时候，他的理想却突然实现了。

三、“我辈岂是蓬蒿人”

李白初入长安求仕失败后，他将原因归结于“时运”，认为眼下还没遇到他这样一位超世之才大展身手的机遇，于是退而蛰伏修仙。经过了七年，时间来到开元二十九年，对他而言，时机终于到了，只是来得有些突然。

开元二十九年（741）是玄宗皇帝即位的第三十年，在传统文化中，三十是一个蕴含着变革意味的数字。这年正月，有一个叫田同秀的人向皇帝奏报，说自己在大明宫丹凤门上空看见了李唐皇室追认的始祖“玄元皇帝”，也就是道家的创始人老子，还说老子告诉他，自己当年西出函谷关时，在尹喜故宅留有一件灵符。这要是放在开元初年，玄宗听了非要将田同秀以“妖言惑圣”的罪名法办不可，即便玄宗不开口，姚崇、宋璟、张说、张九龄这样的贤相自然也饶不了他。不过当惯了太平天子的玄宗此时倒是开始沉迷于这些天命符瑞，想要以此给自己的统治润色鸿业，更想追求自己的长生不老。因而对于田同秀这番说辞竟大为欢喜——是不是自己统治的盛世感动了这位老祖宗，要赐我长生不老的秘方呢？于是，按照田同秀口中“玄元皇帝”指示的方向，玄宗大手一挥：开挖！这一挖还真挖出了所谓的灵符。玄宗大喜过望，不但给田同秀加官晋爵、赏金赐银，还顺势改了自己的年号——既然上天赏赐灵符珍宝，那就叫“天宝”吧。由此，历史进入了天宝元年。

唐玄宗对田同秀的赏赐在全国引发了极大的反响，各地官员纷纷仿效，争着向玄宗进献祥瑞。此刻的玄宗已经完全沉浸在盛世降临的喜悦当中，不但开心地将这些祥瑞之物照单全收，还下定决心搞一场盛大的仙术交流大会，把天下有名的道士都召进宫来，庆祝老子灵符重见天日。被召的道士中有一个叫吴筠的，他与李白是好朋友，就顺势在玄宗面前引荐了李白，并且大大夸耀了李白的奇才。玄宗一听开心得不得了：请！就这样，李白终于迎来了辅弼天子的机遇，而且是以他最为期待的方式——皇帝亲自下诏邀请。

刚刚从徂徕山回到东鲁家中的李白得到了朝廷的消息，一时喜悦难当，回想起被四邻逼迫、离家避难的往事，此刻的荣耀更让他觉得扬眉吐气，他的名作《南陵别儿童入京》正是在这样的情境下创作出来的：

白酒新熟山中归，黄鸡啄黍秋正肥。
呼童烹鸡酌白酒，儿女嬉笑牵人衣。
高歌取醉欲自慰，起舞落日争光辉。
游说万乘苦不早，著鞭跨马涉远道。
会稽愚妇轻买臣，余亦辞家西入秦。
仰天大笑出门去，我辈岂是蓬蒿人。

在白酒新熟、米黄鸡肥的秋日丰收时节，李白从徂徕山隐居之所回到了东鲁家中，叫来儿女们炖鸡烧酒，庆祝自己即将入京做官这样一件大喜事，儿女们也开心地牵着他的衣服嬉笑。他饮酒高歌，以宽慰自己多年的求索，又在落日下起舞，下定决心此番要与日月争光辉！对于已经四十二岁的李白来说，此时入宫游说万乘之君，已是不早的年岁，于是更要快马加鞭才能赶上这遗落的路程。临行之际，回想起当年的会稽愚妇瞧不起落魄的朱买臣，自己也是在世人的调笑中即将西入秦关。他仰天大叫一声，意在向四邻宣示自己的得意，而后仗剑出门而去，决然离家进京，心中的信念也更加坚定：我李白岂是长居草野之人！这首诗的豪迈之情，跨越千载，至今仍能振奋人心。

就这样，志在万里的大鹏，终于等来了属于他的旋风，同风振翅而起，直上万里云霄！然而，云霄之上又会是怎样一番光景呢？

第十四讲

天上人间

——诗仙亲历的那些“宫闱秘事”

一、天子呼来也上船

天宝元年，玄宗为了庆贺老子灵符出土这一举国盛事，不但改了年号，还招揽天下知名道士齐聚长安，准备举行顶尖规模的“道术研讨会”。李白的好朋友中有一个叫吴筠的人在受邀之列，就顺势在御前推荐了李白，李白由此得以直入宫闱，面朝天子。

眼看辅弼君王、清一四海的理想实现之日就在眼前，李白片刻也不舍得拖延，风驰电掣般直奔长安而去，不出十几日便来到了长安城中的招贤馆住下，等候着人生中最光耀的时刻。然而，日理万机的玄宗并没有立刻召见李白，在等候面圣的日子里，李白主要做了两件事：一是精心准备御前策论，对于这次得来不易、稍纵即逝的机遇，李白自然是要大显身手的。他精心结撰了一篇题为《宣唐鸿猷》的鸿篇巨制，文中不但以极为典雅华丽的辞藻，颂扬玄宗的文治武功、雄才大略，更是针对现实，提出了祖述贞观之治、进一步清除时弊的十大条款，全面展现了自己治国理政的理想和方略。这可以看作是他向天子的直接行卷。可惜的是，这篇鸿文我们如今已经看不到了。

第二件事就轻松得多。七年前初入长安的李白，先是把全部精力放在对玉真公主的干谒上，后来又心灰意冷、早早离京，根本无心在这座繁华都城的街市上去体验专属盛世的诗酒风流。而此番无论是处境还是心境，都大大不同了，本就文采风流无二，又正处在人生最得意时刻的李白，自然成了长安文场和酒市上最为闪耀的明星。杜甫《饮中八仙歌》中“太白斗酒诗百篇，长安市上酒家眠”的风流佳话便是在此时谱就的。不过，艺术总归是有着很大的夸张成分，只说这下一句——“天子呼来不上船”，李白是做不到的，他眼下最迫切期待的就是玄宗的召见。

好在没有等待太久，李白就迎来了梦想照进现实的时刻，他将在大明宫紫宸殿接受玄宗的召见。这一日，李白沐浴更衣、整冠束带，在内侍的引领下，穿越丹凤门，走过御道，一步步迈上丹陛，走过含元殿、麟德殿，才来到玄宗日常理政的紫宸殿外。短暂的通禀、传令之后，李白迈入紫宸殿，只有他自己知道，为了这一步，他付出了多少艰辛的探索，经历了多少殷切的等候。殿中香烟缭绕、丹桂飘香，文武肃列两旁、内侍昭容持扇侍立，至高无上的君王则正襟危坐在七宝床上。

李白毕恭毕敬地行完君臣大礼，献上自己精心准备的《宣唐鸿猷》文，玄宗看罢，惊叹于他运笔如神的奇才，对着文武百官大为称赏了一番，着实让李白占尽了风光。而对于文中提出的关于改革时弊的内容，玄宗也让李白进一步做了申述，还当即命他作了一封《答蕃书》作为临时考核，李白自然也是援笔立就。史书记载他“口若悬河，笔不停辍”，就是说论起时务来滔滔不绝，写起文章也是洋洋洒洒。

玄宗着实为得到这样一位贤才感到高兴，朝会也不知不觉开到了午饭时间，有传闻说玄宗屏去群臣，单单把李白留下，命他坐到自己的七宝床上，亲自调好饭食与他共进了午餐。这便是著名的“御手调羹”的故事，与“贵妃研墨”“力士脱靴”并称为李白宫廷生活的三大美谈。关于这几个故事的真实性，我认为都是值得商榷的，因为李白的风流潇洒本不需要用这样的野史传说来证明，这样的故事反倒显得我们的诗仙过于恃才傲物、不谙世事，甚至有些缺心眼了。也有人用这些故事来解释李白为什么与朝廷格格不入，但李白与朝廷的不相容，是因为时代与政治立场问题，如果将之简单地归结为性格导致，也实在是太过于辜负诗仙的伟大了。但反过来说，这些故事存在的基础，也就是以唐玄宗为代表的宫廷贵族对李白才能的喜爱和追捧，这一点是毋庸置疑的。

由于李白“面试”中的表现颇得玄宗赏识，他很快就被授予了一个职位——翰林待诏，顾名思义，就是待在翰林院里等待皇帝的传诏。这其实是个不错的差事：第一，“翰林”二字本身就指文翰之林，是文人才士聚集的地方，所以翰林待诏属于典型的清流官，不必理会那些令人头疼的刑名钱谷等俗吏杂务，只需要终日修书撰文，与李白正好“专业对口”。第二，既然是“待诏”，那便是有传诏时才有事做，没有传诏便可以落得清闲，因而不太影响李白率性自然的生活状态。当然话说回来，身为朝臣，常伴君王的李白还是比既往在山林幽居时恭谨审慎了许多。第三也是最重要的一点，翰林院有一项重要的职能，便是为皇帝起草诏令，又称为“掌文翰”“掌机要”，这是一项非常大的权力，因为在起草诏书的过程中，自己有任何的意见、想法便可以随时向皇帝奏报，也能以最便捷、最直接的方式将其变成诏令、付诸实施。因而翰林学士、翰林待诏、翰林供奉等都是盛唐举子最为心仪的职位。这里多说一句，按照唐代的官制，起草诏令的职权本当属于中书省的中书舍人，但由于高宗武后朝以来朝政经历了一系列大的变革，致使权力结构重组，制度化的“中书制诏”被更加依附于皇权的“翰林制诰”所取代，故而虽然同是起草诏令的官职，但皇帝对后者要重视得多，也亲近得多。

二、“君王多乐事，还与万方同”

得到心仪职位的李白，自然很快全身心投入到工作当中，不过玄宗一时还没有宣诏，自己待在翰林院里可以干些什么呢？李白想起了自己的同乡兼偶像司马相如的工作，他既然可以通过撰写大赋来为汉武帝润色鸿业，自己何不也发挥特长，用当下最流行的文学体裁来歌颂眼前的有德君王和这千载难逢的伟大盛世呢？于是，几篇歌功颂德的诗作也就应运而生了，其中具有代表性的作品是《春日行》和《宫中行乐词八首》。先来看前者：

深宫高楼入紫清，金作蛟龙盘绣楹。
佳人当窗弄白日，弦将手语弹鸣筝。
春风吹落君王耳，此曲乃是升天行。
因出天池泛蓬瀛，楼船蹙沓波浪惊。
三千双蛾献歌笑，挝钟考鼓宫殿倾。
万姓聚舞歌太平。
我无为，人自宁。
三十六帝欲相迎，仙人飘翩下云軿。
帝不去，留镐京。

安能为轩辕，独往入窅冥？

小臣拜献南山寿，陛下万古垂鸿名。

诗歌描绘的是宫中行乐的盛大场景：深宫之内，高楼层出，最高处直上云霄，深入紫微宫，与天界相通，锦绣装饰的柱子上盘曲着黄金雕成的蛟龙，尽显华贵之气。高楼之上，有位佳人当窗，正对着白日拨弄着手中的琴筝，发出了深情如诉的优美乐声。那美妙的乐曲随着清风，从高楼之上飘摇而下，缓缓进入君王耳中，细细倾听方才听出这原来是属于仙人的乐曲《升天行》。随着曲调的深入，与之相应的盛大场景涌现出来：众多楼船围绕着天池中的蓬莱仙岛接沓前行，船下的波浪也随之发出惊天动地的响声；楼船之上，有三千宫娥带着欢笑载歌载舞，钟鼓撞击之声震耳欲聋，仿佛让整个宫殿随之倾倒；岸上的群臣和百姓，也都聚集一堂、踏歌起舞，欢庆和歌颂天下太平！这一段场景描写同样是亦虚亦实，天池和蓬莱岛本是大明宫中的景致，楼船歌舞也极有可能是宫中乐舞的真实写照，而“万姓聚舞歌太平”则很大程度上是建立在前者基础上的合理想象，表达了李白心中对于君民同乐、天下大同境界的期盼。最后，诗歌的主旨落在颂圣的层面上：为什么能够“万姓聚舞歌太平”呢？因为君王实行无为而治，百姓自然能够安居乐业。君王的盛德也因此感动了上天，于是有三十六位天帝带着周天诸仙，纷纷驾着云车前来引他飞升。但当今的天子，不忍心像轩辕黄帝一样丢下百姓，独自乘龙，而是要留在京城，继续与百姓安享太平。对于这样一位有功、有德、有情、有义的君王，小臣李白只能恭谨地献上自己的祝福：愿陛下南山比寿，也相信陛下的鸿名必将永垂后世、万古流芳！

有人可能觉得这首诗的主旨过于谄媚、阿谀，情景描写过于浮华奢靡，颂圣邀好的意图也太过直露，其实不然。李白在这首《春日行》中如此不惜笔墨地去渲染宫中行乐场景之盛大，是建立在一个很重要的前提之上，那就是“君民同乐”，这是他对于眼下所处盛世高度认同的体现。大家可能熟悉《论语》中的“侍坐篇”，孔子的弟子曾皙将儒家最高理想定义为“莫春者，春服既成，冠者五六人，童子六七人，浴乎沂，风乎舞雩，咏而归”，这种天下大同之后，儒者安然享乐的场景，正是历代儒家士子的终极追求。李白虽然不是典型的儒家士子，但他同样有着儒家政治理想。于他而言，唐玄宗对他的任用正意味着儒家政治理想实现的基础已经具备，因此渲染君民同乐、天下大同，并颂扬玄宗的盛德，本质上同样是对他自己理想和人格价值的肯定。这是李白高昂的人格进取精神和他所处的盛唐文化风潮所共同决定的，我们在理解李白的宫廷诗歌时，一定要牢牢抓住这一切入点。

再来看《宫中行乐词八首》，这是一组细致描绘宫中具体行乐场景的诗作。诗仙的超然才华、高度的盛世体认和盛唐宫廷的风流气韵相结合，铸就了这一组极具浪漫主义风采的佳作。其一以后妃视角写天子的恩宠：

小小生金屋，盈盈在紫微。
山花插宝髻，石竹绣罗衣。
每出深宫里，常随步辇归。
只愁歌舞散，化作彩云飞。

“金屋”“紫微”皆是典型的皇家意象，分别喻指后妃与君王的居所，以场景的转变勾勒出了后妃入宫到得宠的经历，而后两句则是对其衣服装饰的描绘：头上佩戴鲜艳的山花，身穿绣着石竹花图案的罗衣，在一片雕金错玉的华美宫苑中注入了清新淡然的自然生气，这是专属于盛唐的独到的风流韵致。后妃初入深宫，时常追随着天子的步辇，渴望临幸，又怕歌舞随着年华散去，一切繁华美好化作彩云，一去不归。后两句虽然蕴含着时光流转的淡淡愁绪，却同样风韵无边、浪漫感人，这也是盛世才能拥有的超越悲喜苦乐的至真至纯之美。其二则专写君王的宠妃：

柳色黄金嫩，梨花白雪香。
玉楼巢翡翠，金殿锁鸳鸯。
选妓随雕辇，征歌出洞房。
宫中谁第一，飞燕在昭阳。

宫中柳色湛碧如金，却更鲜嫩有生气；梨花洁白似雪，更多了几分芳香。玉楼之上，翡翠鸟筑巢而居，更添其贵气；金殿之上，大门紧锁，一对鸳鸯身处其中。这四句起兴，手法源于《诗经》，是对宠妃承恩的隐晦说法，然而在李白的笔下，只觉得天真纯洁，丝毫无伤于大雅，在境界上也达到了“思无邪”的极高追求。后四句写：天子从后宫中选能歌善舞者随辇游乐，在宫中谁可推为第一呢？当然非居于昭阳殿的赵飞燕莫属了。此处的“飞燕”自然是指代正得玄宗圣宠的杨贵妃。其三写宫中的音乐：

卢橘为秦树，蒲桃出汉宫。
烟花宜落日，丝管醉春风。

笛奏龙吟水，箫鸣凤下空。

君王多乐事，还与万方同。

卢橘、葡萄本都是西域之物，如今皆已长于深宫之中，从两株树木的生长变化便可以看出天子泽被四海的盛德。正因如此，如今也才能够在宫中安享美好的音乐：在落日烟花之下，丝管齐鸣，春风骀荡，同样来自西域的羌笛之声，恍如龙吟出水，而中原的箫管之声，又如凤鸣下空，二者相映相伴，正体现了大一统王朝下多元文化的交融。虽说诗歌写的是君王游乐之事，其实反映的都是太平之世天子与万民同享的安乐！其四写宫中夜游：

玉树春归日，金宫乐事多。

后庭朝未入，轻辇夜相过。

笑出花间语，娇来竹下歌。

莫教明月去，留著醉嫦娥。

玉树影斜，日暮时分，宫中仍有乐事：由于君王白天忙于政务，至夜晚才乘着轻辇来到后宫。后妃们在花间谈笑相语，在竹林下娇声唱歌，仿佛要令月中嫦娥陶醉，好以此留住月光、留住夜色，不让白天轻易到来，让君王少些烦劳，多些享乐。这首诗看似写的是夜中之乐，其实反映的倒是君王白日里的兢兢业业。其五写到春光与乐事的相和：

绣户香风暖，纱窗曙色新。

宫花争笑日，池草暗生春。

绿树闻歌鸟，青楼见舞人。
昭阳桃李月，罗绮自相亲。

香气透过房屋的窗户，消融在风中，更添芬芳，纱窗也映衬着春草的颜色而鲜美碧绿，宫中花朵竞相迎着日头开放，池塘中的春草也在暗地里生长。草木如此，人何以堪，宫中孕育着一股蓬勃的生机，正像是蒸蒸日上的王朝，充满了祥和瑞气。在这样的绿树红花之中，鸟儿开始歌唱，舞女也在宫殿中婀娜起舞，桃李相间的昭阳殿上渐渐升起一轮明月，而月下殿中正是披罗戴绮的美人们嬉戏玩闹的场景。其六、其七分别写宫女乐舞和花柳莺燕，通俗易懂：

今日明光里，还须结伴游。
春风开紫殿，天乐下朱楼。
艳舞全知巧，娇歌半欲羞。
更怜花月夜，宫女笑藏钩。

寒雪梅中尽，春风柳上归。
宫莺娇欲醉，檐燕语还飞。
迟日明歌席，新花艳舞衣。
晚来移彩仗，行乐泥光辉。

其八描绘了出游池苑的场景：

水绿南薰殿，花红北阙楼。

莺歌闻太液，凤吹绕瀛洲。

素女鸣珠佩，天人弄彩球。

今朝风日好，宜入未央游。

倒映着成荫绿树的龙池水映绿了南薰殿，似火的娇花也染红了北阙楼。太液池上传来阵阵莺歌，如凤鸣般的丝竹管弦之音同样环绕着水中瀛洲。忽而，一阵叮咚声传来，原是素雅的宫女们裙下环佩交响，她们正玩弄着彩球取乐。今日这般美好的风日，正是未央宫中游赏的好时节，组诗也至此翩然而止。

这组作品皆为五言律诗，极大地发挥了五律善于写景造境的长处，将宫中的豪华绮艳、曼丽风神展现得淋漓尽致。诗人置身其间，也参与其间，既将盛世的风流情怀和盘托出，更展露了绝高的思想性。这组作品可谓深得《三百篇》之真谛，大家如果熟悉《诗经》便不难发现二者之间的相似之处。所谓“乐然不淫，哀而不伤”的情感蕴藉，所谓“经夫妇，序人伦”的雅正用意，所谓“托物寓兴”的含蓄技法，无一不是对《诗经》风雅传统的严格继承。而将雅正的思想主旨与独具浪漫的盛唐意境相融合，产生出新的艺术境界，则是李白超乎前人的独创。

三、“长得君王带笑看”

说到李白的宫廷生活，自然不得不说到他对于唐玄宗、杨贵妃爱情故事的见证，对于这段旷世绝恋，历来评价很多：有人讥刺他们奢靡误国，比如杜甫、郑畋；也有人哀叹惋惜他们情感真挚，比如白居易、洪昇。那么李白，作为一个现场见证者，他的态度是怎样的呢？我们还要从他的作品中去探索，且看《清平调三首》。其一写贵妃的美貌：

云想衣裳花想容，春风拂槛露华浓。

若非群玉山头见，会向瑶台月下逢。

洁白的云朵也艳羡她的衣裳，艳丽的花朵也倾慕她的容颜，贵妃的美丽就好比沉香亭下带露的牡丹花被和煦的春风吹拂而过，国色天香之中透着灵动与翩然。这般身姿风骨，若不是在群玉山头才能见到的飘摇仙女，也定然是瑶台月下才显露真身的嫦娥。李白歌咏贵妃，并不把她作为一个高高在上、母仪天下的对象来称颂，而是单纯对她的美加以艺术化的呈现与审视，这就使得这首作品读起来毫无阿谀奉承之嫌，风格上也是集清新、明艳于一身，堪称天才手笔。值得一提的是，也只有在盛唐，一位普通的诗人才能够以这样平等的审美眼光来观照一位正得盛宠的妃子。怨不得后来有些不明就里的好事者甚至要将李白看作唐玄宗的“情敌”了。其二、其三相对而言，艺术成就不及第一首：

一枝秾艳露凝香，云雨巫山枉断肠。

借问汉宫谁得似，可怜飞燕倚新妆。

名花倾国两相欢，长得君王带笑看。

解释春风无限恨，沉香亭北倚阑干。

其二借古比今，先引用楚襄王“云雨巫山”的典故写君王贵妃恩爱正浓，又以汉宫飞燕比喻贵妃之专宠；其三以“名花倾国”引入“君王带笑”，营造出阴阳和合、天人无间的和谐境界。从这组诗中，不难看出李白对于这段爱情故事的态度，不同于后来者的讥刺或哀婉。作为见证者，李白心中其实对此段爱情由衷地赞许与认同，为什么呢？还是源于他的盛世情怀，在传统儒家的观念中，帝后和睦，夫妻无间，这叫作“关雎之德”，这是“序人伦，美教化”的根本所在。在李白眼中，唐玄宗与杨贵妃的甜蜜爱情，既根植于太平盛世的基础，反过来也是推行王道教化的最好素材，故而他绝不吝惜以最美好的才情来对这段爱情大加赞扬，若非怀着这种思想情感，想必他也不可能写出如此动人的词句。

从徂徕山下的隐士，到紫宸殿上的红人，再到翰林院中的宠臣，李白短短几个月就实现了人生的三级跳，理想实现的路途实在是过于顺风顺水。然而当他发热的头脑趋于冷静之后，才渐渐发现，事情的发展方向大概不完全是自己想要的样子，那么在盛宠之下，李白又有着怎样的苦恼呢？

第十五讲

金井梧桐

——多少长叹，空随一阵风

一、“高楼当此夜，叹息未应闲”

李白终于于天宝元年被召入宫，且深得玄宗赏识，被授予翰林待诏的官职，他深感自己的治世理想实现在即，便创作了很多润色鸿业、歌颂太平的诗歌，这些作品饱含着高度的盛世体认和风流才情，奏响了盛唐之音最后的绝唱。

因为盛唐政局由明转暗、由盛转衰的分水岭正是在开元二十五年，而当李白入宫时，唐王朝实际上已经在走下坡路了。李白之所以还会写出这么多风华绝代的宫廷诗作，一方面源于他心中对于盛世理想的坚定信念，另一方面也来自玄宗早期的礼遇给他带来的幻想，而当幻想的外衣随着时间逐渐剥落，残酷的现实越发显明的时候，李白的坚定信念自然也就开始有所动摇了。

虽然“翰林制诰”直接依附于皇权，比起制度化的“中书制诏”，更加受到皇帝的关注和重视，然而这也是一把双刃剑。因为离开了制度的保障，也就意味着如果皇帝不重视、不任用，那么翰林待诏就永远无事可做，李白此刻正是陷入了这样一个窘境。玄宗固然认可李白的才能，也愿意对他委以重任，但眼下在玄宗心中，重任只有两个——一是在边境开疆拓土，耀武扬威，这一点李白不适合；二就是在宫中宴会享乐，装点歌舞升平，这也正是他让李白做的。至于李白《宣唐鸿猷》中提到的那些改革措施，在玄宗看来是多此一举：既然已是盛世，还有什么可改的呢？于是，李白与玄宗之间就不可避免地出现了政见的分歧。

本想要匡君辅国、大展宏图，不承想却被当作“俳优视之”。通俗点说，就是李白一心想着当总理，却被安排成了作协主席，虽然也有很高的身份地位，但他的心理落差可想而知。满怀失落无可告诉的李白，只好将他的政治主张融进诗歌创作中，试图以讽喻诗的形式让玄宗有所感悟，重新审视他的改革方略，这也是他崇尚复古诗学的重要原因之一。这一时期李白代表性的作品是《塞下曲六首》和《关山月》，都是边塞题材的乐府古题，主要表达了平息边患、爱惜民力的主张。前者的第一首便是名篇：

五月天山雪，无花只有寒。
笛中闻折柳，春色未曾看。
晓战随金鼓，宵眠抱玉鞍。
愿将腰下剑，直为斩楼兰。

边塞的苦寒是人所共知的，岑参笔下便有“胡天八月即飞雪”，而天山因为海拔高，其寒更甚。五月正值炎夏，同样白雪漫天，极寒之中，自然没有鲜花盛开，更没有阳春绿柳，边塞的将士们只能通过《折杨柳》的曲调来追忆中原故乡的春景。即便是在这样的艰苦环境中，将士们同样奋力为国征战，清晨便随着进军的鼓点冲击敌阵，夜晚也要高度警备，甚至抱着马鞍入眠。他们盼望的只是用腰中宝剑斩下敌人的首级，立功报国，守卫家乡的安宁。诗中歌颂了边塞将士不畏艰险、奋勇拼杀的豪情与热血，深得王昌龄《从军行七首》的精髓，展现了极为高昂的进取精神。而那“愿将腰下剑，直为斩楼兰”的心愿又何尝不深埋在李白自己的心中，等待着君王体察、任用呢？其二与其一内容主旨大体相似：

天兵下北荒，胡马欲南饮。

横戈从百战，直为衔恩甚。

握雪海上餐，拂沙陇头寝。

何当破月氏，然后方高枕。

“天兵”即唐军，远赴北疆，与南下的胡人短兵相接，他们横卧戈头、不顾生死、经历百战，为的只是报答圣主隆恩。将士们身处边塞，在青海湖畔握雪而餐，陇头下枕沙而眠，只有当大破边塞的割据政权，才能回到家乡，和衣安眠。诗歌的含蓄意味很大程度上在于对比相生，当我们把将士们的“握雪海上餐，拂沙陇头寝”与《宫中行乐词八首》中“玉楼巢翡翠，金殿锁鸳鸯”的纸醉金迷放置在一起观照的时候，这首诗的寓意便不言自明。其三的讽喻意味就更为明显：

骏马似风飙，鸣鞭出渭桥。

弯弓辞汉月，插羽破天骄。
阵解星芒尽，营空海雾消。
功成画麟阁，独有霍嫖姚。

骏马像飙风一般疾驰，鸣响马鞭直出渭桥，背负着弯弓的将士们辞别故土的月色，引箭而射，直破匈奴王城。这四句以极为迅捷流转的笔调，刻画了唐军将士的英武善战。颈联却笔锋一转，其实在大胜的背后往往蕴含着重大的牺牲——战争结束后，天上的星斗也为之暗淡；海雾消散后，空荡荡的军营更显凄寒。然而，这巨大的牺牲却不能换来将士们追求的太平，而是成为元勋将帅们画图麒麟阁的垫脚石。这种不平既是对邀功将领的直接批判，自然也含蓄地指斥了玄宗对其的放任与纵容。其后两首则将视角转回长安城中，写到了留守的思妇们，其四写：

白马黄金塞，云砂绕梦思。
那堪愁苦节，远忆边城儿。
萤飞秋窗满，月度霜闺迟。
摧残梧桐叶，萧飒沙棠枝。
无时独不见，流泪空自知。

配着金羁的白马在塞上驰骋，激起的云砂却萦绕于城中少妇的梦思，在愁苦的清秋时节，她们不但要忍受独守空闺的寂寞，还要担忧在外征战的男儿。秋窗前，萤火虫飞舞喧闹，梧桐叶和沙棠枝纷纷被秋风摧残，更衬出月下霜闺的清冷寂寞，所思之人不可见，纵使流下眼泪也无人能够感知。其五同样写少妇之思，却将视角转回了前线，与其四鲜明呼应：

塞虏乘秋下，天兵出汉家。
将军分虎竹，战士卧龙沙。
边月随弓影，胡霜拂剑花。
玉关殊未入，少妇莫长嗟。

秋日少妇在城中愁苦的时节，正是胡人南下进犯之日，将士们也奔赴战场保家卫国，多少人葬身大漠。边塞上杀气冲天，弯弯的月牙就像弯弓之影，寒冷的霜气如同短剑舞动的剑花，将天地都笼罩其中。闺中的少妇们啊，大军尚且没有进入玉门关，重逢之日遥遥无期，切不要太心急忧虑了。诗人这里用的显然是反语，看似是对少妇的劝慰，实则是对统治者穷兵黩武的辛辣讽刺。最后一首，表明了李白的本意与期盼：

烽火动沙漠，连照甘泉云。
汉皇按剑起，还召李将军。
兵气天上合，鼓声陇底闻。
横行负勇气，一战净妖氛。

边境的确有不安定的因素需要扫平，否则烽火会直接烧到甘泉宫，影响天下的安宁。但英明的君主，一定会像当年汉武帝重用李广一样，选择良将率兵，携天子的锐气，拟金伐鼓直入陇底，凭借着勇锐之气，一战扫平妖气，获取永久的太平！诗中的“李将军”，既指李广，也是李白自己的代称，他渴望得到玄宗的任用，出奇策献奇谋，以荡涤四海妖氛，让征人不再忍受饥寒、战死沙场，让思妇不再独守空闺、痛断肝肠。李白以乐府诗的形式倾吐了自己的衷肠与夙愿，除了诗中飞扬激荡的文字和凌厉的气概能让玄宗击节称赏以外，无论是讽喻还是切谏，都不能对这位志得意满的君王产生丝毫的触动。

于是，李白饱含着对守边将士的痛惜和对自身遭际的哀婉，写下了另一首边塞乐府诗《关山月》。比起《塞下曲六首》，这首诗讽喻和谏言的意味几乎消退殆尽，取而代之的是深深的叹息：

明月出天山，苍茫云海间。
长风几万里，吹度玉门关。
汉下白登道，胡窥青海湾。
由来征战地，不见有人还。
戍客望边邑，思归多苦颜。
高楼当此夜，叹息未应闲。

祁连山之上，云海苍茫，一轮明月升起，驱散阴翳，送来清亮的光芒，随之而来的还有玉门关内、万里之外吹拂而至的长风，带着中原故土的气息，为征戍在外的士卒送来温暖和希望。他们身处的地方是历来胡汉交兵的青海头，昔时汉高祖刘邦都曾困于白登数日，九死一生，更不必说这些普通的士卒了，古来征战能全身而退者，鲜有其人。这里已经全无了《塞下曲》中“愿将腰下剑，直为斩楼兰”的慷慨气概，这种诗境的变化，也正是李白心境变化的体现。戍边将士们望向边境的城邑，玉门关已经望不见，更不必说中原的家乡了，思归的情绪涌上心头，大多数人都露出了愁苦的容颜；而此时此刻，同在一轮明月下的思妇们，想必也在高楼之上眺望着边疆，同样为相思、别离而哀叹，没有分毫清闲。对这一切细腻的情思哀怨了然于胸，却又束手无策、无可奈何的李白，想着自己空有“掌机要”的虚名，却毫无匡君辅国的契机与建树，胸中又何尝不是一番“高楼当此夜，叹息未应闲”的哀伤情绪呢！

二、“独酌无相亲”

除了与玄宗政见不合，真正的志向得不到抒发展现之外，李白的宫廷生活还有一个令他失意的方面，那就是友情的缺失。李白一生是最离不开朋友的：在蜀中，有亦师亦友的“东严子”赵蕤；在安陆，有一生相随的好朋友元丹丘；到了东鲁，也有徂徕山下的“竹溪六逸”——与朋友饮酒赋诗、长啸抒怀、纵论天下大事，已经成了李白生活中不可分割的一部分。而进入宫廷，虽然“待诏”的身份让他有一定的自由度，不受繁杂的公务侵扰，但毕竟再不能与那些山野友朋肆意开怀畅饮了。起初，为了治世理想和崇高追求，他尚且还能耐得住这份寂寞，可等到政治理想逐渐破灭，生活的空虚无聊便时时袭来，让他难以招架。

其实李白起初在宫里也并不是没有朋友，比如著名的诗人贺知章。因为担任秘书监，贺知章又被称为“贺监”，他是李白在朝廷中最重要的诗友、酒友。论写诗，他是盛唐初期响当当的大诗人，与张若虚、张旭、包融并称“吴中四士”，代表作有《咏柳》《回乡偶书》等，都是我们熟读成诵的名篇；论喝酒，他和李白一样，是“饮中八仙”之一，杜甫说他“知章骑马似乘船，眼花落井水底眠”，也是个喝起酒来不顾一切的洒脱之士。贺知章的官做得很大，秘书监是秘书省的长官，主管国家的史料图籍及其编纂修订，相当于国家图书馆和中央文史馆的双料馆长，是清流官的重要领袖。

贺知章虽然年长李白四十二岁，相差近两代，然而对于治世理想的追求，以及关于诗歌、美酒和道术的共同爱好，使得两人成为典型的忘年之交。他们大概是在长安城的酒肆之中相识，两个钟情于诗酒的灵魂第一次碰撞便产生了强烈的火花。彼时还是素人之身的李白在酒酣之际拿出自己的诗文请贺知章品鉴，身居清流领袖之位的贺监读罢，难以压抑心中的喜爱，竟在市井之中拊掌大呼："此天上谪仙人也！"并且解下了腰间象征着身份地位的金龟，与店家换来数升好酒，直要与李白一醉方休。自此，"谪仙人"的赞誉在长安城中、士林之内传为美谈，这大概也是李白"诗仙"之名可以追溯的最早出处。

此后，随着李白入朝为官，二人也就成了同僚好友，虽然不在一个系统工作，但闲来也可以互相走访，小酌畅饮，诗酒相会，以稍稍宽解仕途中的辛酸与劳碌。尤其在开元二十五年以来，张九龄罢相、文人政治趋于瓦解、政局转入昏暗的大背景下，这样的官场友谊是极为难能可贵的。但可惜的是，这段友情并没有能够延续太久，在天宝三载，李白入宫的第三年，已经八十六岁的贺知章终于熬不过岁月的摧残，恳请告老还乡，玄宗顺水推舟准了他的"辞王本"，李白也终究落得孤身一人了。贺知章临行前，李白作了一首七言绝句《送贺宾客归越》与他送别：

镜湖流水漾清波，狂客归舟逸兴多。
山阴道士如相见，应写黄庭换白鹅。

贺知章是越州永兴人，自号"四明狂客"，故而诗的前两句以越中名胜“镜湖流水”和“狂客归舟”来渲染离别的场面。后两句中，李白畅想了贺知章归乡之后的情景：贺知章好道术，又善书法，这般风流像极了东晋的书圣王羲之，故而以之作比，想必告老还乡的贺监也有写经换鹅的闲情雅致。虽然心中满怀不舍，但从诗中不难看出，对于这位忘年交的求仁得仁，李白还是感到由衷欢喜的。而在贺知章走后，依然留在官场、留在宫廷的李白，将要面对的却是更加难以承受的寂寞和孤独。每当心中失意难以排遣，他便只好寄情诗酒，又苦于无人相谈对饮，于是便有了《月下独酌四首》，其一便是对独酌情景的描绘：

花间一壶酒，独酌无相亲。
举杯邀明月，对影成三人。
月既不解饮，影徒随我身。
暂伴月将影，行乐须及春。
我歌月徘徊，我舞影零乱。
醒时同交欢，醉后各分散。
永结无情游，相期邈云汉。

这首诗的诗境曲折婉转，情绪几度交错变化：开篇写繁花丛中一壶美酒，本是令人沉醉的事物，然而却独酌无人相亲，孤独之感油然而生；但身为豁达之人，李白不甘向孤独低头，便举杯与明月相邀，低头拉身影做伴，竟将一人独酌变成了三人小宴，情绪也重新点燃；但很快，李白意识到，明月不通饮中之乐，影子也不过是身体的附庸，真正沉醉于酒中的依然只是自己一人；但眼下的大好春光不可辜负，也只好伴着月与影，及时行乐，才足以大慰心灵；于是李白擎着酒杯，对着明月高歌起舞，身影也随着他摆动；只可惜三者在醒的时候一同为乐，等到醉酒睡去，却还会分散，各自孤独；不过，好在月与影都是天地间永存的无情之物，呼之即来，可以永远相伴，那便与它们约定，共同闯荡这浩荡的宇宙人生。全诗的诗境以两句为一个单位，在悲喜之间反复转换六次，而最终归结于喜，这体现了李白心中复杂的矛盾挣扎，而同时又以乐观积极为主线，认为眼下一时的苦涩与挫折，终究抵不过自然正道。因而回归自然、顺化大运，就是消愁取乐的根源。这篇作品也体现出了李白人生重心重新由儒家理想向道教追求的转移。其二便是对酒与自然之关系的论述：

天若不爱酒，酒星不在天。
地若不爱酒，地应无酒泉。
天地既爱酒，爱酒不愧天。
已闻清比圣，复道浊如贤。
贤圣既已饮，何必求神仙。
三杯通大道，一斗合自然。
但得酒中趣，勿为醒者传。

李白先论述了酒与天地的关系：天爱酒，所以有酒星；地也爱酒，所以有酒泉——既然天地皆爱酒，那么人也当爱酒，才能不辜负天地。诗歌接着阐述酒与圣贤的关系：常听人们将爱饮清酒的人比作圣，将爱饮浊酒的人比作贤，既然圣贤都爱饮酒，饮酒自然也可以成为圣贤，又何必还要求做神仙呢？最后，他道出了酒中求仙之法：饮酒三杯便可通于大道，饮至一斗则已合于自然，只要让酒中真趣得之于心，便不必传与醒者，因为饮醉之人比他们更懂得自然的真谛。这首诗直白洒脱、一气而下，恰似李白的醉中宣言，虽然论理并不明朗，却将醉态表现得淋漓尽致，极为生动可爱。其三则论及了酒与生命的关系：

三月咸阳城，千花昼如锦。
谁能春独愁，对此径须饮。
穷通与修短，造化夙所禀。
一樽齐死生，万事固难审。
醉后失天地，兀然就孤枕。
不知有吾身，此乐最为甚。

阳春三月的咸阳城，春光灿烂，花繁似锦，然而无边春色难免让人泛起春愁，因而必须饮酒方可消却。事业的穷达与生命的长短，这都是命中所注定的，不能轻易转移，但饮酒的人却可以在主观上将它们看淡，沉醉之后便就枕高卧，只觉得天地皆空，达于忘我的境界，也就更不会再因外界的变化而忧心愁烦，这便是饮酒之乐的最终奥义。最后看其四，是对酒与愁之间关系的论述：

穷愁千万端，美酒三百杯。
愁多酒虽少，酒倾愁不来。
所以知酒圣，酒酣心自开。
辞粟卧首阳，屡空饥颜回。
当代不乐饮，虚名安用哉。
蟹螯即金液，糟丘是蓬莱。

且须饮美酒，乘月醉高台。

穷愁虽多，足有千万端，美酒只有三百杯，但只要饮起美酒，忧愁便不再到来。所以便能够理解，为何饮酒者足以称圣，因为酒劲儿上来了，心胸自然通达开阔。“圣”的本意就是通达。古代的伯夷叔齐不食周粟，饿死首阳山，复圣颜回箪瓢屡空、深居陋巷，虽然留下了万古流芳的美名，但他们自己却困苦了终生，这样的人生有什么意思呢？想要成仙成圣，还是要学会去酒中追求：下酒的蟹螯就是金液灵丹，酿酒的糟丘便是仙山蓬莱，且趁着月色在高台上饮酒，也许一觉醒来，就达到了仙境。

从这组诗中不难看出，李白饮酒很大程度上是为了消愁与逃避现实。然而虽然醉中乾坤无比美好，但这种放达不过是一时的安乐，现实的生命终将继续，醒后所要面对的烦心事也依然会存在，那么回归现实之后的李白，又将做何取舍呢？

第十六讲

风歇时下

——做官之难，难于上青天

一、"丑正同列"

李白的宫廷生活没有想象中那样美好，政治理想实现起来也并不容易，甚至他与玄宗的政见不合，让他看不到任何希望，朝中无人为伴的孤独更是雪上加霜。然而，对李白来说，糟心的事情还远不止于此，除了理想难求、知音难觅之外，还有一个很大的苦恼，那就是"丑正同列"——和太多的宵小之辈同处朝堂之上，想想就让他心里添堵。

除了李阳冰《草堂集序》中"丑正同列，害能成谤"的记录之外，李白在《效古二首》中也明确表露出了这一情绪。这两首诗大概并非作于同一时期，其一约是入宫前后所作，表达了入朝为官的欣喜与对朝廷生活的期待，开篇八句是对上朝情景的憧憬和展望：

朝入天苑中，谒帝蓬莱宫。

青山映辇道，碧树摇烟空。

谬题金闺籍，得与银台通。

待诏奉明主，抽毫颂清风。

清晨时分，来到天子禁苑，在蓬莱宫中拜谒君王，一路之上，自然真趣的青山与金玉满堂的御道相映，碧绿的大树直贯云霄，摇曳在烟花沉醉的皇城上空。这番景象，是李白双重人生追求结合下产生的畅想，他对于自己得以身居翰林院，与清要文士们相通感到由衷的喜悦，只盼能兢兢业业回报明主，以自己的笔墨文采点染盛唐的伟大功业。其下十句则是对退朝归家后情景的展望：

归时落日晚，蹀躞浮云骢。

人马本无意，飞驰自豪雄。

入门紫鸳鸯，金井双梧桐。

清歌弦古曲，美酒沽新丰。

快意且为乐，列筵坐群公。

落日时分驾着浮云骢马漫步还家，虽无飞驰张扬之心，但受到皇恩和圣朝的鼓舞，无论人马都自然而然地充满了豪雄气概。回到家中，一双紫鸳鸯正在戏水，金井旁两株高大的梧桐正是良禽应栖的佳木。在这样的环境中，奏响清歌古曲，摆上新丰美酒，与满座高朋设宴取乐，共话太平盛世中的快意人生，这该是多么令人向往的生活图景。最后四句是李白由此生发的人生感慨：

光景不可留，生世如转蓬。

早达胜晚遇，羞比垂钓翁。

时光不可挽留，稍纵即逝，人生在世就好像飞转的蓬蒿。因而无论立功扬名还是享受生活，都要抓紧时间，像姜太公八十岁出山辅佐文王，就实在太晚了。从这首诗中不难看出，李白对于宫廷生活的期待，有很大一方面是来自对同僚共事交心的向往，全国顶尖文士聚集的翰林院，在李白心中，本就该像建安时期的邺下文场一样，充满了盛世气象、诗酒风流。也正是因为如此，当李白发现真正境况与他设想的截然不同时，失望之情才会如此浓重，且看其二：

自古有秀色，西施与东邻。

蛾眉不可妒，况乃效其颦。

所以尹婕妤，羞见邢夫人。

低头不出气，塞默少精神。

寄语无盐子，如君何足珍。

相传古时有两位女子，一位是美丽的西施，一位是她家东边的邻居，后来在成语典故中人们习惯称之为“东施”。西施貌美，明眸皓齿、螓首蛾眉，一颦一蹙都透露着迷人风姿，东施为了使自己显得好看，也模仿着西施频频皱眉，却令人厌弃，这是因为她对自己的丑陋全然不自知。与之相比，汉武帝时期的尹婕妤是个明智的人，她见到受宠的邢夫人的美貌，便自叹不如，从此低头屏气、主动避让。这里用了两对“美丑对比”，其实表达了李白对于朝士的态度，那些无德无才之辈，自当主动避让，不可阻塞贤路，若还要媚宠争位，则更当令人唾骂了。他将这些人比作战国著名的丑女无盐子，民间传说里习惯叫她“钟无艳”，在美貌方面，她是丝毫不值一提的，对应而言，就是说朝中的那些奸佞小臣，毫无可取之处。显然，这首诗是在讽刺一些与李白同朝共事，却嫉妒他的才干，对他毁谤中伤的人，与前一首中“列筵坐群公”的期待形成鲜明对比，足见李白对官场环境失望之至。

那么李白眼中的这些“无盐子”都有谁呢？首先，是以李林甫为代表的宰相。他“口蜜腹剑”，有陷害太子李瑛、排挤贤相张九龄、残害清流领袖李邕、操纵制举考试等一系列臭名昭著的事，就连安禄山都忌惮他的阴险权谋。可以说李林甫是盛唐文人政治的直接葬送者和唐代由盛转衰的重要推手，从现存材料来看，虽不能证明李白与之有交集，但对于推崇文人政治的李白而言，憎恶李林甫是毫无疑问的。其次，便是以高力士为代表的内侍势力。其实唐朝的宦官之祸是从肃宗宠任李辅国才开始的，但玄宗朝高力士便已对朝政有了极强的影响力，甚至很多朝臣委身事之、苟合取荣，这是不争的事实，李白对此极为看不惯，因而民间也才会流出所谓“力士脱靴”的传闻来。虽然故事不可信，但反映出的问题大致是靠谱的。第三类也是最直接的一类人是谁呢？就是以张垍为代表的部分失格的宫廷文人士大夫。李白在翰林院任待诏，直接领导就是张垍和他的哥哥张均。李白初入长安干谒玉真公主，便是受到张垍的排挤失意而归，此番仇人成了自己的领导，非但让李白心中十分别扭，更是彻底让他对国家的前景产生了质疑。张垍这样的人来做翰林院的一把手，给皇帝能出好点子吗？翰林院的风气能正吗？李白认为，显然是不行的！那么自己身处这样的翰林院中，到底是荣耀还是耻辱呢？答案也就一目了然。

有人说李白入宫这段时间，王维也正好在朝中为官，为什么两位大诗人之间没有什么诗歌往来呢？是他们关系不好吗？我认为不是这样的。首先，他们的人格追求和政治理想是具有一致性的，无非一个信佛一个信道，但并不存在观点和立场的矛盾；其次，王维入仕比李白早近二十年，且王维所属的门下省与李白所属的翰林院不是一个系统，因而也不存在什么直接的利益冲突；第三，两个人有共同的好友——孟浩然、王昌龄，包括后来的杜甫也可以算在内，所以两人一定不是势如水火的关系。

那么为什么李白和王维之间确实没有互相往来的证据，尤其是诗作赠答呢？我认为主要存在三种可能：第一种可能就是碰不上，两人本不属于同一系统，且王维开元后期开始已经在过自己的“吏隐”生活，大部分时间都在山中别业，往来朝中不多，与李白交往的机会自然也就少了；第二种可能是文学追求的差异，王维长期生活在宫廷文学环境中，其文学思想主要继承的是“文章四友”和沈佺期、宋之问以来的新体诗学，而李白是典型的复古诗学的代表，继承的是陈子昂的衣钵，所以在文学风格上两人是不尽相同的，因而交流的欲望和必要也就少了很多；第三种可能就是文献记载的缺失造成的遗憾，毕竟唐代作为印刷术尚未普及的手抄本时代，流传下来的文献十不存一，加之文学处于集部“末流之学”的地位，很有可能两位诗人交游唱和的材料被淹没在历史的尘埃中了，这也是一种无奈的遗憾。

二、“长相思，在长安”

对于儒家治世理想而言，政见与皇帝不同，得不到重用，理想实现起来遥遥无期；对于道教人生追求而言，身处朝廷，处处受到限制和规约，远不及在民间生活自由；对于诗酒风流而言，酒桌上没有知己，书桌前却都是敌人。本以为成了人生赢家的李白这次被时代和命运狠狠地玩了一把，心中的失望和痛苦别提多么深重了。他以京城弃妇的口吻写下了《长相思三首》，表露了自己才高命蹇、时运不济的哀叹。其一写长安秋色：

长相思，在长安。
络纬秋啼金井阑，微霜凄凄簟色寒。
孤灯不明思欲绝，卷帷望月空长叹。
美人如花隔云端。
上有青冥之高天，下有渌水之波澜。
天长路远魂飞苦，梦魂不到关山难。
长相思，摧心肝。

开篇点题：长安，是一座相思之城。为什么这么说呢？你看那秋夜的城里，井栏上处处都是络纬的凄切啼鸣声，微微寒霜浸湿了竹席，显得分外清寒。络纬是一种秋虫，也就是《豳风·七月》里“莎鸡振羽”的莎鸡，又被称为纺织娘，这一名称本就暗含着少妇愁苦的心境。果然，这样清冷的秋夜之中，一盏孤灯昏暗不明却也久久不灭，灯下之人的情思无比浓烈，却只能卷起珠帘，对月述怀，徒然长叹。叹的是有如花美貌的心上人远在云端之上，中间隔着青冥高天和渌水波澜，天长路远，关山迢递，纵使魂飞魄动、梦中求索，也难到彼岸、不可追攀。这种可望而不可得的相思，最为摧人心肝。显然，这里的“美人”不是指美女，而是品性修美之人，喻指有德君王，孤灯下的相思者则是李白自己。这种以夫妇喻君臣的比兴体系是从《楚辞》继承来的，又融合了现实的思想情感状态，李白眼下的处境不正是面对理想“可望而不可得”吗？看似近在咫尺，却又无计可施。其二写秋色中独自愁苦的弃妇：

日色欲尽花含烟，月明如素愁不眠。

赵瑟初停凤凰柱，蜀琴欲奏鸳鸯弦。

此曲有意无人传，愿随春风寄燕然。

忆君迢迢隔青天。

昔时横波目，今作流泪泉。

不信妾肠断，归来看取明镜前。

夕阳行将落下，薄薄的暮色为花朵罩上一层烟纱，转眼间月上中天，皎洁的清辉如同素白的绢布，照着相思的人难以入眠。为了消愁，她起身鼓瑟鸣琴，试图通过弦柱之声传递自己的凤凰和鸣之意、鸳鸯常伴之思，只可惜曲中虽有意，却无知音人，只盼春风将它送往北方的燕然，又奈何眼下的秋夜竟只有北风呼啸，故而也只能远隔这迢迢青天，遥相思念。久而久之，昔日那秋波流慧的明目，如今已成了泪流不止的泉眼，心上的人若是不相信这般愁苦肠断，自可归来以后看看明镜之中那憔悴的容颜。“赵瑟初停凤凰柱，蜀琴欲奏鸳鸯弦”一句中的琴瑟、弦柱、凤凰、鸳鸯等，皆是古诗中常用的表示伉俪、配偶的意象，如此密集地在诗中排布，为的就是突出弃妇的孤单寂寞，更衬出自己愁情深重、无人倾诉的悲哀。其三则写美人去后的情景：

美人在时花满堂，美人去后余空床。

床中绣被卷不寝，至今三载闻余香。
香亦竟不灭，人亦竟不来。
相思黄叶落，白露湿青苔。

美人在时，有花团锦簇、珠玉满堂；美人去后，便只剩下寂寞的空床。床上的鸳鸯被卷起无人睡，至今三载都还残存着美人的芳香。香气虽然氤氲不散，但心上的人却也始终不归，相思的情绪年复一年不知多少次染黄了落叶，只觉得寒露一遍遍沾湿门外越发厚重的青苔。李白入朝之时以才高打动帝王，被玄宗在朝会上大加赞誉，破格待诏翰林院，是享受过极高荣耀的，他与贺知章等人诗酒唱和，也做到了锦绣满堂，故而当以上两者都失去的时候，在本身的孤寂之外，他还要承受一份来自心理落差的煎熬，这自然也就使得李白对于“美人在时”与“美人去后”的情景对比表现得格外敏感了。

在长安秋夜里“长相思，摧心肝”的弃妇就是宫廷中失意、失宠、失群的李白的真实写照。他意识到是时候该和这片本不属于自己的天地说再见了，不久就向玄宗表明了离去的心意。玄宗对于李白的诗歌和文采是真心喜爱的，但一方面确实不满他近来时常写些“高楼当此夜，叹息未应闲”的丧气话，另一方面也架不住张垍、高力士之流在旁边煽风点火，终究做了个顺水人情，给了李白一大笔金银财宝，名曰“赐金放还”，也算是与他好聚好散了。

三、千古绝唱《蜀道难》

天宝三载，李白领取了属于自己的巨额“失业保险”，离开了生活、工作近三年的长安——这个昔日令他心驰神往，今后同样令他魂牵梦绕的地方。回顾过去三年的宫廷生活，他恍若大梦一场，梦中他几乎伸手可及当空的红日，醒来却发现不但没有分得丝毫光明，反而被那不可触碰的热浪灼伤。和首度离别长安感叹“长风破浪会有时”不同，李白明白了，也许他欠缺的不是机遇，而是一条正确的人生道路，也许他走过的这条追求“儒家治世理想”的道路，无论时机如何，本就比登天还难。回首三年乃至半生的来路，李白感慨怅然，他将这种情绪与思考以复古诗歌的形式表露了出来，由此铸就了千古绝唱《蜀道难》。开篇便是一声振聋发聩、惊天动地的慨叹：

噫吁嚱，危乎高哉！蜀道之难，难于上青天！

李白虽是四川人，然而他当年出峡走的是水路，不曾经历剑阁蜀道，但他一声“噫吁嚱”的惊叹却让人感到仿佛“难于上青天”的蜀道就在眼前，为什么会有这么直观的感觉呢？我们留个悬念，先接着往下看：

蚕丛及鱼凫，开国何茫然！
尔来四万八千岁，不与秦塞通人烟。
西当太白有鸟道，可以横绝峨眉巅。
地崩山摧壮士死，然后天梯石栈相钩连。

这一段讲蜀道开凿的历史，“蚕丛”“鱼凫”是传说中蜀国的远古君王，自他们建国以后四万八千多年，都不曾与秦地也就是中原相互沟通。关中第一高山太白山和巴蜀第一高山峨眉山横亘，只有飞鸟可以越过，直到战国时期“五丁开山”，才以巨大的牺牲换来了秦蜀栈道的勾连。虽然传说多有夸张的成分，但也反映了自古以来开通蜀道的艰难，这是蜀道的一“难”。紧接着诗歌开始正面描绘蜀道的艰险环境：

上有六龙回日之高标，下有冲波逆折之回川。
黄鹤之飞尚不得过，猿猱欲度愁攀援。
青泥何盘盘，百步九折萦岩峦。
扪参历井仰胁息，以手抚膺坐长叹。

山路高的地方直入天日，低洼之处则有飞腾的河流冲击而下，落差极大，行走不易，就是奋飞的黄鹤和善攀援的猿猴都要为这道路的艰险苦恼一番；青泥岭上的道路盘旋曲折，萦绕着高耸的山峦，百步之内竟要转上九道弯，让人望而生畏，不禁要用手掐着胸脯，操着标准的四川话长叹一声：“龟儿子山路，太难走咯！”除了山势的起伏曲折，令人生畏的还有环境的阴森：

问君西游何时还？畏途巉岩不可攀。
但见悲鸟号古木，雄飞雌从绕林间。
又闻子规啼夜月，愁空山。
蜀道之难，难于上青天，使人听此凋朱颜。

问一声西去的友人何时能够归还？听说那蜀道的山岩难以登攀。然而对方还没来得及见识，便已被丛林古木上鸟儿的悲号声吓破了胆，听说空山之中、月夜之下还有杜鹃的啼叫，传说那是古蜀帝王的魂魄所化，荒山野岭之中如何不令人闻之色变？紧接着是对上一段的回扣：

连峰去天不盈尺，枯松倒挂倚绝壁。

飞湍瀑流争喧豗，砯崖转石万壑雷。

其险也如此，嗟尔远道之人胡为乎来哉！

接连不断的山崖看起来距离天空不到一尺，陡峭的崖壁上倒挂着枯干的松树，飞瀑冲刷直下，击打在凸起的石块上，如同谷底响起阵阵惊雷！这样险绝的环境，行远道之人又何必非要来此冒险呢？这道路环境的艰险便是蜀道的第二“难”。然而这还不是全部：

剑阁峥嵘而崔嵬，一夫当关，万夫莫开。

所守或匪亲，化为狼与豺。

朝避猛虎，夕避长蛇；磨牙吮血，杀人如麻。

剑门关是入蜀的咽喉要道，两侧高山入云，中间一路相通，只要一人把守，纵有万夫也难以通过；然而可怕的是，倘若镇守之人并非亲信，便也极易反叛，成为豺狼。行走蜀道，不但路途之中要朝夕躲避猛虎长蛇，还要躲避磨牙吮血、杀人如麻的豺狼守卫。这豺狼当道、内外交困的处境便是蜀道的第三“难”。那么应该如何应对这三重困难交加下“难于上青天”的蜀道呢？李白在篇终给出了答案：

锦城虽云乐，不如早还家。

蜀道之难，难于上青天，侧身西望长咨嗟！

蜀道那头的锦官城虽然是乐土，却也不如放弃这一打算，早些回家，蜀道的艰难是难于登天的，只能让人侧身眺望，长叹而罢。

这首诗的艺术魅力不待多言，这是李白诗作中最具代表性和最有艺术风格的作品，从我们对诗意的串讲中，大家不难读出李白特有的雄奇想象、严密逻辑、飞腾气势和铿锵声调。那么我们回到开头提出的那个问题：李白没有经过蜀道，为什么能把“蜀道之难”写得这样惊心动魄呢？回答这个问题的核心在于，我们要弄清楚这首诗写的是什么？关于《蜀道难》的主旨，存在着很多说法：有说是安史之乱中讽谏玄宗入蜀，有说是担心蜀中军阀作乱，更有说是劝杜甫离开成都。我认为这些说法都是不正确的，且不论创作的时间与背景不合，持这些论点者，恐怕连《蜀道难》这个题目的主旨都没搞明白。

《蜀道难》是乐府古题，创制于汉魏六朝。相传东汉有个叫王阳的人被任命为益州刺史，赴任途中来到蜀道，由于护送着母亲的灵柩，担心在崎岖山路上发生意外，便辞官不做，回家去了；后来又有个叫王尊的人任益州刺史，同样来到蜀道，同行之人听说王阳被山路吓退，纷纷劝他辞官，王尊却说：“王阳为孝子，我为重臣。”于是毅然踏上蜀道，毫无惧色。现存较早的《蜀道难》诗，如南朝萧纲、阴铿等人的作品皆写到了这一故事，故而有理由认为，《蜀道难》这一乐府古题就是根据这一故事改编的，因而艰险的蜀道，其实本就是一条“任官之路”。

我们细细揣摩李白的这首《蜀道难》，其实他是在前人的基础上建立起了一个比兴的体系——诗中的“蜀道”是指做官求仕之路；而蜀道那头的“锦城”乐土则是指仕途上的理想与追求，十分美好、令人向往，但必须经历艰难险阻才能达到。就为官之路而言，自古官民不通，对应着蜀道的第一重“难”；行之艰险曲折，对应着蜀道的第二重“难”；官场上小人当道、排抑贤才，对应着蜀道的第三重“难”。所以说，这首诗就是以蜀道为喻体，讽喻了追求政治理想道路的艰难，实际上也是李白艰难的半生，这也解释了为什么李白不曾去过蜀道，却可以写出这样动人的作品，因为他写的本就是自己的人生遭际。

“锦城虽云乐，不如早还家。”看透了这一点的李白，终于可以不再在官场上过屈心逆志的生活了，迎接他的将是一段崭新的快活人生。

第十七讲

痛饮狂歌

——喝不完的酒与唱不完的歌

一、“惟有饮者留其名”

天宝三载，由于政治追求实现的可能性愈发渺茫，生活又过于孤独，还有小人在侧、钩心斗角，李白终于决意离开宫廷这片本不属于自己的天地，唐玄宗也做了个顺水人情，将他“赐金放还”。

玄宗的“赐金放还”于李白而言，是一件悲喜参半的事情：悲的是支撑他人生信念的两根柱子——儒家治世理想与道教人格追求，其中一根坍塌了，使得他一度感受到了巨大的空虚落寞；喜的是他再也不必为二者不可兼得而纠结，从而摇摆于两端、蹉跎人生了。于是，离开长安宫廷的李白干的第一件事，便是去嵩山拜访他知交一生的道士朋友元丹丘。开元二十三年，李白初入长安归来后也是去找元丹丘倾诉，彼时的他其实还割舍不下政治追求与尘世繁杂，等待着时机到来再图进取，因而对于友人在嵩山中的清幽山居生活只有羡慕之情，并没有融入其中的心思。不过此番他的心境已大为不同，也许只有“高枕碧霞里”才能真的荡涤他心中的“纷喧”。

元丹丘不愧是李白的知心好友，一看见李白颓唐的样子，不待分说，便知道该怎么安慰他，赶忙取出山中珍藏多年、百里飘香的好酒，对李白说：“李兄，不必多言，这坛酒就是为今日准备的！”于是摆开酒席，拉他入座，恰巧元丹丘的另一位朋友，隐居在不远处九皋山上的岑勋也来看望他，三人便同席畅饮了起来。关于岑勋，大家可能不一定熟悉，但爱好书法的朋友应该知道，有一个楷书名作叫《多宝塔碑》，是颜真卿书写的，而这篇文章的作者，就是岑勋。

李白、岑勋、元丹丘三人坐在嵩山上元丹丘的山居庭院里，俯临黄河，推杯换盏，酣饮长歌。他们从日近薄暮喝到了月上中天，不觉中酒坛已经见了底，岑勋和元丹丘也认为酒意已尽，扶着李白想让他去休息。谁知已经喝得酩酊大醉的李白却将他们一把推开，又举着酒杯一边喝一边开始高唱起来：

君不见，黄河之水天上来，奔流到海不复回。
君不见，高堂明镜悲白发，朝如青丝暮成雪。

你们看，嵩山脚下那滚滚东去的黄河之水，如同从九天之上降落，带着无尽的气势与力量，奔流入海，一去不回，就像那伟大的历史长河——波澜壮阔、气象宏大、片刻不停地冲刷着如尘埃般的人类印记。回头看，悬挂于中堂之上的明镜中倒映出你我的影子，仿佛早晨还是满头青丝，到了晚上已白发如雪。这一年李白四十四岁，却已走完了人生三分之二的旅程，与元丹丘相识也近三十年了，回首往事如同一梦，故有“朝丝暮雪”之感。一边是奔腾不息的时代洪流，一边是转瞬即逝的蹉跎人生，当两者交织于李白一身，碰撞出的当然是不可遏制的浩然之气和宇宙遐思，人们常说这两句诗大气磅礴，除了交通天地、勾连盛衰的诗境之外，更源于其背后蕴含的深刻哲思。既然黄河水东流和青丝变白发都是不可扭转的自然规律，身处其间的人也当安然处之，毕竟在此时的李白心中，快乐才是人生的第一要义：

人生得意须尽欢，莫使金樽空对月。

天生我材必有用，千金散尽还复来。

烹羊宰牛且为乐，会须一饮三百杯。

人生得意之时就要尽情享乐，不要让盛满美酒的金樽空对明月，辜负了美景良辰。而倘若人生不得志，也要相信“天生我材必有用”，总有自己志向伸展之时，纵使千金散尽，也定会重新拥有。显然李白眼下的处境属于后者，这份遭遇挫折后仍保有希望与信念的积极心态，虽然是借酒而生的一时豪言壮语，但却鼓舞着世世代代的追梦之人。无论如何，既然东道主元丹丘已经置下了牛羊酒肉，邀来了同座的宾朋，这顿酒是要痛痛快快喝上三百杯才算尽兴的。李白说罢这些，岑勋和元丹丘也意识到了，心中有事借酒消愁的人，往往要比平时更容易喝醉，故而明明喝的分量差不多，两人都还清醒，李老兄却已经醉得不轻。二人稍稍避席，正商量着该如何安抚这位醉客，却又听得李白一声高喊。只见他拿着酒杯跌跌撞撞地冲着他们走了过来：

岑夫子，丹丘生，将进酒，杯莫停。

与君歌一曲，请君为我倾耳听。
钟鼓馔玉不足贵，但愿长醉不复醒。
古来圣贤皆寂寞，惟有饮者留其名。

“老岑、小元，来来来，不要停杯，咱们接着喝！你们是觉得干喝没有意思吗？那我就给你们唱首歌助助兴，你们可要侧着耳朵听好了！”说着说着，李白就唱了起来，两人哭笑不得，也跟着随声附和。歌声中，李白表达了这样的意思：音乐美食财宝带给人的快乐是表面的，只有酒后的沉醉不醒才真正让人超脱；自古追求圣贤功名的人，都是寂寞难耐，只有懂得饮酒之乐的人，才能留下万古美名！这显然是针对他被“赐金放还”的处境而言的，作为知己的元丹丘自然听出了曲中之意，又怕他心中郁结得不到疏解，越喝越愁，忙劝解说：“李老兄，你看这酒坛也见底了，家里也没钱买酒，今天就喝到这儿，咱们也尽兴了，还是早点休息吧！”这种理由当然搪塞不了李白，他说道：

陈王昔时宴平乐，斗酒十千恣欢谑。
主人何为言少钱，径须沽取对君酌。
五花马，千金裘，呼儿将出换美酒，与尔同销万古愁。

曹植曾在《名都篇》中渲染名都公子宴会取乐的场面说“归来宴平乐，美酒斗十千”，其实表现的是一种大同社会的盛世理想，李白认为自己才干不在曹植之下，故而也追慕起他的风流。至于钱，当然是不差的，他牵过太原元府君送的五花马，拿出宫里皇帝赏赐的千金裘，叫出了元丹丘的小儿子说：“把这些拿去，多换些好酒回来！我要与你父亲和岑伯伯喝个一醉方休，解除万古之愁！”什么是“万古愁”？开篇便已揭示，就是人生苦短和宇宙无穷的矛盾，这也是所有苦痛的根源所在。至于如何消愁，仅仅靠喝酒当然是不够的，但从“与尔同销”就不难看出，岑勋与元丹丘的选择也就是李白的出路，安心归隐，求仙访道，便能够最大限度地超脱。

这首万古流芳的《将进酒》便是在这样的背景中创作出来的，诗歌的诞生首先便印证了诗中“天生我材必有用”这句颠扑不破的格言。诗歌首尾呼应，诗境曲折起伏，感情充沛，意脉贯通，很难让人相信，这是一个酩酊醉翁笔下的杰作，它完美诠释了什么叫作天才手笔，“太白斗酒诗百篇”的美名更是得到了最好的印证。

不知又折腾了多久，李白才醉醺醺地睡下，毕竟在梦中，一切烦恼都不会打扰到他。

二、传奇的梁园之游

李白在嵩山上住了数日，元丹丘对他做了许多开导，他终于下定决心，要接受道箓，成为一名名副其实的道教徒，只不过这份手续要回到山东去办。于是他辞别元丹丘，离开嵩山，又一次来到了不远处的东都洛阳。这次洛阳之行促成了一次堪比“孔子见老子”的奇妙相逢，更成就了一段熔铸诗国精魂的伟大的旷世友谊——李白在洛阳见到了杜甫。

此时的杜甫三十三岁，刚刚结束一段快意的齐赵之游，怀着“会当凌绝顶，一览众山小”“致君尧舜上，再使风俗淳”的壮志豪情，对美好的前程充满幻想；李白作为一个长安归来的失意人，既不愿打破杜甫的初心幻想，也不忍心看着他重蹈覆辙，这种情绪，让他想到了十年前洞庭湖畔王昌龄的那句“山长不见秋城色，日暮蒹葭空水云”，也理解了王昌龄那份一言不发的无奈。虽然世道如此，惆怅萦绕心头，但伟大灵魂的相会总归能让人振奋，李白与杜甫就此开启了他们的诗酒交游。

一见如故的李白、杜甫相约一同去名胜梁园游玩，杜甫还叫上了另一位好友，居住在梁园附近的大诗人高适。此刻的高适也处在失意之中，需要一场快意风流，于是欣然同往。梁园位于开封附近，是西汉梁孝王刘武所建，供他和文学名士们田猎游玩、饮酒赋诗的地方。这里诞生了汉大赋这一文体，成就了枚乘、司马相如等一批著名的辞赋家，此番李白、杜甫、高适的同游宴饮、行吟赋诗，无疑为这片沉寂近千载的古池苑注入了新的灵气与诗魂。

还是青年后进的杜甫写了一些小诗，可惜没有流传下来，不过此行的一些回忆成为他晚年名篇《昔游》《遣怀》诗的素材；以边塞诗见长的高适创作了一首《甲申岁登子贱台》，诗境古朴苍凉，深得建安风骨；相比之下，心境最为失落的李白反而写下了最具盛唐风韵的名篇《梁园吟》，并由此引发了一段浪漫故事。先来看这首诗，开篇交代了自己的行迹与诗歌的创作背景：

我浮黄河去京阙，挂席欲进波连山。
天长水阔厌远涉，访古始及平台间。
平台为客忧思多，对酒遂作梁园歌。
却忆蓬池阮公咏，因吟渌水扬洪波。
洪波浩荡迷旧国，路远西归安可得！
人生达命岂暇愁，且饮美酒登高楼。

李白离开宫廷后乘船离开长安，高扬起风帆，在如山般的滚滚波涛推送下，经由渭水、黄河而下，饱尝了远游的辛苦，方才来到古老的梁园。比起路途的辛苦，更令人痛苦的还是理想的破灭，于是这位忧思难抑的客人对着高朋和美酒，唱起了这首《梁园吟》。此情此景，让李白想起了魏晋诗人阮籍，他曾在泛舟蓬池时写下“渌水扬洪波”的名句——阮籍生活的年代是政治最为昏暗的时期，他笔下的洪波正衬出了自己的身世飘零。李白同样被这浩荡的洪波所摇摆，迷失了人生的方向，想要西归重新寻梦已是万万不能，只好带着美酒登上高楼，且追求人生的快意，方才称得上乐天知命。由愁苦到豁达，李白实现了自我开解，这不得不说是道教思想的功劳。当李白的双重人生理想中有一个坍塌的时候，另一个还能支撑着他的信念，这也是他能尽最大可能保持乐观人生态度的根源所在。接着，李白由登楼饮宴的景象写到了怀古之思：

平头奴子摇大扇，五月不热疑清秋。
玉盘杨梅为君设，吴盐如花皎白雪。
持盐把酒但饮之，莫学夷齐事高洁。
昔人豪贵信陵君，今人耕种信陵坟。
荒城虚照碧山月，古木尽入苍梧云。
梁王宫阙今安在？枚马先归不相待。
舞影歌声散绿池，空余汴水东流海。

梁园之游是在五月盛夏，但在水滨高楼之上，又有仆从扇风，丝毫不觉得炎热，甚至让人误以为是在清秋时节，桌上摆着鲜嫩多汁的杨梅和洁白如雪的盐——大概那个时候饮酒饮茶都是要用盐来调味的。面对这样的盛宴，就应该尽兴游乐，只管拿起酒杯喝个痛快，千万不可学伯夷叔齐，只落得高洁的虚名。梁园也是战国时魏国故地，遥想当时的信陵君，窃符救赵，堪称一世雄豪，可如今千载过去，只剩下一垒坟茔，人们在坟头耕种，就连这留在世间的最后印记也被年复一年平淡的生活磨去，独有古树参天，围绕着明月照耀下的荒城；梁孝王也是一代英豪，当年的梁园占尽了天下风华，可如今这些宫阙和歌舞升平的记忆早已随着枚乘和司马相如等人的离去，化作了丘墟，散入了池水，随着一条汴河滚滚东去，淹没在了时空的海洋里。李白引两位古人的今昔对比，只为说明身后浮名的虚诞和及时行乐的必要，同时也是为了给自己的政治失意再找寻一份心灵的慰藉。诗歌的最后，他感慨道：

沉吟此事泪满衣，黄金买醉未能归。
连呼五白行六博，分曹赌酒酣驰晖。
歌且谣，意方远。
东山高卧时起来，欲济苍生未应晚。

想到这些事情，不觉得泪水沾满了衣裳，这份根植于宇宙和人生之间的矛盾，无论什么人都不可能跳脱，自然也不能够在心中彻底消退，哪怕与知己用黄金买醉、哪怕不顾一切分曹赌酒，时光流逝终究不可挽留。《梁园吟》唱至此处，内涵越来越深远，李白不敢也不愿往下再想，他宁愿相信未来还有希望，希望自己能像谢安一样，高卧东山之余，还有机会起来赈济苍生，也算为时不晚。从整首诗来看，李白此时的内心是极为矛盾的，宫廷生活的失意浇灭了他的理想之火，与元丹丘的交谈坚定了他对道教的信仰，然而与杜甫、高适的相逢却让他关于文人政治的美好理想又死灰复燃——他似乎重又回到了在两重人生追求中纠结的轨道上，这既是李白人生的不幸，却又是中国诗歌史最大的幸运。

当然，对李白而言，还有一件幸运的事，那就是写下这首《梁园吟》后不久，李白第四次走进婚姻的殿堂，他迎娶了一位宗氏夫人。这位宗氏夫人也是一位宰相的孙女，她的祖父是武后朝的宰相宗楚客，所以有人戏称李白专娶宰相家的孙女。相传这位宗氏夫人正是因为读到了《梁园吟》才对李白芳心暗许，成就了这段姻缘佳话的。

三、“梁甫吟，声正悲”

梁宋之游后，李白与杜甫、高适暂时话别，并与杜甫约定来年同游齐鲁，而后便独自先行回到了东鲁家中。回到家中再没有好友陪伴的李白，这才感受到了离开长安以来最严重的孤独落寞，临行之际留下的那句“我辈岂是蓬蒿人”的豪言壮语而今看起来越发像个笑话。百感交集的李白以悲歌的笔调写下了名篇《梁甫吟》，开篇便是一声长啸：

长啸梁甫吟，何时见阳春？

《梁甫吟》是乐府古题，本是丧歌，后来被改编成为表现士人隐逸志向的诗作，我们熟知的诸葛亮隐居隆中的时候，便好作《梁甫吟》。李白此时虽然抱定了隐逸求仙的心思，但心中多少还有不甘，只觉得世道充满了寒冷与黑暗，故才会追问“何日见阳春”。紧接着，他举了两辈古人的例子，只为说明大圣大贤也有落魄之时，既是为自己开解，也多少蕴含着为此行的失意挽回些颜面的意味：

君不见，朝歌屠叟辞棘津，八十西来钓渭滨。
宁羞白发照清水，逢时吐气思经纶。
广张三千六百钓，风期暗与文王亲。
大贤虎变愚不测，当年颇似寻常人。
君不见，高阳酒徒起草中，长揖山东隆准公。
入门不拜逞雄辩，两女辍洗来趋风。
东下齐城七十二，指挥楚汉如旋蓬。
狂客落魄尚如此，何况壮士当群雄！

“朝歌屠叟”是姜子牙，“高阳酒徒”是郦食其，他们落魄市井之时，没有人想到这样的人能够有一番作为，然而一旦机遇降临，他们都成就了自身。那些落魄失意的狂客尚且如此，何况我正值壮年、智勇双全的李白呢？可是问题来了，前番败走长安，李白将原因归结为时运，此番时运到了，他也进了宫廷做了官，到头来还是失意而归，这次的失败又将归因何处呢？很快他就给出了答案：

我欲攀龙见明主，雷公砰訇震天鼓。
帝旁投壶多玉女，三时大笑开电光，倏烁晦冥起风雨。
阊阖九门不可通，以额扣关阍者怒。
白日不照我精诚，杞国无事忧天倾。
猰貐磨牙竞人肉，驺虞不折生草茎。
手接飞猱搏雕虎，侧足焦原未言苦。
智者可卷愚者豪，世人见我轻鸿毛。

力排南山三壮士，齐相杀之费二桃。

吴楚弄兵无剧孟，亚夫咍尔为徒劳。

这样一长段文字，其实指向了一个结论——小人用事。李白先是运用比兴手法，将自己比作攀龙飞天的勇士，想要拨开重云，让精明的白日照耀大地，而将朝中宵小比喻为天帝身旁投壶玩乐的女子，她们操弄电光风雨，控扼阊阖九门，阻塞自己的升天之路，纵使使尽浑身解数，与猛兽搏斗，也没能有所作为，只得徒然叹息。而后李白又引了“二桃三士”“剧孟去楚”两个典故，前者讽刺了弄权者对于有才之人的嫉恨与迫害，后者则指明了人才流走对于朝政的损失。想到此处，李白忧心忡忡，更是悲愤难耐，就算他可以接受自己政治理想的失败，也绝不甘心让这份伟大葬送在小人之手，更何况理想的背后承载着亿万黎庶的安宁幸福。最后，他再度长啸长叹，声音更为悲切：

梁甫吟，声正悲。

张公两龙剑，神物合有时。

风云感会起屠钓，大人岘屼当安之。

“两龙剑”是指干将、镆铘两把宝剑，相传曾一度失落分散，后又神奇般的复合，化作蛟龙腾空。李白渴望自己及自己的政治追求也能像这两龙剑一样，历经一时的分散，最终依然契合。同时，他也安慰自己，这样的奇迹发生是要等待时机的，对于眼前的坎坷姑且安心地对待，才能遇到新的机遇。

进行了不止一次的这样的自我排遣，李白才又渐渐平复了心情、接受了现实，重又过回了他本已习惯的纵情山水、安享田园的生活。然而经历了“天上人间”与“金井梧桐”的李白，似乎又觉得这种平淡生活还是和往常有些不同的。那么到底不同在哪儿呢?

第十八讲

青崖白鹿

——奉旨“公费旅游”到底快不快乐？

一、“仙圣”同游

李白被“赐金放还”后离开长安，在元丹丘的嵩山山居写下了名作《将进酒》，又到洛阳与杜甫相逢，同游梁宋，写下了《梁园吟》，而后回到东鲁家中。临别之际，二人约定，等到来年春和景明，要同游齐鲁，再续前缘。之所以约定在齐鲁，是因为李白家住这里，而杜甫的父亲也在兖州做官，于二人都很方便。

天宝四载，杜甫如约前来，只不过比约定的日子晚了半年，二人重逢已是秋日。分开的这段日子里，李白还是时不时感到愁苦难耐，常常借酒消愁，杜甫一见便觉得他状态不佳，送上一首诗予以关怀激励，说他：“痛饮狂歌空度日，飞扬跋扈为谁雄。”李白对此又愧疚、又无奈，毕竟自己也不愿这样，只是时运使然，无力扭转。但同时李白多少也感到了几分欣慰，因为杜甫来了，他终于可以不那么孤独寂寞了。

他与杜甫先去了北海，拜谒当时的文坛领袖李邕。李白与李邕算是故友重逢。开元八年（720）前后李邕在渝州为官时，李白曾去拜访过他，写下著名的《上李邕》，喊出“大鹏一日同风起，扶摇直上九万里”的豪言壮语，给对方留下了深刻的印象。而今二十多年过去，李白正处于诗中“风歇时下来”的境况，而李邕也早已不比昔时风光，不但被玄宗疏远，文坛领袖的身份更是让他受尽了权臣的排挤，故而他们的重逢多少有种末路英雄相惜的意味。对于一位昔年故交、一位青年才俊的特意前来，李邕感到非常开心，不但陪他们同游，到了历城，也就是今天的济南，还在大明湖中新建的历下亭设下盛宴，招来山东名士一同款待他们。杜甫感激之下即席作《陪李北海宴历下亭》，描绘了宴会的盛况。李白虽然没有诗作传世，但应该也痛快畅饮了一场。

作别李邕之后，二人还一同去看望了一位叫范十的隐士。不要小看这次寻访活动，因为此行诞生了现存唯一一组“诗仙”“诗圣”同时创作的诗歌作品，这是非常具有纪念意义的。杜甫的诗作《同李十二白同游范十隐居》着重于讲李杜二人的交谊；而李白的《寻鲁城北范居士，失道落苍耳中，见范置酒摘苍耳作》则更侧重表现寻访途中探幽览胜和隐居之中置酒高会的经历。起首八句先交代了出访的背景：

雁度秋色远，日静无云时。
客心不自得，浩漫将何之。
忽忆范野人，闲园养幽姿。
茫然起逸兴，但恐行来迟。

晴空无云，天朗气清，大雁成对飞过，昭示着秋意渐浓。大雁南飞的画面难免让李白心生惆怅，他将其归结为客心萌动。但我认为并没有这么简单，因为相对于思乡的客子而言，李白此时更像是一个不知该往何处去的飘零人，寄居在这广大的天地之间，这份愁情远比思乡之情要深广得多。他与杜甫正手拉着手不知该往何处去，突然间想起了一位叫范十的山野朋友，他在风景极佳的园林中过着清幽闲适的隐居生活，十分令人羡慕。于是二人突然起了寻奇的逸兴，骑上马来了场说走就走的郊游，唯恐去得迟了，错过大好风光。接下来四句写路途中的一个小波折，显得饶有兴味：

城壕失往路，马首迷荒陂。
不惜翠云裘，遂为苍耳欺。

范十的居所在山野深处，李白几年前曾去过一次，道路不熟，走着走着就在城外的荒郊野岭迷了路，胯下的马一见陌生情景，受到了惊吓，竟直接把李白摔了下来。好巧不巧，李白摔下的地方正是一片苍耳丛。苍耳大家可能都见过，就是我们生活中说的“沾沾草”，球状的果实上长满了小刺，一下就能沾到皮毛质地的衣物上。李白这天穿的正是一件自己十分喜欢的翠云裘，他起身一看，毫不意外地沾了一身苍耳，简直成了个大刺猬。一旁的杜甫见状忙过来帮他摘，免不了要安慰几句，不过李白也能感受到杜甫心中的偷笑，匆匆收拾之后便也哭笑不得地带着一身毛刺打马继续前行。高傲的李白这次可是饱受了苍耳的一股窝囊气。功夫不负有心人，几经周折之后，二人终于找到了范十的隐居所在，主人范十十分热情地接待了他们：

入门且一笑，把臂君为谁。
酒客爱秋蔬，山盘荐霜梨。
他筵不下箸，此席忘朝饥。
酸枣垂北郭，寒瓜蔓东篱。
还倾四五酌，自咏猛虎词。
近作十日欢，远为千载期。
风流自簸荡，谑浪偏相宜。
酣来上马去，却笑高阳池。

他俩一进门，范十见李白一身毛刺，拉着他的胳膊大笑不止，问他这一身毛刺是为谁而生，李白半害羞半自嘲地岔开话题，向范十引荐了杜甫。而后主人在后堂设宴，众人开始了一次欢乐的酒会。山居之中虽无珍馔佳肴，但有新鲜的有机果蔬，比如秋日新摘的青菜和甜如霜蜜的大水梨。富贵公子出身、吃惯了山珍海味的李白、杜甫，在别的宴会上都不轻易动筷子，到了这里却像饿久了的兔子一样，敞开怀大吃一通，不一会儿就把桌上的美味吃完了。范十又到北墙根儿去摘来大枣，东篱下去挖出寒瓜，继续招待这两位贵客，还端出自酿的美酒，与他们推杯换盏，唱着自己写的《猛虎词》为他们助兴，请他们指教。不得不说，这实在是史上最奢华的一堂诗歌家教课！李、杜也都非常开心，醉醺醺地说要留下来玩上十几天，还约定千载之内时常前来探访——谁都知道这是玩笑话，但此情此景下，重要的是欢乐的气氛，无论手舞足蹈还是大言调笑都是合乎时宜的，哪管什么真话假话呢？不知不觉，时光流转，游览尽兴，也到了离别的时刻，两个醉客骑上来时的马，唱着歌大笑着离开了范十山居。李白心想，也只有当年在山简的高阳池才有这般欢乐的情景吧。这首诗写得活泼生动、饶有兴味，画面感极强，体现了诗人对于自然真趣和至交之情的无比推崇，而这样生动感人的诗作，是完完全全建立在真实生活体验上的，这也足以证明与杜甫同游给李白带来的由衷快乐。

欢乐的时光总是短暂易逝的，在经历了一段“醉眠秋共被，携手日同行”的美好交游之后，李白与杜甫终于还是到了分离的时刻。天宝五载，杜甫得知玄宗将于明年举行制举考试，决意西入长安求取功名。李白虽然知道这是一条不归路，但也心知拦他不住，只好带着不舍与祝福送杜甫离开，临别之际成诗：

醉别复几日，登临遍池台。
何时石门路，重有金樽开。
秋波落泗水，海色明徂徕。
飞蓬各自远，且尽手中杯。

这首诗题为《鲁郡东石门送杜二甫》，“鲁郡”就是李白居住的瑕丘，“石门”是第十二讲中提到的那座小坝桥，杜甫在宗族同辈中排行老二，故称“杜二”，这是唐人论行第的叫法。这首诗的前四句表达送行之际的不舍：距离分别还有几日的时候，两人就开始痛饮大醉，游遍池台，试图多留下一些美好的记忆，不忍面对即将到来的分别。因为不知道此别之后，还要等到何时，才能在这石门的道路上再度与杜甫把酒话重逢。下四句是对前路的展望：漾漾的秋波摇荡在眼前泗水，熠熠的海色映亮了远山徂徕，山高水长的天地之间，分离的人就像飞蓬般各自飘远，也只能饮尽手中的饯行酒，彼此道一声前路珍重了。

杜甫离去之后，李白依然在家中闲居，照顾孩子、照料田地和炼丹修道成了他日常生活的三部曲，再有便是常常思念杜甫。有人开玩笑说杜甫一生视李白为知己，李白却不把杜甫当回事，这是不对的，不信就看看下面这首诗：

我来竟何事？高卧沙丘城。
城边有古树，日夕连秋声。
鲁酒不可醉，齐歌空复情。
思君若汶水，浩荡寄南征。

这首《沙丘城下寄杜甫》当作于收到杜甫的来信之后，诗中真切地表达了李白对杜甫的思念。首句的“我来竟何事”大概是杜甫来信问候的话语，他回答道：“我能做什么事呢？不过是整日在古树参天、秋声连绵的沙丘城中高卧罢了。”他想起杜甫曾叮嘱他不要“痛饮狂歌空度日”，还特意做出回应，说自己酒也不喝了、歌也不唱了，因为没有杜老弟，只觉得酒都没有香味、不能醉人，歌也徒有曲调、难以传情。他将自己对杜甫的思念比作门前滔滔流淌的汶水，日夜不停绵延不断地向南流去，不知何时才能传到杜甫的手中。

此后，李白与杜甫终生都没能再次相遇，而是各自历经蹉跎、坎坷浮沉，但他们在彼此心中始终是知己与信仰般的存在。这份伟大的友谊与他们的诗歌成就一样，经受了历史的考验，使得“诗仙”“诗圣”齐名的佳话传诵至今，也让这一对知己和挚友以另一种方式长久地共存于史册和诗国的巅峰！

二、梦一场

所谓“曾经沧海难为水”，虽然李白生活的时代还没有这一句诗，但道理已然存在。习惯了盛世繁华、诗酒风流的长安生活的李白，越发难以忍受东鲁小城的平淡日常，加之他想念分散在各地的知交故人，便决心离家远游一番。好在经济和精力对他而言都不是问题，孩子们也都逐渐长大，已经可以在家中独当一面，可以放心地把他们交给宗氏夫人，不致让她太过劳累。关于远游的目的地，他倒还没有考虑清楚，只有两个大致的意向：南下或北上——这其实代表着两种不同的人生道路选择：南方多名山大川，是求仙访道之所；北方则有的是边塞雄关，乃英雄用武之地。正在他纠结不定之际，一场梦境给了他最好的答案，这场梦记录在李白的名篇《梦游天姥吟留别》中。梦的缘起，来自人们对海上仙山的谈论：

海客谈瀛洲，烟涛微茫信难求。
越人语天姥，云霞明灭或可睹。
天姥连天向天横，势拔五岳掩赤城。
天台四万八千丈，对此欲倒东南倾。

在道教体系中，东海之上有三座仙山——蓬莱、瀛洲、方丈，自古以来无数求仙访道之人都想要寻觅这三座仙山的踪迹，但都因为大海的烟波浩荡和仙踪的细微渺茫而难以得志。不过，在越地人们的口中，有一个退而求其次的选择，那便是天姥山，其上云霞明灭，似有仙光瑞气，或许在那里可以一睹神仙的踪迹。天姥山山势高大，仿佛与天相连，横亘天地之间，其山势远超中原五岳，也盖过了当地有名的赤城山，就连号称四万八千丈的吴越第一名山天台山，也要向东南叩拜，臣服在它的脚下。这印证了李白南下是为了求仙访道。关于梦境背景的描绘已经这样神奇缥缈，对梦境世界本身的展现自然就更加精彩了：

我欲因之梦吴越，一夜飞度镜湖月。

湖月照我影，送我至剡溪。

谢公宿处今尚在，渌水荡漾清猿啼。

所谓日有所思，夜有所梦，用尽一生心力追寻仙道的李白，听闻天姥山的故事之后，自然将全部的心思都投在了上面，到了晚上还会随之翩然入梦：他望着天上澄明如镜的月亮，只觉它仿佛是镜湖水中的倒影，渐渐迷离了双眼；等到回过神来环顾四周，才发现自己竟已飞越关山，来到了吴越之地，眼中所见的已确是镜湖水中月亮的倒影；不一会儿，心思转换，他又随着月影，从镜湖畔来到了群山环抱中的剡溪，而巍峨高大的天姥山已跃然眼前——梦境之中。场景转换了两次，唯一相同的线索便是“月光—目光”之间的连线，此外一切的意象都在虚实间不断转换，这种以主观想象与感知展开画面的叙述模式，当代文学领域称之为“意识流”。这个概念提出于1918年，而李白在早于此1172年的时代便已经将这种手法运用到了出神入化的境界。我们随着李白的梦境继续前进：剡溪畔有谢灵运的故居，谢灵运是中国山水诗题材的确立者和第一位集大成者，也是李白最为推崇的偶像之一。他出身高门大族，一生寄情山水、游心太玄，活得逍遥自在。李白怀着理想，来到偶像的住处，看到青山绿水依旧，还有清亮的猿啼之声，寻幽览胜的心思一下子就被激发了起来：

脚著谢公屐，身登青云梯。

半壁见海日，空中闻天鸡。

千岩万转路不定，迷花倚石忽已暝。

熊咆龙吟殷岩泉，栗深林兮惊层巅。

云青青兮欲雨，水澹澹兮生烟。

为了向偶像致敬，他特意穿上了谢灵运发明的“谢公屐”——这是一种可拆卸的登山鞋，通过调整前后挡板的高度，可以调节上下山路程的坡度，从而达到如履平地的效果。李白从山脚沿着高耸入云的天梯开始攀登，不知过了多久，只听到天外的一声鸡鸣划破长空，紧接着便看见朝霞染红天际，一轮红日从海天尽头而出、冉冉升起。“半壁见海日，空中闻天鸡”一句，不但胜在气象的雄浑壮大、词句的凝练精到、感官的联动交织，更以一种孕育着无限可能的蓬勃生气唱响了时代的强音，是李白将盛唐气韵熔铸进魏晋风流的惊天手法！跟着李白的足迹继续攀登：天姥山的高峻超乎想象，在千岩万壑之中兜兜转转，还没有找寻到确切的登顶之路，便已被山野间盛开的花丛迷乱了双眼，只好倚靠在巨石上暂时喘息；却又听见熊的咆哮和龙的啼吟之声回荡在山间泉石上，使得层林都为之战栗，甚至整座山峰也为之震颤。这样的景况不禁让李白有些害怕，就连我们也跟着担忧起来。不一会儿，云色转暗，天空似要下雨，山间的水波也开始动荡，升起层层烟雾。看来，将有大事发生：

列缺霹雳，丘峦崩摧。

洞天石扉，訇然中开。

青冥浩荡不见底，日月照耀金银台。

霓为衣兮风为马，云之君兮纷纷而来下。

虎鼓瑟兮鸾回车，仙之人兮列如麻。

忽然，一道闪电破空而出，四野随之震雷般炸响，山岳峰峦崩塌倾倒，一道石门突然于空中显现，又“訇”的一声两扇大开。石门背后仿佛正是那个无数人求之不得的神仙世界，李白站在门口眺望，只觉得空间向无尽的天宇展开，无边无垠、深不见底。只有神仙居住的金银台闪耀夺目，它的光芒就像日月一样喷薄而出，照亮了门外期盼和向往的目光。转眼间，霓虹变作了飘扬的衣衫，疾风化为了飞驰的骏马，云端的仙人纷纷披衣驭马从九天之上飞落而下，那一旁，白虎铿锵鼓瑟，青鸾驾着仙车，带着更多的仙家前来相会，不一会儿就已经集结得密密麻麻。李白心中一阵欣喜，这是周天神仙前来引他飞升的，看来云霞明灭的天姥山确非寻常之地，自己追求了数十年的神仙梦想，实现终于就在眼前了。而正当他欣然接受邀约，将要与如麻的仙人同乘云车飞升的时候：

忽魂悸以魄动，怳惊起而长嗟。

惟觉时之枕席，失向来之烟霞。

世间行乐亦如此，古来万事东流水。

我们大概都有过这样的经历，当美梦做到最关键的时候，往往会突然醒来，让人觉得意犹未尽，这是有着生理学依据的。李白也写得真实——只觉得自己魂魄悸动了一下，便突然从梦中惊醒，心向往之的云霞、烟雾、金光、神仙通通不见，只剩下了枕头、床榻和空荡荡的房间。李白这才意识到，原来一切不过是一场梦境。庄子曾探讨过人生与梦境的区别，而在李白看来，无论现实还是梦境，其实都是一样，终究会随着历史的长河滚滚流去，什么也不会剩下。真正能改变这一切的方式或许只有得道成仙，如若不然，短暂人生的正确打开方式，便是随心所欲、及时行乐，不要被虚幻的浮名牵绊，更不要为了所谓的理想而屈心逆志。总之不论什么理由，梦境已经给了李白启示，这趟天姥山是非去不可的。于是，他和山东的家人、父老、朋友作别，踏上了南下的旅程：

别君去兮何时还？
且放白鹿青崖间，须行即骑访名山。
安能摧眉折腰事权贵，使我不得开心颜！

“君问归期未有期”——倘若得道飞升，此番便是最后的别离；倘若寻仙不得，骑白鹿踏遍青山、纵横四海便也是李白向往的生活方式。只要不为了功名利禄在权贵面前摧眉折腰，处处都可以是李白开怀大笑的天地！

于是，李白在北上和南下两条道路中，义无反顾地选择了南下，也意味着他选择了一条远离政治追求、寻觅自在人生的道路。然而，这条路他走得通畅吗？他真的能彻底割舍自己对于盛世理想的眷恋吗？

第十九讲

凤去台空

——没有了梧桐，凤凰该往何处去？

一、“凤凰台上凤凰游”

与杜甫同游结束的李白，在“北走”与“南游”两条影响着人生走向的道路中，因为一场突如其来的梦境而选择了后者，并立誓“安能摧眉折腰事权贵，使我不得开心颜”。于是，在天宝五载岁末，李白追寻着梦中的踪迹，踏上了南下的旅途。

南下的第一站是广陵，开元十五年，意气风发的青年李白刚刚出峡便邂逅了这里的盛世风流，并留下了“东游维扬，不逾一年，散金三十余万”的佳话；后来又曾在黄鹤楼送孟浩然“烟花三月下扬州”，诗句流传千古，也算是他与扬州的一段另类缘分；如今，他昔日接济过的不少落魄公子都已经时来运转，成为当地的豪绅大户，出于报恩，对他盛情款待，李白也就在这里停驻了不少时日，临别之际还留诗话别：

忆昔作少年，结交赵与燕。
金羁络骏马，锦带横龙泉。
寸心无疑事，所向非徒然。
晚节觉此疏，猎精草太玄。
空名束壮士，薄俗弃高贤。
中回圣明顾，挥翰凌云烟。
骑虎不敢下，攀龙忽堕天。
还家守清真，孤洁励秋蝉。
炼丹费火石，采药穷山川。
卧海不关人，租税辽东田。
乘兴忽复起，棹歌溪中船。
临醉谢葛强，山公欲倒鞭。
狂歌自此别，垂钓沧浪前。

这首《留别广陵诸公》开篇八句便交代了自己早年间与广陵诸公的结交经历，回忆了二十多年前那段用宝剑名马联系起来的少年交谊，而后则感慨了自己追逐初心半生，到老却一无所获的无奈。其后八句更是直接指向了自己失败的为官经历：空有常伴君王之名，却束缚住了自己的壮志；为了迎合朝廷的风气，不得不摒弃清高贤明的操守；虽然一度被天子的圣明所眷顾，在御前挥毫泼墨、大显文采，却还是在求之不得的梦想和被束缚的自由中进退失据，最终坠落平地，只好回到家中清虚自守，在秋日寂寥中砥砺自己贞洁的品性。这是李白诗歌中少有的趋近于现实主义风格的人生回顾，反映出了两个问题：一是朝中为官的经历对李白的影响和打击真的很大，大到动摇了他的人生信念；二是随着一次次拼搏、探索与奋争、失意，李白意识到，自己真的老了，要对人生做一些总结与回顾了。再往后的八句是对下一段人生的展望：炼丹、采药、入海、耕田，兴来则乘船放歌，巡游五湖之上，或饮酒取醉，倒于月下花间——这份追求再度印证了他南下的人生道路选择。最后，李白在狂歌中与众人作别，并相约沧浪垂钓，足见其快意洒脱。

结束了在广陵的停留，李白继续前进，于天宝六载初春来到金陵，这里同样有美好的记忆，甚至还有不少青春悸动的风流韵事。然而，虽然面对的同样是“风吹柳花满店香”的融融春光，李白却早已过了“郎骑竹马来，绕床弄青梅”的年岁。在扬州的宾朋面前还能够乐观张扬的他，独自一人面对着阔别二十年的江南之春，一种难以抑制的沧桑感和孤独感在心中油然而生。

这一日，李白来到金陵城西的凤凰山上踏春。相传刘宋时期这里曾有三鸟翔集，其鸟文彩五色，状如孔雀，音声协和，众鸟群附，故而人们认为是天降祥瑞，凤凰驾临，把这里称作凤凰山，还在山上筑起一座高台，名为凤凰台。李白此行的目的正是这座凤凰台。当李白登上凤凰台，俯瞰金陵，远眺长江，天地广大、宇宙无穷与人生如寄、岁月无情的感慨立时化为涌动的诗情喷薄而出，于是诞生了他一生成就最高的近体诗作《登金陵凤凰台》：

凤凰台上凤凰游，凤去台空江自流。
吴宫花草埋幽径，晋代衣冠成古丘。
三山半落青天外，二水中分白鹭洲。
总为浮云能蔽日，长安不见使人愁。

开篇一句“凤凰台上凤凰游，凤去台空江自流”，看似平淡无奇，实则意蕴丰富，堪称警绝。句中的三个“凤凰”表面上重复，实则各有所指：第一个“凤凰”当然是指凤凰台，点明创作的地点与环境。而凤凰台上是何人来游呢？就是李白自己，故而这“凤凰游”中的“凤凰”其实是李白的自比。之前讲过，凤凰是杜甫一生的图腾，因为它是百鸟之王、祥瑞之鸟，是太平盛世的象征，也是寄托着文人士子们最高治世理想的文化符号。李白借此表达了自己的理想与抱负。所以诗歌的第一句，既交代了李白来游凤凰台这一事件，也表明了自己的盛世理想与期待，同时两度对“凤凰”的强调其实激起了读者的期待——凤凰台上本该有凤凰游！这也使得紧接着的四个字充满了力度——“凤去台空”，瞬间将已经被激发的期待打破，让人感受到强烈的落差。

我们再结合凤凰的文化内涵来仔细思考。作为一种祥瑞之鸟，凤凰的出现往往意味着太平盛世的到来，反之，凤凰的离去，自然也就意味着太平盛世的隐去。所以“凤去台空”，不只是说眼前的凤凰台上一无所有，更是暗指大唐江山盛世已去，这就使得这首诗带有了沉沉的历史厚重感。而诗歌的内涵到此还没有结束——凤凰台下便是滚滚东流的长江，就好像人事与自然交相辉映，可是无论凤凰在与不在，长江的奔流从不止息，就好比无论人世间盛兴还是衰亡，自然天地的运转从不为之变易。“江自流”的一个“自”道出了宇宙的沧桑无情。站在凤凰台上以凤凰自比的李白，感慨眼下所处的不是一个能让凤凰出现的时代，而这一切都是历史规律注定的，丝毫不可更改。理想的破灭、境遇的孤独、宿命的无奈从苍茫天地、悠悠古今中一齐袭来，将万千愁绪凝结于一身，这便是这十四个字传达出的深度与力度。

首联不但是集深度广度于一身的警句，同样也是全诗的纲领。既然指出了人事的兴衰变化和自然的沧桑无尽，中间两联便分别对这两个主题进行了阐发。颔联写昔日建都金陵的吴国早已败亡，不但宫室焚毁无处寻觅，就连那幽深的小路都掩埋在了花草之下，东晋那些褒衣峨冠的高门贵族也没能跳出生死轮回，化作了一座座低矮的丘坟——这是人事的兴衰存殁，令人感慨万千。而颈联则写远眺所见的长江上的自然风光：并排的三山远远矗立于江上，由于云雾阻隔，只露出了山头，仿佛半悬在青天之外，白鹭洲横亘江心，长江水在这里一分为二，而后又合为一——这是自然的沧海桑田，只觉岁月静好。四番具体的景象，丰富了诗境，也是对首联主旨的进一步生发。

最后，李白的视野由近及远，望向千里之外的中原长安，思绪却由远而近，将对人生宇宙的深刻思考与矛盾，聚焦在眼前的小挫折上——是什么让他在金陵的凤凰台上一眼望不到长安的太阳，是重重的浮云遮蔽了天日的光芒；“浮云蔽日”历来在诗中是奸邪媚主的象征，换言之，又是什么阻断了李白在长安宫廷的“凤台”上实现一飞冲天的梦想，而只能在落寞金陵的凤凰台上感叹一声“凤去台空”，便是那奸邪小臣。也许在他看来，正是这小小的阻碍形成的“蝴蝶效应”，铸就了他人生乃至时代的巨大遗憾。

说到这首《登金陵凤凰台》，就不得不提崔颢的《黄鹤楼》，读者常常将二者放在一起比较，因为他们都是七言律诗，开篇又都很独特。前者的“凤凰台上凤凰游，凤去台空江自流”，后者的“昔人已乘黄鹤去，此地空余黄鹤楼。黄鹤一去不复返，白云千载空悠悠”，颇有几分相似。按创作时间来看，《黄鹤楼》比《登金陵凤凰台》早了差不多二十年，如果说李白从崔颢那里有所借鉴，也不无可能，但就诗中所蕴含的感悟与哲思而言，李白的创作是不亚于这首被后世评为“盛唐七律第一”的作品的。其实早在《黄鹤楼》成篇之前十五年，宫廷诗人沈佺期在题为《龙池篇》的七律中就已经运用过相似的句式——“龙池跃龙龙已飞，龙德先天天不违。池开天汉分黄道，龙向天门入紫微”。这种在七律开篇回环往复的句式来源于歌行，因为七律本身就是脱胎于歌行的，很多盛唐七律在创作中都保留了歌行原有的特点，从而既有近体诗声律铿锵、起承转合之特点，又有古体诗流畅婉转、意境悠远之风格，这是盛唐诗人追求的境界。而这种追求直到杜甫手中才被彻底颠覆。所以,《登金陵凤凰台》与《黄鹤楼》存在句式上的相似性，这是盛唐时七律发展的特点所决定的，如果有人非要说李白抄袭崔颢，那可是大大地站不住脚了。

二、览古伤今

李白南来吴越，原本是为了去天姥山访道求仙，或者说至少是想要借这里的清丽山水，荡涤自己败走长安后的颓然心情。然而他忽略了，江南除了有青山绿水，还是六朝旧都，正处在他最向往的士大夫可以兼有儒家政治理想和道教人格追求的时代，烟花脂粉下埋藏着太多家国的兴衰更替，渔樵闲话中尽是英雄才士的成败是非。因而，如果李白的心中没有完全斩断对政治理想的憧憬，想要单单靠环境的变动来改换心情，其效果是微乎其微的。

离开金陵的李白继续南下，先后来到姑苏和会稽，也就是如今的苏州与绍兴，这里分别是春秋末期争霸的吴越两国的故都。吴越虽然都只是偏居江南的诸侯国，它们争霸的历史也无非是春秋大势中的一段小插曲，但却成就了不少英雄人物与历史佳话。比如越王勾践的“卧薪尝胆”，比如范蠡与西施的“功成身退”，前者给了逆境中的李白启示，后者则是李白追求的目标，这两者对于李白想要远离政治的人生信念又造成了一次冲击。不过，延续着《登金陵凤凰台》的思绪，眼下在姑苏与会稽的所见，更多地带给李白的仍然是一种历史的沧桑感——千载之前坐断东南、雄踞一方的两个大国，终究抵不过历史兴亡更替的周期律，不但那些英雄伟业都化作了灰烟，就是他们留下的遗迹，如今也都凋零殆尽。吴国只剩下一座荒凉的姑苏台在山上矗立，而越国的旧宫已经荡然无存。面对这样的景象，李白分别写下了《苏台览古》和《越中览古》。前者写道：

旧苑荒台杨柳新，菱歌清唱不胜春。
只今惟有西江月，曾照吴王宫里人。

历经千载的旧苑荒台上杨柳发出了新枝，一“旧”一“新”之间，蕴含的是人事更迭与自然演进之间永远难以调和的矛盾张力，而春日里不断唱响的采莲歌声，也意味着百姓平凡的生活日复一日，丝毫看不出家国兴亡的痕迹。若不是史书上的寥寥数语，恐怕只有西江上曾经照耀过吴王宫人的一轮明月，还记得千百年前那段已经被尘封在历史长河里的繁华记忆。这首诗可以看作是一曲另类的《春江花月夜》，其实从主旨、意境来看，这首《苏台览古》的确并不逊色于张若虚那首“孤篇压倒全唐”的杰作。顺便说一句，李白创作这首诗时所处的吴中，正是张若虚的故乡。

再来看《越中览古》，这首诗看似与《苏台览古》主旨相近，侧重点却有些许不同，诗歌写道：

越王勾践破吴归，义士还乡尽锦衣。

宫女如花满春殿，只今惟有鹧鸪飞。

吴越争霸以越王勾践的胜利而告终，那些为他的霸业做出贡献的仁人义士们，也都得以功成名就，可以想见当时的街市上多是衣锦还乡的热闹场面，家家户户都荣宠备至。然而，时过境迁，且不说那些还家后再无新成就的义士们，就连一统江东的越王勾践，得胜之后将貌美如花的宫女置满了歌台舞榭、亭台楼阁，可如今这些繁花似锦的美色乃至灯火辉映的宫殿，都已荡然无存。所能看见、听见的只有鹧鸪飞过，发出声声凄鸣，似乎诉说着历史的无情。相对而言，前一首诗说的是国家兴亡的不可抗拒，后一首诗侧重的是功名勋业难以久长。

我们都知道，诗人们怀古多是为了伤今，李白也不例外，他站在苏台与越中，看着残破的荒台古迹，想着如烟般散去的盛世和功名，最后的情绪落脚点当然还是当前时代中的自己——大唐的繁盛虽然远胜吴越，可是这盛世还能延续几时？更何况，江河日下已见端倪，谁能扭转这轰然倒塌的颓势？至于自己，纵然实现了“海县清一”的伟业，也终抵不过注定的衰老和死亡，身后的浮名更是虚幻难料，更何况，自己眼下尚一事无成。李白此刻的情绪，正如王羲之在《兰亭集序》中所说：“后之视今，亦犹今之视昔，悲夫！”

三、知交半零落

由会稽往东行进，李白来到被称为吴越第一名山的天台山，他笔下的“天台四万八千丈”已足以说明这座山的地位。到了这里，距离他心心念念的天姥山也就不远了。天台山有一分支位于宁波境内，是道书上所传的第九洞天所在。相传群峰之中，上有方石，四面如光，中通日月星辰之光，故而又得名“四明山”。李白来这里当然有被道教仙踪吸引的成分，但更重要的还有一个原因，这里与他的忘年故交——贺知章有着密切的联系。

贺知章是越州永兴人，家乡大概在今杭州，与四明山临近。他年少知名，曾与张若虚、包融、张旭并称为“吴中四士”，三十六岁参加科举高中状元，此后便一直在朝中任官，达五十年之久。晚年颇好仙道，故而给自己起了个“四明狂客”的雅号，一方面标榜自己的道教信仰，另一方面也是一种对于家乡的情感寄托。辞官归乡后，他终于定居于四明山，圆了毕生之梦，不久便长眠山中。

李白来到四明山，当然首先就会想到贺知章这位“四明狂客”，他是李白在长安宫廷里少有的朋友和知己，正是他的离开让李白陷进了更加孤独的境地。长安临别之际打趣的那句“山阴道士如相见，应写黄庭换白鹅”还言犹在耳，可等到李白与他接续情缘时，两人已经是阴阳相隔。李白与贺知章同为“饮中八仙”，一样好诗、好酒、好仙道，如今二人虽然已经不能再坐而论道，李白却也要在贺知章生前最眷恋的四明山上，对酒赋诗，来缅怀知己，缅怀他们一同经历过的那段醉眠长安的风流岁月。于是，他写下了《对酒忆贺监二首》，其一以较多的笔墨追忆了昔日的交谊：

四明有狂客，风流贺季真。
长安一相见，呼我谪仙人。
昔好杯中物，翻为松下尘。
金龟换酒处，却忆泪沾巾。

贺知章字季真，号“四明狂客”，是一位名冠朝野、声扬海内的风流雅士。李白刚入长安与他相见时，他便毫不吝惜夸赞之辞，直呼李白为天上下凡的“谪仙人”，还取下御赐的金龟换来美酒，与李白至醉方休。这段往事反映了高才俊杰之间的惺惺相惜，能得到这样一位德高望重的清流领袖、朝中重臣的青睐，让久经挫折的李白备受感动，故而记忆久远。只可惜昔日那位尤好杯中物的可爱老者，如今已经归化自然，成为松下的尘土，每每想起那金龟换酒的初见时刻，李白便不由得泪下沾巾，哀叹一位知己的故去，更哀叹相似的情缘难以再续。第二首则主要是眼前的触景生情：

狂客归四明，山阴道士迎。
敕赐镜湖水，为君台沼荣。
人亡余故宅，空有荷花生。
念此杳如梦，凄然伤我情。

贺知章天宝三载回归四明山的时候，当地的道士都来迎接，玄宗为了嘉奖他的贡献，将镜湖赐给了他，因此镜湖的台池草木都因为沾上了他的恩泽而显得更加光荣——这同样是一幅衣锦还乡、返璞归真的美好图卷，但也同样逃不过岁月与时间的摧残。贺知章辞世之后，故宅变成了空空荡荡的破茅屋，镜湖的荷花长得再漂亮也无人欣赏。想到这里，仿佛故人对坐把酒言欢的场景恍如昨日，仿似梦中，而到了梦醒的那一刻，孤独寂寞之感将李白包围，让他神伤不已。

贺知章的离去，对于李白而言不只是一位故友的逝去，更像是一代风流的陨落，为盛唐风华的退场奏响了序曲。不久之后，他的“凤去台空”真的一语成谶，大唐的太平盛世终于被暗潮汹涌和风波摇荡所取代。

第二十讲

寒夜孤灯

——眼看他楼塌了

一、“白色恐怖”的降临

天宝五载岁末，李白辞家远行，南游吴越，先后来到了扬州、金陵、姑苏、会稽和四明山等地，一路上创作了不少名篇佳作，虽然此行为了求仙访道而来，却始终没有脱离抚今追昔的主题。看得出来，李白对于心中的治世理想终究还是割舍不下的，尤其是他在“凤去台空”的宏观背景下，最早看出了盛唐行将转衰的必然宿命，这是一种很强的政治预见性。这一判断既源于他纵横经史、幽关大运的独到见解，更与根植于他灵魂深处的盛世体认是密不可分的，只有对盛世真正投入深刻情感的人，才能体察到它一丝一毫的细微变化，最早感知出时代更迭的脉搏。

局势的发展果然不出李白所料，天宝六载注定是一个不平凡的年份。自开元二十五年以来由明转暗的盛唐政局，到这一年终于耗尽了此前积累的一切政治遗产，彻底跌入黑暗的深渊，而李林甫也撕去了一切伪装，将独揽朝政的阴谋野心暴露无遗。

他做了两件大事：第一件事，是操纵了这一年的制举考试——也就是皇帝亲自下令召开的选官考试。李林甫为了防止举子们在考试中议论朝政、揭露时弊，对他造成不利，也不希望有新兴势力卷入朝廷的权力斗争，干脆一不做二不休，将此次考试的举子全部罢落、一个不用。并且蛊惑玄宗说“野无遗贤”，就是有才能的人都被招到朝廷里了，山野民间不再有贤才，皇帝不必再开此类考试了，既拍了玄宗的马屁，还从源头上彻底阻断了清流士子们的仕宦道路。巧的是，这一科被罢黜的士子中，就有伟大的“诗圣”杜甫。

第二件事更加恐怖，为了进一步打压清流的势力，李林甫以政治斗争为手段，对朝野的名士挥起了屠刀——契机是这年爆发的“杜柳案”。其中的“杜”是杜有邻，时任正五品赞善大夫，并且有一个女儿嫁给了太子李亨，也就是后来的肃宗；而“柳”叫柳勣，任左骁卫兵曹，级别略低一些，娶了杜有邻的另一个女儿。这对老丈人和姑爷之间非常不对付，性格的不合以及地位的差异，使得他们积怨很深。至天宝六载，矛盾集中爆发，柳勣为了报复杜有邻对自己的轻视和训斥，写了一篇文章状告自己的老丈人和连襟——也就是太子李亨交通，密谋篡夺皇位！这一招可是狠狠地打中了对方的要害。唐代的宫廷争斗十分频繁，玄宗本人也是经历并通过宫廷政变上位的，因而对于大臣与东宫的勾结格外敏感，既然柳勣揭发了，当然不能轻易放过，于是立刻下令彻查。

嗅觉敏锐的李林甫当然也意识到机会来了，他认为不但可以借此肃清朝野，甚至还有机会动摇储君之位，便将此案的波及面越铺越大，凡与杜有邻、柳勣二人有交谊的官员、名士，无一例外都被卷入其中。太子李亨是个聪明人，他果断结束了与杜良娣的婚姻，将她废为庶人，以表明自己并无二志，与杜有邻亦非同路人。加之他平日谨小慎微，对父皇毕恭毕敬，没有任何非分之举，后玄宗出面查清了柳勣的诬告之实，从而保住太子之位。但卷入其中的其他人就没有什么好下场了：首先是杜有邻、柳勣，一个由于被诬陷、一个由于诬陷，双双被李林甫授意杖毙狱中；而与二人有过交往的一些名士、逐臣，也被李林甫派出的吏卒拿着行刑的棍棒去往任官之所，就地杖杀。其中就有我们前面讲到的，盛唐文坛的第三代领袖、北海太守李邕，以及当时的名臣韦坚、裴敦复等；更有甚者，如前宰相李适之等，听闻巡吏路过自己的治所，为了不受屈辱，竟不惜仰药自尽。此事一出，全国震荡，可以说，整个大唐都笼罩在了李林甫一手制造的白色恐怖之中。

正在越中巡游的李白听闻这样震惊的消息，霎时没有了求仙访道和游玩的兴致，只想早些回去和家人团聚，生怕自己也遭遇什么不测。何况国家已经衰亡在即，自己又如何能安心在山林间独善其身呢？于是，他启程准备回到东鲁家中，然而回程途中，又一条消息传来，给了李白当头一棒。他的好友、盛唐文士中最耀眼的“新星”“诗家天子”王昌龄被从江宁丞贬官为龙标县尉，即刻踏上了左迁之途。至于贬官的原因，并没有详细的记载，但想必也和这场政治风波有着密不可分的关联。

此前在开元之末，李白与王昌龄曾在洞庭湖畔有过一面之缘，王昌龄为他赠诗留别；此番李白游吴越之际，王昌龄正在江宁任官，虽然没有确凿的证据证明两人相互交往，但想必他们有过同游的经历；然而转眼间，随着更可怕的黑暗降临，他们作为彼此惺惺相惜的人才和知己，非但不能同仇敌忾，共挽狂澜于既倒、扶大厦于将倾，反而不得不接受星罗四野、天各一方的结局。想到这里，李白感慨万千，遂写成一首《闻王昌龄左迁龙标遥有此寄》：

杨花落尽子规啼，闻道龙标过五溪。
我寄愁心与明月，随风直到夜郎西。

在杨柳花落、子规啼鸣的时节，王昌龄从江宁出发，一路溯江而上前往贵州龙标，已路过了五溪——这是李白想象中王昌龄的贬官路途。杨柳花落寓意分别，子规啼鸣象征境遇的凄苦，虽然不曾目睹一路上的真实景象，但作为知己，李白与王昌龄的情意是相通的，便不难想见对方眼中所看到的景况。后两句是千古名句，李白将抽象的愁情具体化，通过明月与清风传递到王昌龄的手中，然而我们要追问一句，这颗“愁心”是因何而发呢？仅仅是为王昌龄的贬官遭际而不平吗？仅仅是出于对友人安危和前程的担忧吗？应该不止于此，还有对越发暗淡的大唐国运和前途的深深担忧。作为心怀家国天下的盛唐士子，李白与王昌龄这份深深的忧愁是足以跨越时空的，也必将激励着他们为了挽救时衰世乱而继续砥砺前行。

二、夜寒心更寒

天宝七载（748），李白回到了东鲁家中，现实的严酷让他不能够安心求仙修道、超然世外，虽然心中知道“凤去台空”已是注定的结局，却还偏要知其不可为而为之，这是李白性格中的伟大之处，也和王昌龄、杜甫一样，是盛唐一代杰出文士的重要精神内核。不过相比于王昌龄的远走龙标、杜甫的困守长安，在东鲁家中静观时变、伺机而动的李白要安逸得多，也明智得多。

转年冬天，江河日下的时局没有丝毫好转，李白想要等待的机遇也一直不曾到来，眼看着朝中和边塞都乱作一团，玄宗却还沉浸在盛世的美梦和温柔乡中。谗臣当道、奸佞用事，忠直有识之士却无用武之地，让李白对政治失望透顶，满腔愤懑日复一日郁积于胸，又无处诉说，只好又拿起了熟悉的杯中物，借酒消愁。只不过对这份愁的观照角度已经从个人沉浮上升到了国家兴亡。又怕白色恐怖的气氛下妄议朝政、因言获罪，也不敢呼朋引伴，只好独自倾杯。

一夜，恰好一位叫王十二的友人寄来一封书信，李白打开一看，上面是一首诗，题为《寒夜独酌有怀》，虽然这首诗如今不可得见，但从题目便不难想象出主要内容——“寒夜”是对眼前冰封、黑暗时局的隐喻，“独酌”表现了内心的孤独和愁苦，“有怀”则是对时局的独到见解和一番痛陈，句句直说进李白的心里。李白看罢当然大呼过瘾，因为很久不曾遇到这样的知己，也太久没有人能这么痛快地诉说对时局的不满和愤慨了。于是李白也顾不得什么言论钳制，借着酒意洋洋洒洒地写下一篇和诗，寄回给了这位朋友。这首诗便是《答王十二寒夜独酌有怀》。开篇十句，李白交代了回赠这首诗的背景和目的：

昨夜吴中雪，子猷佳兴发。

万里浮云卷碧山，青天中道流孤月。

孤月沧浪河汉清，北斗错落长庚明。

怀余对酒夜霜白，玉床金井水峥嵘。

人生飘忽百年内，且须酣畅万古情。

魏晋时期有一个叫王子猷的人居住在山阴，一夜大雪，他当窗饮酒赋诗，突然兴起，想起了自己远在剡溪的好友戴安道，便即刻出门登舟，不惜在寒江中漂流了一夜去往戴安道的家中拜望。等他到时，酒意已过，于是不曾与友人相见，便又即刻返回。人们不解他此举的目的，他却说："吾本乘兴而行，兴尽而返，何必见戴。"后来被传为佳话，成为魏晋名士风流洒脱的代表。李白开篇引用这样一个典故，有三重用意：一是表达了面对同样的夜色而生出的对古人风流的羡慕之情。他想象王子猷夜游的一路之上，江南的青山碧水都被雾气和浮云笼罩，一轮孤月倒映水中，随着清波流动，这般诗意朦胧的景象正与今宵所见一致，自己却不能乘兴出游，实为憾事。二是抒发了对时事和身世的顾虑。他畅想当时的天色是"北斗错落长庚明"，这显然有着深刻的寓意。在传统认知中，北极星是天空的中心，北斗指向北极，它们是皇权和中央朝廷的象征。至于长庚，就是金星，在西方，主兵戈之象，"北斗错乱长庚明"预示着国家的动荡、战乱不休。同时，长庚星也是李白的象征，在错乱的北斗以外，西方的长庚独明，与"世人皆醉我独醒"的意味似有同工之妙。第三重用意，则是在说明写作的目的。李白与王子猷一样，写这样一首诗作述怀，也是乘兴而起倾吐肺腑之言，虽题为和诗，却不必非要说给王十二听，只是为了说出来心里痛快，兴尽而已。毕竟人生短暂，有太多的情怀需要自在地流露。接下来便转入了论说时事的正题：

君不能狸膏金距学斗鸡，坐令鼻息吹虹霓。

君不能学哥舒横行青海夜带刀，西屠石堡取紫袍。

吟诗作赋北窗里，万言不直一杯水。

世人闻此皆掉头，有如东风射马耳。

诗中的“斗鸡”指的是朝中的王准、贾昌之辈。此二人知道玄宗斗鸡，于是精心培训斗鸡献给玄宗，以此博取高官厚禄。他们得志到了什么程度呢？整天昂首挺胸、高视阔步，鼻子里呼出的气息足以吹散天上的虹霓，可谓煊赫一时。对于这样没有真才实学，单凭投领导所好上位的行为，李白是看不上的。哥舒，是指当时的名将哥舒翰，他在天宝年间是叱咤风云的存在，出将入相、封王赐爵，也是功成名就。但他的成功与玄宗的好武开边有着密切的关系，他也是投其所好，在边疆肆意开辟战端，从而邀功取赏的典型。天宝八载夏，哥舒翰更是不惜以牺牲十万士卒的代价攻取吐蕃石堡城，又一次为自己谋取了加官晋爵的资本。因而李白批评他“西屠石堡取紫袍”，杜甫的《前出塞九首》也是为此事而作。在李白、杜甫心中，战争的目的是止战立和、保境安民，而不在于开疆拓土，更不能以普通士卒的牺牲为代价换取仕途的通畅。从朝廷到边塞，都沉浸在一片虚浮的风气之中，事外的人们虽看得透彻，却只能对着北窗作赋，听闻此声的人却都掉头而去，好像东风吹过马耳，纵使万言大论也起不了杯水之用，更不必谈救民于水火了。在李白心中，世乱不是最可怕的，最可怕的是朝廷上下的全然不自知。接下来诗歌的重心由表现世乱转入抒写自己在乱世中的处境：

鱼目亦笑我，请与明月同。

骅骝拳跼不能食，蹇驴得志鸣春风。

折杨皇华合流俗，晋君听琴枉清角。

巴人谁肯和阳春，楚地由来贱奇璞。
黄金散尽交不成，白首为儒身被轻。
一谈一笑失颜色，苍蝇贝锦喧谤声。
曾参岂是杀人者，谗言三及慈母惊。

这一段中，李白运用了一系列反常的事态作为类比：混在明珠中的鱼目也敢嘲笑明月的清白；骏马被废弃不能驰骋千里，蹇驴却春风得意肆意啼鸣；清雅的《阳春》《白雪》之声无人理睬，合于流俗的《下里》《巴人》之乐却让人趋之若鹜；哪怕是珍贵的和氏璧，也不被当作至宝看待；散尽黄金也交不到知音之人，一生为儒士，更是颇受世人轻视；日常交往的人们常常在谈笑间就变了脸色，转过身便像苍蝇一样罗织罪名诽谤陷害彼此，就连曾参这样的圣人也被指责成了杀人者。而这一切类比都指向了一个社会现实，那就是忠奸不明、贤愚失位、制度崩坏、道德沦丧，这都是国家衰亡之象，而自己正是这其中的忠者、贤者、守制者、有德者。他的悲哀、失落和压抑、无奈不言自明！而后，李白引了一批典故，论说了世乱与身危之间的关联：

与君论心握君手，荣辱于余亦何有。
孔圣犹闻伤凤麟，董龙更是何鸡狗。
一生傲岸苦不谐，恩疏媒劳志多乖。
严陵高揖汉天子，何必长剑拄颐事玉阶。
达亦不足贵，穷亦不足悲。
韩信羞将绛灌比，祢衡耻逐屠沽儿。

在乱世面前，就是孔圣人也不得不为凤凰不至、麒麟被获而哀伤自己无能为力，何况朝中尽是董龙这般鸡狗之辈，国家的前途希望越发渺茫。在这种境况下，人们应当学习汉朝的严子陵，辞别君王安享太平，何必整冠束带在朝廷中约束自己。天下治乱是大势所趋，不以个人的意志为转移，故而仕途通达也不足以欢喜，困厄穷途也不必悲伤，就像韩信不屑与周勃、灌婴为伍，祢衡耻于交往屠调小儿一样。坚守住自己的品格操守，才是立身之本。最后，李白哀叹了两年前遭遇横祸的清流人士：

君不见李北海，英风豪气今何在。
君不见裴尚书，土坟三尺蒿棘居。
少年早欲五湖去，见此弥将钟鼎疏。

李北海、裴尚书分别是李邕和裴敦复，于天宝六载被李林甫设计杖杀。他们在世时都是清流中的豪杰，风光无限，如今却只有三尺黄土掩埋。所以这样的环境不是文人才士有所作为的时机，还是早些归去五湖，远离钟鸣鼎食的官场生活为好。

这首诗中，李白将借古讽今的手法发挥到了极致，时而大量引用典故，时而指陈时事，在古今之间交叉互见，将对现实的满腔不平和对历史的深沉感慨也表现得尤为真切感人。同时诗歌发挥了杂言歌行长于议论抒情的特点，以浩荡的情感为线索，组织起丰富的素材，意脉连贯、气势磅礴，极具语言的冲击力和感染力。可以看出，这是李白压抑心情的一次集中发泄。

三、人在屋檐下

虽然嘴上说着“少年早欲五湖去，见此弥将钟鼎疏”，劝朋友不要沉迷仕途，但李白自己却还是没能耐住寂寞，开始谋划着再一次出山拯救苍生了。因为在他看来，从政入仕本不是为了钟鸣鼎食、高官厚禄，而是一种负天下大任于其肩的责任与使命，越是危机的时刻，越不该逃避，反而要更加一往无前。

之前讲过，唐人入仕一般有四条路——门荫、科举、干谒、出塞，对于李白而言，第一条路走不了，第二条路不屑走，第三条路走了没走成功，于是眼前就只剩下了第四条路，那就是出塞立功。当时最热门的边塞幕府有两个，一个在东北，一个在西北，李白出生在西域，又自称郡望陇西，从情感上来说当然更倾向于去西北，加之西北离长安更近，便于日后回归朝廷施展本领。

于是，天宝九载（750），李白向当时经略西北的第一名将、河西节度使、刚刚被加封为御史大夫、位列三公的哥舒翰递上了一封自荐信，也是一首赞誉对方的诗作——《述德兼陈情上哥舒大夫》。诗中对哥舒翰丝毫不惜溢美之词，大加赞扬：

天为国家孕英才，森森矛戟拥灵台。
浩荡深谋喷江海，纵横逸气走风雷。
丈夫立身有如此，一呼三军皆披靡。
卫青谩作大将军，白起真成一竖子。

这首诗说哥舒翰是上天为国家孕育的英才，既有威严雄壮的英武之气，又有运筹帷幄的韬略之谋，他的深谋远虑如同江海潮涌一般喷薄而出，他纵横飘扬的意气犹如风雷卷地一般气势飞腾。由这样一位大丈夫统帅三军，自然能够一呼百应、所向披靡。与他相比，卫青的大将军不过是浪得虚名，白起也不过是一个凡夫俗子罢了。这首诗生动地演绎了什么叫作投其所好、阿谀奉承，我们也相信这不过是李白为拯救苍生，“人在屋檐下”而不得不说的违心话罢了，毕竟他不久前还曾在诗中痛陈“君不能学哥舒横行青海夜带刀，西屠石堡取紫袍”。若非为了国家大计而不得已有求于人，也不至于发生如此鲜明的态度转变。

不过，哥舒翰有一点正如李白所言，的确是个老成深谋的人，他自然不会轻易被李白的花言巧语所打动，而忘记了对方昔日对自己的攻讦。所以李白入幕西北的打算是彻底落空，他只好退而求其次，将目光投向了东北。正好那里的主将开始大肆招募人才，这岂不是正中下怀吗？于是，李白在天宝十载（751）欣然前往，可谁知一去才发现，局势远比自己想象的复杂得多。

第二十一讲

塞上烽烟

——“扫平狼烟”与“虎口脱险”

一、“纵死侠骨香，不惭世上英”

鉴于大唐江河日下的局势，出于救济苍生的目的，李白决意再度出山，这一次他选择了出塞从军的道路，然而刚刚起步就碰了钉子。他原本想投刺的西北大将哥舒翰对他并不感冒，于是只好将目光投向了另一方边塞，恰好那里的主将正在大肆招揽人才，李白便欣然踏上去往河北的征途。

河北的主将是谁呢？说出来大家都不陌生，就是日后给唐王朝带来灭顶之灾的安禄山。安禄山是粟特人，出生于营州，即今辽东地区，原本是东北守将张守珪的部下，也是义子，后来因为军功得以担任平卢节度使。天宝年间，因为善于讨好玄宗和杨贵妃，他得以逐步加官晋爵，相继兼任范阳节度使和河东节度使，成功地将势力范围由东北扩展到了河北和山西。随着实力的增强，他的野心也渐渐显露出来，天宝十载这一番大肆招揽贤才，其实就是在为其日后兴兵作乱进行人才储备，可惜的是，一心想有所作为的李白并不知道这背后的阴谋。在他心中，燕赵大地自古多侠士，是英雄用武之地，何况还发生过燕昭王筑黄金台礼遇贤臣这一让他魂牵梦绕的历史佳话。眼下安禄山广纳贤才的举动，在他看来倒颇有追拟古人的意味，于是更坚定了他前去投奔的信念。

李白性格中有着一股强烈的侠义精神，他自称“十五学剑术，遍干诸侯”，一直将游侠们坚守信义、宣扬正道、除暴安良、勇武果决的品质当作自己的重要人生追求，更是常常在诗歌中赞美和抒发自己的侠义精神。比较有代表性的作品如那首著名的《侠客行》，前四句描绘的就是一位驰骋燕赵大地的侠客形象：

赵客缦胡缨，吴钩霜雪明。
银鞍照白马，飒沓如流星。

帽盔上飘逸着胡人的簪缨，腰间佩带的弯刀如霜雪般明亮，与胯下的银鞍白马相映闪烁，迎风狂奔、飒沓生姿，好似流星坠落在莽原，闪闪的银光直让人胆寒。我们可以想象这是一位何等雄豪的绝世英雄，这也正是李白对于自己理想人格的刻画。接下来是这首诗中最为精彩的四句：

十步杀一人，千里不留行。
事了拂衣去，深藏身与名。

与前四句对形象的精细刻画不同，对于侠客的武艺和品格，李白只用了寥寥数笔加以勾勒，便将其万马军中取上将首级如探囊取物般的精妙武功写得栩栩如生，让人丝毫不觉得血腥凝重，反而有一种淡泊之气。同时侠客不慕虚荣、高蹈飘逸的人格品质，也跃然纸上。而后诗歌引用典故写了对于侠客功业成就的期许：

闲过信陵饮，脱剑膝前横。
将炙啖朱亥，持觞劝侯嬴。
三杯吐然诺，五岳倒为轻。
眼花耳热后，意气素霓生。
救赵挥金锤，邯郸先震惊。
千秋二壮士，烜赫大梁城。

战国时期，魏国的游侠朱亥、侯嬴与信陵君结交。他们虽名为主客，却没有严格的尊卑之分，闲来共饮之时，常常放下宝剑横于膝前，对着美食美酒互相称快。三杯美酒下肚，便觉眼花耳热，意气上涌，天下大事便都不在话下，就连五岳在他们眼中都不值一提。为了感激信陵君的信赖和礼遇，他们出谋划策，窃符救赵，奋勇杀敌，最终成就了信陵君的声誉，使得整个魏国为之信服，也留下了千古美名！这一段内容既是咏史，也是述怀，李白认为，自己既然不能常伴君王，成为一代帝师、贤明宰相，又不忍抛弃黎民、羽化登仙，那么仗着一股侠义之气，于疆场之上陷阵杀敌、保境安民，便是最为切实可行的选择。最后，他表达了自己为达目的、不畏牺牲的精神：

纵死侠骨香，不惭世上英。

谁能书阁下，白首太玄经。

对于心怀天下的侠士而言，纵然死去，他的精神也会万古流芳，不愧对世间的英豪之气，远胜过像扬雄一样在小楼中写诗作赋，用尽一生心力去写一部无人问津的《太玄经》。当然，这里要强调的是，李白并没有否定文学创作的意义和价值，而是认为不该过于深究文章经义，而不去经世致用。在现实观照这一点上，李白无论于文于武都是很注重的。

二、“感君恩重许君命”

怀着一腔侠肝义胆，李白于天宝十载来到河北安禄山的大营。对于李白这样一位海内名士、大雅之才的到来，安禄山也是喜出望外，十分恭敬谦和地礼遇了这位“谪仙人”。在他看来，能得到李白的辅佐，对于他成就大业有着不可估量的价值和作用，当然，这些心理活动并没有任何外在的表现。

对于半生都致力于平交王侯却从未真正得意，尤其刚刚在哥舒翰那边吃了闭门羹的李白来说，安禄山的礼遇无疑是有着巨大吸引力与杀伤力的，以至于他根本无暇去思考和顾及安禄山如此举动背后的真正目的。他眼中看到的是，河北是用武之地，主将有爱才之行，自己有侠义之才，那么这便是最好的宾主际遇。也许是过于忧虑朝廷的安危，也许是经受了太多次的打击，多半也由于安禄山韬光养晦的状态，不得不说此时的李白有些病急乱投医。他的政治战略素养虽然很高，但政治眼光和辨识力确实是短板，这一点让他在日后遭遇了更大的挫折。

总而言之，初到河北的李白，心情是非常激动的，他急切盼望着能够在安禄山的幕府中大展身手，以回报这份知遇之恩。他的《结袜子》一诗鲜明地表露了这一情绪：

燕南壮士吴门豪，筑中置铅鱼隐刀。
感君恩重许君命，太山一掷轻鸿毛。

首句提到了两位著名的刺客，“燕南壮士”指的是燕国的高渐离，“吴门豪”则是吴国的专诸，前者将铅块放置在乐器筑中，去刺杀秦王，后者则在鱼腹里藏匿匕首，取了吴王僚的性命。这二人之所以不顾自己的生死去追求杀身成仁，都是因为感谢谋主对他们的厚重恩情，这样的信义与豪情，纵然是拿泰山与它们相比，也轻如鸿毛，可以轻轻地扔开。这首诗的用意很明确，就是摆明了告诉安禄山：既然你安大帅对我这么铁，我李白当然也要为了你的幕府事业不顾一切！虽然此时李白的政治立场是错的，但从艺术层面来看，诗歌本身风流潇洒，刚健雄豪，值得称道。

不过李白对于安禄山的态度很明确，只把他当作主政一方的地方大员而不是君主，自己更是从未有过非分之想，所希望的只是早日在河北建立功勋，以待他日入朝辅政，再追求更高的政治理想和抱负。他对于中央朝廷的情感和盼望同样是十分单纯的，这在《春思》一诗中有着较为清晰的反映。诗中他将自己化为思妇，倾吐着对君王顾盼的渴望：

燕草如碧丝，秦桑低绿枝。
当君怀归日，是妾断肠时。
春风不相识，何事入罗帏？

燕地的春草正碧绿如丝，秦中的桑条也垂下了绿枝，这是春意融融的景象，也是有情人本该相会的美好时节。然而君在怀归，妾亦断肠，两个相爱的人不能相守，是春光中最大的无奈。此时的李白还是想要早些回到君王身边的。篇终，他调侃性地指斥春风："你倘若不明白我的心意，又何必吹进我的罗帏呢？"言下之意是在表明，一时之间自己还不能达到理想的境遇，只好盼着能够早日搭上西去的春风，至于这春风的所指，恐怕就是安禄山了。由此足以见得，河北之行在李白眼中是一块重要的跳板。

三、"收功报天子，行歌归咸阳"

既然来了边塞，就是要报效，上报国家的使命、下报主将的隆恩，而最直接也是最简单的报效方式当然就是立功杀敌。可是当时的东北边疆已经基本稳定，几个少数民族政权如契丹、回纥等相继与唐王朝修好，安禄山也通过前期的战争积攒了足够的实力与声威，不再需要过多的边功去讨玄宗欢心，反而在暗中积攒实力，准备时机成熟后挥师西进。所以李白虽然很受礼遇，却依然没有理想的用武之地。他将这种立功杀敌的雄心壮志用诗歌表达了出来，既是向自己的知遇者表明心志，也有几分为河北大军壮声威的意思。

其中，《出自蓟北门行》是一首鲜明地表达立功渴求的作品，蓟北就是如今的北京一带，也是当时安禄山的大本营所在地。诗歌前十句渲染了北方边塞战事的紧急和朝廷反应的迅捷：

虏阵横北荒，胡星曜精芒。

羽书速惊电，烽火昼连光。
虎竹救边急，戎车森已行。
明主不安席，按剑心飞扬。
推毂出猛将，连旗登战场。

古人常常观星望气，以推测吉凶，天空中象征着胡人的星宿格外光亮，往往预示着边患发生，果然胡虏的兵马车骑在北方的荒漠上列开了战阵。边疆传递军情的书报如同闪电般飞速到达中原，阵阵烽火相连，照得黑夜如同白昼，昭示着敌军入侵的迅猛态势。天子得报，坐不安席，按剑而起，天威怒火飞扬千里之外，他迅速发出调兵的虎符来拯救边疆危机，严整威武的车马也即刻森然有序地排列成行，完成战斗准备。君王亲自为大将推毂送行，飞扬的旌旗连绵不断，大军浩浩荡荡开赴前线战场。可见发兵的主动权在天子，交战的原因是天威难犯。君王礼遇，大将勇猛，三军用命，足以见得李白心中中央朝廷、边疆幕府与麾下将士的关系，是一种三位一体、各得其所的信任与合作关系，这其实正是李白心目中对玄宗、安禄山与自己之间关系的认识。紧接着八句写边塞环境的苦寒恶劣：

兵威冲绝漠，杀气凌穹苍。
列卒赤山下，开营紫塞傍。
途冬沙风紧，旌旗飒凋伤。
画角悲海月，征衣卷天霜。

天子雄兵的威风直逼大漠，汹涌的杀气更是上冲云天，在辽东的赤山下列开兵阵，又在紫色的长城边驻扎营房。寒冬时节，边疆沿途朔风凄紧，迎风飘摆的旌旗都被疾风和严冰拉扯出了裂痕，画角声在海边响起，朦胧的月色勾起士卒的思乡情绪，身上的征衣铠甲却卷挟着天边的霜雪，提示着此处与乡关有万里之遥。这一段所描绘的景象都是边塞诗的常见意象，对边疆苦寒的展现也是历来边塞诗的题中应有之义，但盛唐边塞诗的鲜明特点在于，描写边境苦寒不是为了表现戍边士卒的凄苦和厌战，反而是为了宣扬他们的英雄主义情怀。越是艰难险阻的环境，越能够彰显出其斗志昂扬、功业伟大，这是盛唐高昂的时代精神在诗歌中形成的特有表现形式。诗歌的最后六句则集中表达功成之意：

挥刃斩楼兰，弯弓射贤王。
单于一平荡，种落自奔亡。
收功报天子，行歌归咸阳。

楼兰是西北的少数民族，本不应该出现在蓟北，诗人这里只是用它来代称进犯的少数民族。将士们收起思乡的情绪，不畏边境苦寒，更不惧敌人的凶残，挥刀斩杀进犯之敌人，弯弓射箭正中敌军首领，取得了重大的胜利。敌方主力被击溃后，自然是各自奔亡、作鸟兽散，而立下大功的将士们也得以回报天子，高唱着凯歌回到中原家乡，得到封赏之后再与家人团聚。比起《塞下曲六首》《关山月》等李白在长安时的边塞诗作，这首诗是大团圆的结局。其实就时事而论，此时的边塞局势比起天宝初年自然没有太大的好转，所不同的只是李白作为创作者的心境与立场。从同情到期许的情感转换，造就了其两阶段边塞诗不同的境界与意味，这种区别也正是李白这样未曾到过边塞的中原诗人与真正置身边塞的高适、岑参等边塞诗人之间的差异。

李白的另一首边塞诗《幽州胡马客歌》，则更多地表达了对于早日扫平边患的期许。诗歌的视角十分独特，以一位“胡马客”的形象为切入点展开：

幽州胡马客，绿眼虎皮冠。
笑拂两只箭，万人不可干。
弯弓若转月，白雁落云端。
双双掉鞭行，游猎向楼兰。
出门不顾后，报国死何难。

幽州骑着骏马的胡人壮士，长着一双碧绿的眼睛，戴着虎皮做成的冠帽，十分的威武凶猛，他笑着抚摸手中的弓箭，不经意间就流露出一股万夫不当的勇武气势！他伸展强大的臂力将弓拉成圆月状，箭矢发出，云端便有两只大雁应弦而落，掉在他的马背上，被他搭载着深入大漠，直往楼兰而去。那一往无前的气概，表明他不惜生死，效忠自己的民族。其后十句由胡马客转向了对胡族的描述：

天骄五单于，狼戾好凶残。
牛马散北海，割鲜若虎餐。
虽居燕支山，不道朔雪寒。
妇女马上笑，颜如赪玉盘。
翻入射鸟兽，花月醉雕鞍。

“天骄”是匈奴的别称，他们如虎狼般窥伺着中原，十分凶残好战，平日里在北海游牧为生，时常生吃禽畜，如同老虎一般。当然这是李白对他们的偏见，或是文学创作的夸张。那虎狼之族虽然居住在燕支山以北，却丝毫不怕风雪严寒，即便妇女的脸被北风吹得通红，就像红玉盘一样，也依然骑着马开怀大笑，十分豪爽放旷，可见民风之彪悍。他们翻山入林寻觅鸟兽，在花间月下饮酒，醉卧雕鞍。这样一个充满战斗力的民族一旦来袭，国家势必要经历一场腥风血雨：

旄头四光芒，争战若蜂攒。
白刃洒赤血，流沙为之丹。
名将古谁是，疲兵良可叹。
何时天狼灭，父子得闲安。

“旄头”与上一篇中的“胡星”是一个意思，这颗星星四放光芒，寓意边疆战事兴起。胡人入侵，那些勇武的胡族们如群蜂蜇人一般拥上，致使白刃上都沾满了鲜血，苍黄的流沙也被染成了朱红色。自古以来何曾有一位名将能够永久地杜绝边患，只能年复一年让疲惫的兵马去守备外敌，这实在令人叹息。不知哪一天才能将天狼扫尽，让天下的父子都得以安闲。诗歌的最后，主旨又回到了李白“海县清一”的理想上，那么“名将古谁是”虽然不得而知，但如今却有了一个，当然就是李白自己了。

四、大乱的“第一预警人”

自天宝十载至天宝十一载，李白在安禄山的河北大营待了一年之久。带着立功报效信念的他虽然没有真正施展身手的机会，却也由于安禄山的礼贤下士，而过得相对自由快意。但久而久之，随着观察的细致深入，他渐渐发现了一些问题——明明三镇一场像样的战争都没有打，丝毫感受不到外来的军事压力，可在编的军士却越来越多，而且还在不停地发出征兵的榜文。从中原源源不断运来的粮食、草料被囤积起来，俨然一副战备的态势。直觉和政治的敏锐感告诉李白：这一切现象都指向了一场重大的战争，而战争的对象不在外边，反而是中央朝廷！

安禄山的不臣之心早已有之。天宝十一载，“口蜜腹剑”的宰相李林甫去世，安禄山少了一个心头大患，因为在玄宗的朝廷里，这是他唯一忌惮的人。至于继任的杨国忠，安禄山是丝毫不放在眼里的，于是就大大加快了厉兵秣马的进程。李白得知此事先是一惊，实在想不到如此礼遇自己的安大帅竟憋着一颗乱臣贼子之心；而后又是一悲，哀叹自己由边塞军功入仕的探索又是“竹篮打水一场空”；继而还有一喜，自己提前得知了安禄山的动作，若是早日回去报告朝廷，也可以除祸患于萌芽之际，使国家避免遭受一场重大的灾难。

然而，李白没有想到的是，从自己踏入河北的那一刻起，其实已经失去了自由，安禄山虽然对他笑脸相迎、礼遇有加，背地里却对他的一举一动都严密监控。这样做不仅是怕李白不肯为自己效力，更担心他私自逃离走漏风声，坏了自己的大计。可以设想，也许必要的时候安禄山也是不惜痛下杀手的。李白“为扫狼烟”来到河北，却不小心“坠入虎口”，陷入了两难之境。

不过，李白毕竟是爱国情怀与侠义精神兼具的英雄人物，有着过人的胆略。趁着守备的疏忽和安禄山的懈怠，他终于抓住了机会，经由小道一路奔逃，最终出河北入河南，再过潼关，到达了长安都城附近，试图将河北的见闻报告朝廷，以便朝廷尽早采取措施，防止祸患的发生。李白此举是冒着极大的风险的，这也体现了他为国为民可以奋不顾身的英雄气概。

第二十二讲

大雾横江

——惹不起，好在躲得起

一、“北风雨雪恨难裁”

天宝十一载，身处河北大营中的李白察觉到了安禄山的不臣之心，冒着巨大的风险摆脱了对方的严密监控，他经由范阳出发，为了躲避大路上的哨卡阻拦，一路取道燕山、太行山上的羊肠小道，历经月余，才逃出了三镇的势力范围，试图到长安向朝廷汇报河北的所见所闻。

途中，李白餐风沐雪、饥寒交迫，同时也心急似火、忧思难耐，生怕被三镇的兵卒截获，那么不但自己性命难保，整个大唐的命运也失去了最后一丝得救的希望。在这样恶劣的环境和心境的渲染下，李白写下了一首著名的《北风行》，表达了对现状和前景的深深忧虑。诗歌的前六句是对塞北环境的描写，整体营造出一派风霜凄紧的景象：

烛龙栖寒门，光曜犹旦开。

日月照之何不及此？惟有北风号怒天上来。

燕山雪花大如席，片片吹落轩辕台。

相传有一种叫烛龙的神兽，它生活在北方极寒之地，主掌着这个地方的明暗、阴晴、冷暖，它睁开眼睛就是白天，闭上眼睛就是黑夜。这个极寒之地，是太阳月亮都照耀不到的，只有漫天的北风怒号，卷挟着如草席一般巨大的片片雪花，从天落下，落在燕山脚下、落在轩辕台上——燕山就是如今北京北部的燕山山脉，轩辕台是传说中轩辕黄帝与蚩尤激战的涿鹿，在今河北怀来县。于是我们就明白了李白这个鲜明得不能再鲜明的隐喻：所谓的“极寒之地”，就是安禄山治下的燕赵大地，这里远不在中央朝廷的控制之下，故而日月之照不及此，而安禄山自然也就是主宰着阴晴变化的“烛龙”，他一手遮天地决定着这里的一切，而雪落轩辕台也点明了玄宗与安禄山之间，也必然像皇帝与蚩尤一样，有一场激战。这一段是国家层面的大背景概括，核心思想是安禄山不臣、天下难免动荡，而接下来的十二句诗讲述了一个征人思妇的故事，集中表现了动荡中人民的苦难：

幽州思妇十二月，停歌罢笑双蛾摧。

倚门望行人，念君长城苦寒良可哀。

别时提剑救边去，遗此虎文金鞞靫。

中有一双白羽箭，蜘蛛结网生尘埃。

箭空在，人今战死不复回。

不忍见此物，焚之已成灰。

在幽州十二月的苦寒之中，有一位思妇，她在家中唱不出歌声，也发不出欢笑，只有愁眉紧锁，终日里靠在门边望着过往的行人，却不见夫君的踪迹，想到她的夫君正在长城上守卫，每日挨饿受冻、吃苦劳累，更是心中哀伤。她回想起分别时的情景：边疆有难，丈夫毅然提剑奋起，前去保家卫国，留下了一个箭囊，上面镶着金色的装饰，绣着虎皮斑纹，里面还装了一对白羽箭，早已落满了灰尘、长满了蛛网——这说明夫妻分别已经颇有些时日了。紧接着一句，使人读之惊心动魄："箭空在，人今战死不复回。"原来她的丈夫早已战死了，那在长城边忍受苦寒的不过是他的尸骨，思妇的"倚门望行人"也不过是一种习惯罢了，或者说她不甘接受这一现实，还盼着奇迹的发生。我们来细细品味这位思妇的心理变化：在故事开始之前，她在"歌"、在"笑"，这是生活中的正常状态，是一个人无所牵挂的快乐；但当风雪降下，她便"停歌罢笑"，想起了苦寒之中守边的丈夫，担忧起他的饥寒饱暖，习惯性地去门边远望，盼他早日归来，这是心有所属的牵挂与盼望，虽然煎熬，却还有所希望；而当她看到丈夫的遗物——箭囊与白羽箭，才意识到已经物是人非，生死诀别，这时一切的希望瞬间破灭，心中的煎熬也化作了无尽的悲哀，所以为了避免以后再次经历这种"盼望变为失望"的情景，她宁愿将这些提示她现实的事物彻底焚毁，从而长久地活在虚幻的想象里，这无疑是一种更大的悲哀，严酷的现实终究不能被虚幻的想象所掩盖，岂是焚烧掉信物就可以永远逃避的呢？李白对乱世之中征人思妇的心理感知表现得十分细腻，体现了他民胞物与、兼济天下的情感胸怀和深入人心的精到笔触。篇终，李白发出了深沉的感慨：

黄河捧土尚可塞，北风雨雪恨难裁。

滔滔不绝的黄河，虽然气势磅礴，宛如天上奔流而来，但只要万众一心捧土筑堤，依然可以将其堵塞，然而北风和雨雪都在太阳照耀不到的地方兴风作浪，其侵袭也是循序渐进、逐步而来，等到真正成了气候，便已经难以遏制、不可阻挡，所以这才是真正最难抑制的隐患和灾难，而对此，纵然以李白的大才也只有遗憾，无能为力了！他也许正是想以这样的感染力来唤醒朝廷的统治者，使他们真正意识到国家、人民面临的苦难，正常情况下，一个有血有肉的人读到这样的文字，深埋灵魂的恻隐之心怎可能不为之触动呢？不幸的是，当时的统治者的确没有被触动，或者说，根本没有读到这样的文字。

二、暮年人的《少年行》

来到长安的李白自然是无缘与玄宗相见的，他多方游说，希望有朝中官员能代他将河北的见闻呈报给天子，可是好说歹说都找不到一个愿意进谏的人，人们还都劝他不要自找没趣、自讨苦吃，这让李白十分苦恼，明明安禄山已经成了国家的巨大隐患，如此显明的事实，怎么就不敢对皇帝上报呢？

原来在当时的环境中，并不是只有李白对安禄山的不臣之心十分忌惮，朝中早有大臣向玄宗进谏，要求裁撤安禄山的势力，以免养虎为患，就连宰相杨国忠都不止一次劝玄宗对安禄山多些提防与压制，只不过他们不像李白一样亲眼所见、亲身经历，所以劝谏得不是那么有理有据罢了。而玄宗的态度也很明确，安禄山既然被贵妃认作是干儿子，那自然也就是玄宗的干儿子，哪有儿子会造自己父亲的反呢？所以对于这些建议，他是一概不采纳的，他知道杨国忠素来与安禄山不合，只把杨国忠的建议当作是对安禄山的政治排挤，多次亲自出面调和他二人的关系，杨国忠也很识趣，就不再多说；而至于那些中下层官吏，下场就惨了，玄宗把其中进谏最为激切的几个人直接送去了河北安禄山的大营里，交给安禄山处置，安禄山自然也毫不留情，杀之而后快，因此朝中再也没有人敢妄言安禄山的不是了。

这下，李白才算意识到，大唐是真的要完了，安禄山终有一天会驱驰河北铁骑席卷整个中原，那时候一切的歌舞升平都会化作烽火狼烟，而他对此却无可奈何。既然不能拯救天下，干脆还是先保证独善其身吧，于是李白回到东鲁家中，开始着手准备举家南迁以躲避迟早到来的灾祸。天宝十一载岁末，李白带着宗氏夫人、伯禽、平阳和颇黎一起离开了居住了十五年之久的东鲁，而这一次的目的地是安徽宣城，一来远离即将战乱的中原前线，二来那是他的偶像谢朓常年生活和工作过的地方，三来他的从弟李昭在那里担任长史，去了之后可以有个依靠。

李白拖家带口、行迈靡靡，加之忧心国运又无处诉说，一路走来心情十分压抑，经历了好几个月的跋涉才进入安徽境内，来到了淮南。这块土地曾经留下过他的足迹。前面介绍过，开元十六年前后，初游吴越结束的李白曾卧病于此，其间在浓烈思乡之情的作用下写作了著名的《静夜思》，后来因为去往安陆与许氏夫人成婚而离开，如今弹指一挥间竟已过去了二十多年！再次看见淮南街市上那青春洋溢的游侠少年，想到自己逝去的青春、理想与爱情，李白不得不感慨系之，他写下了一首《少年行》：

君不见淮南少年游侠客，白日球猎夜拥掷。

呼卢百万终不惜，报仇千里如咫尺。

少年游侠好经过，浑身装束皆绮罗。
兰蕙相随喧妓女，风光去处满笙歌。
骄矜自言不可有，侠士堂中养来久。
好鞍好马乞与人，十千五千旋沽酒。

诗歌的前半部分写少年风华正茂的青春意气，这位淮南的游侠少年有三个显著特点：一是天性喜好玩乐，他在白天沉醉于打球、游猎，到了晚上则喜欢赌博，还整天带着歌儿舞女到处开派对；第二个特点是不吝钱财、一掷千金，他衣着十分华美，排场也铺得很大，出入一定要坐名车、喝美酒，且不说这些，哪怕就是在赌场里输上几百万也不觉得可惜；第三个特点是爱憎分明，他家里养着许多门客，有恩相报的人，他舍得好鞍好马相赠，而倘若结下了仇怨，哪怕千里之遥也定要咫尺以报。这样一位游侠少年大家是否觉得熟悉呢？这不正是青年李白的缩影吗？有着优越的生活条件，注重于享受诗酒风流，喜好结交豪贵，不惜散金数十万——是的，李白在吟咏淮南少年的同时，正是在追念自己的青春岁月，五十三岁的李白一眼望去，脑海中都是自己二十八岁的影子！淮南少年会形成这样的性格特点，自然也有着他的目的与心思：

赤心用尽为知己，黄金不惜栽桃李。
桃李栽来几度春，一回花落一回新。
府县尽为门下客，王侯皆是平交人。

将一腔赤诚之心托付给知己，不惜以黄金为养分，浇灌出桃李之情，等到来年桃李花开，便会回报给自己满园的春色——那时，府县官吏都将是自己座下宾客，而王侯公爵亦将成为自己的平交之人。这是李白的一大人生理想，只可惜有些脱离时代，因而到头来并没有完全实现，但他种下的善果大多也都结出了福报。诗歌的最后，李白对着几十年的人生浮沉进行了回顾，并发出了自己的感慨：

男儿百年且乐命，何须徇书受贫病。
男儿百年且荣身，何须徇节甘风尘。
衣冠半是征战士，穷儒浪作林泉民。
遮莫枝根长百丈，不如当代多还往。
遮莫亲姻连帝城，不如当身自簪缨。
看取富贵眼前者，何用悠悠身后名。

大丈夫生于世间不过百年，就应该追求快乐的生命和荣耀自身，何必去皓首穷经、甘愿忍受贫苦疾病，又何必去守护清虚的名节、甘愿沦落风尘？看看当今天下，达官显贵之人多是征战的勇士出身，而穷困的儒生大都只能混迹山林。身后的浮名即便有百丈之长，又怎么比得上当世的高朋满座；纵然与整个都城的贵人都沾亲带故，又怎么比得上自身功成名就？所以，为人还是应该追求些现实的富贵，而不要去图身后那些虚名。读到这里，我们不难感受到李白的一股不平之气：他之所以三入长安而不得志，甚至一度成为天子近臣都没有能够位居台阁，说到底就是因为太过于在乎儒家之道，太过于追求万古鸿名，若是早些放下自己的理想信念，也许如今也不至于远走淮南，回到了最初的起点——然而，李白为这近三十年的探索感到惋惜和懊悔吗？我认为，惋惜难免是有的，毕竟在追梦的过程中，他错失了很多美好的人生风景，但懊悔应该不存在，他的选择是时代赋予他的使命感所决定的，纵然推倒重来，想必他也一定还会义无反顾，这正是李白精神中真正的常人不可及之处。

三、“横江西望阻西秦”

李白带着家人朝着南方继续前行，走了没多远，一条长江天堑横亘在前——他们来到了横江渡。之所以叫“横江”，是因为这一段长江水路自南向北流淌，相对于自西向东的总体趋势来说是横了过来。江岸那边是当涂县采石矶，与燕子矶、城陵矶并称为“长江三大名矶”，是一处著名的江山名胜；而横江渡自古也是长江中下游的重要口岸，孙吴经略江东、晋室永嘉南渡、隋炀帝平陈，都是从这里渡江，所以也是一座见证了太多兴衰存亡的渡口。

面对这样的风景形胜和历史积淀，结合眼下的满腔忧愤，李白又怎可能不将其赋之于诗呢？于是，他创作了《横江词六首》，核心都是表现横江的风急浪险和江天阻隔，其一写道：

人道横江好，侬道横江恶。
一风三日吹倒山，白浪高于瓦官阁。

前面说了，横江渡是自然风景与历史人文的双重胜迹，历代文人雅士都赞扬这里的美好，李白却偏要说它险恶：因为这里的一场大风足能吹满三日，连山峦都抵御不住它的气势，掀起的白浪更是高过了瓦官阁，能把一切都卷入江水带走——这在他人眼中波澜壮阔的景观，到了李白笔下，只意味着巨大的破坏力和阻碍，横亘在了自己和国家的面前。显然李白依然在诗中用了隐喻：长江象征着家国，大风则是暗藏着的威胁——准确来讲就是蠢蠢欲动的安禄山，而掀起的巨浪高过了瓦官阁，也就预示着即将到来的动荡将给中央朝廷和现有的秩序造成巨大的冲击。再来看第二首：

海潮南去过浔阳，牛渚由来险马当。

横江欲渡风波恶，一水牵愁万里长。

这首诗中出现了很多地名："浔阳"即江西九江，在横江上游不远处，因为这段水流自南向北，故而逆着的海潮也会南去；"牛渚"即牛渚山，也就是前面提到的采石矶，是沟通长江两岸的要塞，地势险峻；而"马当"即马鞍山，在江岸下游不远处，相对平缓——李白以江岸三地，实际上串联起了长江上下，而后又将视角聚集在横江一处。他说：想要在横江东渡，却无奈这里风大浪高，过于凶险，无奈愁情化入长江，传遍神州万里。"横江欲渡风波恶"自然也是隐喻，说的是自己的报国之路艰难险阻，和"蜀道之难，难于上青天"有异曲同工之妙。其三把这种愁绪说得更明白：

横江西望阻西秦，汉水东连扬子津。

白浪如山那可渡，狂风愁杀峭帆人。

站在横江渡，向西望去，与中原长安相隔千山万嶂，而东边已是滔滔奔流的长江，是进是退的处境，于李白而言，其实已经一目了然，他离庙堂远，离江湖更近。可是，他不甘心这样做出选择，因为江上白浪如山、狂风愁人，国家的危难近在眼前，身为国士的他不忍袖手旁观，但除此之外似乎又别无选择，让人情何以堪。其四写潮水之势：

海神来过恶风回，浪打天门石壁开。

浙江八月何如此？涛似连山喷雪来！

诗中的“海神”是指海潮，海潮的影响足以由入海口上溯到长江下游，滔天大浪拍打着岸边，仿佛天门山就是被这样敲开。素来听闻钱塘江八月大潮最为壮观，李白不知道与这样的水势相比，谁更令人惊叹，他只觉得眼前这汹涌的波涛已经如同连绵不断的山脉并排喷涌着雪花铺天盖地地压过来，其浩大气势不可阻挡，令人窒息。其五写渡口与渡江，有较强的叙事性：

横江馆前津吏迎，向余东指海云生。

郎今欲渡缘何事？如此风波不可行！

一家人来到横江馆驿下榻，小吏出门相迎，听闻他们准备即日渡江东去，小吏摇了摇头，问道：“客官您着急着渡江是有什么急事吗？我劝您这两天先别冒险，您看看这天色！”说着，他将手指向了东边的天空，那里层云堆叠，预示着一场疾风暴雨，“像这样的天气必有大的风波，您万万不可出行！”而见惯了风浪的李白对此自然是无所畏惧的，其六便交代了渡江的经过：

月晕天风雾不开，海鲸东蹙百川回。

惊波一起三山动，公无渡河归去来。

在月光昏暗、风吹不止、大雾连江的夜晚，李白一家选择冒险东渡。乘船行于江上，他们感受到如同巨鲸在水中翻滚一般，又好似东海中的猛兽吞吐着长江水，使得波涛仿佛能够连大山都摇动，引得天旋地转。然而一家人东下的念头却十分坚定，就像古代那位不顾生死的“白首狂夫”一样，只管前行，不问福祸，过了险滩便是美好的彼岸。“公无渡河”反映了李白的毅然决然，在滔天的风浪面前，他的力量可谓不值一提，就好比对于大厦将倾的时局而言，他同样是独木难支，然而无论如何，总要敢于尝试，哪怕挫折甚至牺牲，都无愧于自己的理想信念；而“归去来”更让我们看到了李白的释然与超脱，无论福与祸、兴与衰、存与亡，都是历史的周期宿命，只要了无执念，便也就无所畏惧，同样不必在乎外界的风雨波涛，只要跟随内心的指引前行，便是最好的归宿。

这组诗歌整体风格近似民歌小曲，语言直白通俗、清新流畅，以极为简单的文字结构表达了身处横江的所见、所思、所感，是即事而成的名篇佳作，虽然篇幅短小，情景、故事线索和意象选择也都相对单一，但由于善用隐喻，同样赋予了诗歌丰富的内涵，揭示了李白复杂的心境，表现了由迷茫到愤慨，再到坚毅，终于超脱的情感变化。

写完这组作品，五十三岁的李白携家人毅然渡过长江，到达安徽南部宣城附近，而一语成谶的是，这也将成为他人生中最后的定居之所，他也像“公无渡河”的那位“白首狂夫”一样，此生再也没有回到长江北岸。那么李白在皖南的生活又将是什么样的境遇呢？

第二十三讲

高楼醉卧

——唐代的高级应援是什么样子？

一、愁入秋浦

天宝十一载，李白察觉到安禄山的壮大和玄宗的放任终将给中原带来一场灭顶之灾，为了避免这场在所难免的战乱，他决定离开东鲁，携家眷南下，迁往安徽宣城。他们途经淮南等地，并经由横江渡渡过长江，来到了安徽南部，一路上且歌且行，留下了大量经典的诗作。

过了横江渡，顺着长江南岸继续前行，便来到了秋浦，也就是如今的安徽池州市的贵池区，这个名字来源于一条同名的河流，“浦”本身就是湿地的意思，而“秋”自古与“愁”同源，所以“秋浦”这个名字翻译成白话，便可以说成是“悲伤的河流”，听起来就感觉很伤心了——这条河之所以会叫这个名字，当然也是因为它特殊的自然环境，河流紧邻黄山，两岸重山起伏、森林茂密，河道幽深狭长，泛舟河上时常能够听见山上林中猿猴凄厉的啼鸣，往往能够催发人的愁情。

除了自然环境以外，秋浦还有特殊的文化内涵，南朝时，这里名为石城，曾是梁昭明太子萧统的封邑，而萧统正是文人心中的“圣经”——《文选》的编者，更是李白的偶像之一。萧统治理石城时，帮助百姓发展农田水利，赈济自然灾害，深得百姓爱戴，《文选》也有一部分篇幅是在这里整理完成，所以对李白而言，来到秋浦同样有一种朝圣的感觉。

但面对昭明遗迹，李白心中却没有丝毫的欣喜，有的只是对前辈圣贤成就的羡慕和憧憬，因为他意识到自己眼下不但不能成就一番大业，就连一场显而易见的灾祸都阻止不了，于是，他便也成了万千秋浦愁情客中的一个，他的愁情化为了著名的《秋浦歌十七首》。这组作品在主旨和意境上都与秋浦一样，突出了一个“愁”字，由于十七首的篇幅过多，我们选取其中最有代表性的几首为大家介绍。先看其一，这是整组作品的总纲：

秋浦长似秋，萧条使人愁。
客愁不可度，行上东大楼。
正西望长安，下见江水流。
寄言向江水，汝意忆侬不。
遥传一掬泪，为我达扬州。

秋浦的环境终年萧条，如同肃杀的秋天迟迟不去，身处其中自然使人哀愁——这是环境之愁；而李白身为一个客居之人来到此处，不能轻易渡河而去，只好登楼消忧——这是漂泊之愁；登上东大楼向西眺望长安，只见群山遮挡、浮云蔽日，唯有滔滔江水无情流过，似乎诉说着国运兴衰是天命使然，人力不可改易——这是时局之愁。怀着三重愁情的李白，又无人可以倾诉，只好对着江水发问："你对我有没有一点情感，如果有的话，请带上我的一把眼泪，将它东传至扬州！"这番心痛、孤独之感，通过一场有来无回的对话，也就巧妙地展现在了读者眼前。由环境、漂泊、时局而生出的三重愁情，正是这组作品的核心。再来看其二：

秋浦猿夜愁，黄山堪白头。
清溪非陇水，翻作断肠流。
欲去不得去，薄游成久游。
何年是归日，雨泪下孤舟。

秋浦紧邻黄山，山高林密，夜间山林中的猿猴此起彼伏、啼鸣不息，其声如孩童哭泣，令人愁苦，就连黄山听了都会愁白了头发，否则也不会终年云雾缭绕，眼前清澈的溪流虽不同于陇头水，没有见证太多战场上的生离死别，却同样发出悲咽之声，令人为之断肠。如此凄苦幽怨的环境，本已让人难以承受，而想要离去却不能，短暂的驻留终将成为在南国的久游，不知何年才能回到中原，想到这里，李白更是潸然泪下，洒落在漂泊的孤舟之上。其后的诸篇多是五言四句的短札，在风格上流畅清切，带有吴歌的意味。其中有的写环境催人白头，如其四、其十、其十五，其四说：

两鬓入秋浦，一朝飒已衰。
猿声催白发，长短尽成丝。

自从进入秋浦之地，两鬓青丝，无论长短，都只消一朝便在猿声的催化下，变作了如丝一般的衰朽白发。其十写道：

千千石楠树，万万女贞林。
山山白鹭满，涧涧白猿吟。
君莫向秋浦，猿声碎客心。

秋浦河两岸，长满了石楠树和女贞林，这是两种高大的乔木，遮天蔽日地笼罩着山野，其间到处都是逐水而居的白鹭和攀援啼鸣的白猿——从这样的描绘中，我们不难想象那种原始森林的阴森恐怖。所以，李白奉劝读者，千万不要来到秋浦这样的地方，听闻几声猿啼，便足以令原来的客子伤心。其十五是组诗中最为出名的一首：

白发三千丈，缘愁似个长。
不知明镜里，何处得秋霜。

诗人在短短四句之中，综合运用了夸张、通感和比喻的手法，表现了愁情的浓重：来到秋浦只几日，白发便已有三千丈长，这当然是夸张，为了突出白发的茂密繁杂；为何会生出许多白发呢？只因为愁绪也是这么长，愁本是无形的感受，为了直观表现，诗人将它转化为长度来展现，使人一目了然地体察到这份愁情的深远绵长；后两句写对镜之事，不知为何，仿佛镜中长出许多霜花，一片雪白，其实这霜花同样是在比喻白发，突出了愁情到来的突然和猛烈，如严霜一般令青春难以招架。

除了表现愁情之外，《秋浦歌》中也有一些篇章是在表现秋浦的山水景观，如其八写山岭景象：

秋浦千重岭，水车岭最奇。
天倾欲堕石，水拂寄生枝。

在秋浦边的诸多山岭中，最奇崛的就属水车岭，那里的天空好像都要随着大石一起倾倒下来，山石上的藤萝则直挂到水边，顺着秋浦水摇曳生姿，奇幻与幽怪的意趣并存。其九写岸边巨石：

江祖一片石，青天扫画屏。
题诗留万古，绿字锦苔生。

江岸上难得一片平地，原来那是一块耸立的巨石，如同上天特意在这高山密林之中为文人才士们扫出的一块画板，供他们题笔留墨。走近一看，巨石上的确留存着历代到访者的诗文笔记，然而却也都渐渐被青苔覆盖，他们的主人和那些文采都早已随着时光而淹没，只有愁情贯穿古今感动着后人。其十二写水面的平静：

水如一匹练，此地即平天。
耐可乘明月，看花上酒船。

秋浦河水如同一条洁白的素布，这里的天、地、水仿佛都齐平无间，乘船饮酒，闲看两岸繁花，醉眼之中望着明月，也分不出是在水中还是天上，这仿佛是一派逍遥自得的意境，然而其实也不过是李白消愁的探索罢了。这些吟咏风光的篇章，虽然没有直接表现愁情，但景语本身也是情语，或多或少都与秋浦的文化内涵和诗人的心境有着密切的联系，因而我们还是要读出它们背后的情感韵味。

最后一篇其十七是整组作品的终结，讲述了离开秋浦的过程：

桃波一步地，了了语声闻。

黯与山僧别，低头礼白云。

“桃波”也叫桃陂，是秋浦不远处的一片池塘，虽然是鸡犬相闻的一步之隔，风光却与秋浦大不相同，那里春水桃花、风景美好，李白在秋浦的愁苦景致中待得久了，自然需要前去改换一番心情。于是，他默然与山僧作别，低下头对着白云行礼，而后便义无反顾地走出了秋浦。他一心想要离开这愁苦之境，然而其实他自己也知道，三重愁苦其实有两重都在他自身，纵然离开了秋浦，这愁情又如何能够轻易摆脱呢?

二、追星到宣州

离开秋浦的李白携家人继续前进，又过了几天，便来到了此行的目的地——宣城。宣城位于安徽东南角，紧靠金陵与杭州，是一座历史悠久的古城，汉时称为宛陵，魏晋以后置为宣州。这里群山环绕、风景宜人，有着深厚的文化积淀，“文房四宝”之一的宣纸便诞生并得名于此。而对于李白来说，更重要的是这里是他的偶像谢朓常年生活和工作的地方。

谢朓是南齐时期的重要文人，是中国古典山水诗的代表作家，也是近体诗演进进程中的重要功臣。他出身于一流高门大族谢氏，与著名的谢安、谢灵运同宗，为了将他与同样擅长山水诗的谢灵运区分开来，人们称之为“小谢”，而将谢灵运称为“大谢”。谢朓虽然出身甲族，仕途却并不顺利，因为整个南朝的政治趋势是权力逐步由士族向皇权收拢，因而他虽然以家世显赫入官，却做的都是些无关紧要的闲差，又于三十二岁这年被派出为宣城太守，并在这里度过了人生最后的时光。三十六岁时，他被卷入始安王谋废东昏侯的事件而下狱，死于狱中。虽然只有短短三十六年人生，但谢朓留给文学史的财富却是巨大的：他不但发扬了山水诗的创作传统，并且打破了“大谢体”一统天下的格局，创制了情景更为交融、视角更为多变、意境更为开阔的“小谢体”山水诗；还曾于早年追随竟陵王萧子良，与萧衍、沈约、王融同为“竟陵八友”，其间一起钻研文学，创制了所谓的“永明体”，成为近体律诗的萌芽，故而也可以算得上是近体诗的重要先驱。

李白对谢家这几位杰出历史人物一贯十分推崇。谢安，是实现了他人生理想的人物，他常常自比之，说“东山高卧时起来，救济苍生未应晚”；对于谢灵运，他羡慕那种超凡脱俗的风流状态，也曾于梦中“脚著谢公屐，身登青云梯”；至于谢朓，李白十分拜服其文学才华，后人评价说他“青莲才笔九州横，一生低首谢宣城”，足以见出他对谢朓的敬重与推崇。

之前游金陵之时，李白曾于夜间路过金陵城西楼，看见清冷的月色洒落长江，为江面披上银装，古老的金陵城也因此而增添了几分静谧，不由得想到了谢朓《晚登三山还望京邑》一诗中“澄江静如练”的佳句，有感而发写下了一首《金陵城西楼月下吟》，既是感怀，也是向谢朓致敬：

金陵夜寂凉风发，独上高楼望吴越。
白云映水摇空城，白露垂珠滴秋月。
月下沉吟久不归，古来相接眼中稀。
解道澄江净如练，令人长忆谢玄晖。

金陵城寂静的夜色中吹起了清凉的秋风，李白独自登上城西门楼眺望吴越的秋光江景。澄明的江水上有云和城市灯火的倒影，天上的云和地上的城此刻相会在水中，随着涟漪而一同荡漾摇曳，仿佛是云气撼动了城邑一般；水边的草木上凝结起了晶莹的露水，滴滴落下，打在水中，使月影破碎，这些草木露珠与天空的皓月在水中交汇成景。这一联的景物描写，通过镜像构图，勾连起了天、地、水、月，使多个图层叠加为一幅完整的画卷，构思十分精巧！身处这样的美景之中，李白久久沉吟，不愿离去，只盼望能有知音人共赏，只可惜自古以来知音难觅。突然，他想到了谢朓曾经写下诗句——“澄江净如练”，不正是对眼前之景最贴切的描绘吗？他终于穿越时空，于诗文之中碰到了自己的知己，正因如此，才会让他对谢朓长久怀念、念念不忘。这是谢朓和李白两位伟大文学巨星的际遇，更体现了文学能够超越现实、传递情意的无穷魅力。

不过宣州城中关于谢朓的遗迹却不多，只有陵阳山上一座北楼，名为“叠嶂楼”，取重岩叠嶂之意，相传是谢朓为太守时所建，故又称为“谢朓楼”。李白当然不能放过这仅存的偶像遗迹，刚刚到达宣城，将家人安顿好，便立刻前去登览追凭，并写下了一首《秋登宣城谢朓北楼》：

江城如画里，山晚望晴空。
两水夹明镜，双桥落彩虹。
人烟寒橘柚，秋色老梧桐。
谁念北楼上，临风怀谢公？

宣城紧邻绩溪，在当地，无论河、湖、溪、涧，只要有水流，人们一律称之为“江”，李白也就入乡随俗，把宣城叫作“江城”。他说这里的风光如同画中一般美妙，尤其到了晚上天空放晴的时候，站在山上眺望，更是觉得二水环绕着一片明镜，彩虹正好横跨城市的上方，两脚落在双桥之上，天人风光完美和谐。这是典型的“小谢式”的观景和写景视角，李白不满足于只是登楼，还要用偶像擅长的笔墨手法来勾画他最喜爱的风景，这真算得上是粉丝当中的楷模了。按照“小谢体”的模式，接下来是情景交融：村落间泛起秋日的寒烟，萦绕着丰收的橘和柚，而梧桐树却已经显出苍老，不再是凤凰的栖息之所，意味着平静的日复一日的生活之中，盛世正在渐行渐远。最后，李白直言不讳地表明了对谢朓的怀念，感慨斯楼仍存，斯人已去，不再有此般知己，实为天地间最大的不幸之一。

此后，李白常常来到谢朓楼凭吊，或呼朋引伴，或独自登览。其间，一位叫李云的朋友路过宣城，他在朝中任校书郎，攀起辈分来还是李白的叔叔，他之所以会来此地，也是因为在朝中受到排挤而不得志。因此，李白与他聊起来分外有共同话题，常常一同出游。后来李云即将离开宣城时，李白特意在谢朓楼设宴为他送别，二人饮酒正酣之际，被时局之惑、分别之苦、古今之叹三重情绪缠绕的李白突然拔剑而歌：

弃我去者，昨日之日不可留；乱我心者，今日之日多烦忧。
长风万里送秋雁，对此可以酣高楼。
蓬莱文章建安骨，中间小谢又清发。
俱怀逸兴壮思飞，欲上青天揽明月。
抽刀断水水更流，举杯消愁愁更愁。
人生在世不称意，明朝散发弄扁舟。

那些弃我而去的既往岁月分毫不可挽留，眼前这扰乱我心志的事物，又是那么令人烦忧！既然时光流逝、世事纷扰都是人力所不可改易的现状，那便也不必为之忧愁。万里长风已经送来了秋雁，自然可以对着此番天高云淡的景象，在高楼之上痛快地大醉一场！李云叔，您文章的格调足以与建安风骨媲美，而我也学到了谢朓的清新峻拔之气，咱们都是怀着超然的逸兴和壮阔的思绪，想要飞上青天揽下明月的壮志高才之士，为何如今都纷纷被排挤在这绩溪之畔，只能饮酒为乐，虚度光阴呢？挥舞起手中的宝剑想要截断水流，奈何水流不止；倾倒着手中的酒杯来借酒消愁，只引得愁绪更浓。既然处于世上并不能称心如意，何不从明天起超然世外，散发扁舟，追求永恒的自由呢？这首《宣州谢朓楼饯别校书叔云》正是在这样的环境中写出来的，李白借着醉意，一气直下，毫无忌惮地宣泄着自己的内心，将几年来郁结在心头的重压和苦闷一泄而出，造就了这篇气势磅礴、激情澎湃、汪洋恣肆的千古绝唱。从整体观感而言，这首诗杂而不乱，这正是其高妙之处，李白以强大的文字驾驭能力，将思想感情的瞬息万变、波澜迭起，和艺术结构的腾挪跌宕、跳跃发展，在这首诗里完美地统一了起来。

三、“桃花潭水深千尺”

作为谢朓的忠实粉丝，李白的应援是相当给力，也是相当高级的。而同时，作为当代的一大偶像，李白也受到不少粉丝的拥戴，比如离宣城不远的泾县就有一位出色的“李白迷弟”，他叫汪伦。

关于汪伦的身份，有两种说法，其中一种我们比较熟悉，出自清代袁枚的《随园诗话》，说汪伦是泾县的一位豪侠之士，仰慕李白的才华与侠义，想邀他来家中做客，又怕李白不肯来，便写了封信给他，说：“我听闻翰林您喜欢桃花，我们这里有十里桃花；也知道翰林您喜欢喝酒，我们这里有万家酒店。您何不来我这里亲身体验一番呢?”李白收到信当然非常开心地前去找寻这片世外桃源。可到了却并没有看见所谓的“十里桃花”“万家酒店”，汪伦这时才解释说：“十里桃花就是县城边的桃花潭，方圆十里；至于万家酒店，我们酒店的老板就姓万，那不是万家酒店吗?”李白听后哈哈大笑，遂与汪伦结伴相游数日，临别之际还写下了一首《赠汪伦》：

李白乘舟将欲行，忽闻岸上踏歌声。
桃花潭水深千尺，不及汪伦送我情。

诗歌记述了分别之时，汪伦带着村人为李白踏歌送行的场面，以歌舞欢愉冲淡了离情别绪，更以奇妙的想象将友情与桃花潭水相比，使其形象而具体，整首诗歌于平易自然之中见出感情的真挚。

不过话说回来，这个故事虽然美好有趣，但似乎与真相有些差距。

据当代一些学者考证，汪伦恐怕不是一位普通村民，与李白也并不是初次相识，而是李白的一位世交，此前做过泾县县令，只是此时已赋闲在家。但无论如何，李白的这首诗以及诗中表达的那份深过千尺桃花潭水的淳朴友谊是真真切切的，足以穿越千载令人感动。

李白一家终于在宣城住下了，由于到了生命的暮年，对于生活品质的追求也就格外精致，他要精心地挑选一处住所。那么，到底什么样的环境才能满足李白的需求呢?

第二十四讲

好入名山

——做个唐代旅游博主也挺好

一、“相看两不厌”

李白携家人于天宝十二载到达安徽宣城，开始了退隐南方的生活，由于自己是“当红一线明星”，又有在官府任职的从弟相互照应，李白一家的生计是不成问题的。但既然告别了中原，就意味着真正远离了政治，迎接晚年生活的他自然对于生活品质有着更高的追求，首要的便是选定一个心仪的定居之所。

宣城虽然不大，但却是往来吴越与荆楚的要冲，市井喧嚣繁杂，而李白历来不喜欢住在城里。不管人生的哪个阶段，他都喜欢在山上筑起自己的世外桃源——蜀中的大匡山、安陆的北寿山、东鲁的徂徕山，甚至包括借住元丹丘家时所在的嵩山，可以说是一生好入名山，于是到了宣城，他也毫不例外，开始物色起周边的山居来。好在宣城北郊恰有一座名山，仿佛是天赐的好居处，那便是敬亭山。

敬亭山是黄山的支脉，山势不高，主峰崔云峰海拔只有三百多米，但山林却茂密而绵长，大小六十余座长满碧树芳草的山峰连缀成一望无际、此起彼伏的绿色海洋，在云雾漫绕之中显得格外秀丽，山上更是林壑幽深、泉水淙淙，实在是钟灵毓秀之地。李白初进山中便对这里的环境十分满意，很快就在敬亭山安下家来。

由于彻底放下了对政治的渴望，身处清幽山林中的李白也格外能够融入自然的真趣里，他似乎找回了儿时在大匡山上的感觉，回到了那段与东严子赵蕤一起与鸥鸟相伴的岁月。他与敬亭山的万物仿佛都成为无话不谈的密友，时常一个人坐在山崖上静观日出日落、云卷云舒。《独坐敬亭山》一诗便是这种超然心境的最佳表露：

众鸟高飞尽，孤云独去闲。

相看两不厌，只有敬亭山。

敬亭山的鸟不像蜀中的鸥鹭，会与人相伴，它们远远地高飞殆尽；连云也仿佛知趣一般，缓缓地移开，与山中独坐的李白渐行渐远——这是一种静中愈静、清上加清的意境，也是李白的心境。在这云鸟都不忍打扰的静谧山色中，李白眼中的敬亭山仿佛化作妙龄少女一般成了他的红颜知己，终日与他相伴。看着她的花容月貌，什么也不说、什么也不做，自不知疲倦、不觉满足，这是远离纷扰的自然清境带给李白的人生享受。

与李白相看不厌、相伴不倦的当然不止敬亭山，还有前来探望他的朋友。比如他的一位叫濬上人的同乡僧人就曾在云游时，特意来到敬亭山拜访，其间还在山林中弹琴助兴，为自然天成的美景增添了风流意趣。李白当然也不甘示弱，写诗相赠，题为《听蜀僧濬弹琴》：

蜀僧抱绿绮，西下峨眉峰。
为我一挥手，如听万壑松。
客心洗流水，余响入霜钟。
不觉碧山暮，秋云暗几重。

“绿绮”是古代名琴，出于巴蜀，写蜀僧携之自峨眉而来，用典十分贴切。而后的颔联是全诗最精彩的两句：只见蜀僧肆意地挥一挥手，那鸣琴之声，就如同风吹动了万壑之间的松林，其响宛如天籁——这一联写出了蜀僧的琴技高超，他弹琴时状态十分洒脱自然，不经意间便能营造出气势、情韵俱佳的天籁琴声，引人入胜；同时，也体现了李白的知音之情，蜀僧一挥手弹就的，想必不会是过于繁复的曲调，而于其中可以感知到万壑松动、天人相交，若非知音者是万万做不到的，只有真正醉心自然、超然入胜之人才会产生这般审美体验。同时，这两句诗的韵味如同“李白斗酒诗百篇”般，还饱含着盛唐的风流豪迈，这在天宝末年的诗歌中是极为难得的，也足以见出李白心中那份割舍不掉的盛世情怀。接着，李白写一曲听罢的体验：琴声的余响伴着山寺的钟声在山间回荡，听罢琴声的内心世界，就如同被流水洗涤过一般澄澈纯洁，不知不觉青山已经披上了暮色，云天也更加黯淡——他不去具体描绘琴声和细节，只传达出一种感受。倘若我们细细推究便不难发现，这感受只发生在琴曲的首尾两端，中间一大段听琴的过程是缺失的，说明那个阶段李白正沉醉于琴曲之中、忘乎自我。

二、“一醉累月轻王侯”

天宝十二载到十四载这几年居住在敬亭山上的时光，可以算得上李白人生中最后一段快意岁月，虽然大唐王朝的劫难日益临近，但李白却能与家人一起守护山林中的岁月静好。田园牧歌、不问世事、佳人在侧、儿女成群，这一切仿佛让李白寻回了北寿山蜜月生活的甜蜜滋味。虽然身边的佳人换了姓氏，但恩爱不减当年，唯一不同的是如今儿女已经挑起了生活的重担，而李白自己则由风华正茂到了天命之年，所以有时难免追忆起很多陈年往事。

一日，他忽然收到一封来信，来信的是昔日好友元演，对方现在正在皖北的亳州任参军，听闻李白到皖南宣城定居，便特意发来问候。这突如其来的问候霎时将李白带回到二十年前与对方同游北都太原的记忆中。我们不妨跟着李白的这首新作《忆旧游寄谯郡元参军》回顾一番：

忆昔洛阳董糟丘，为余天津桥南造酒楼。

黄金白璧买歌笑，一醉累月轻王侯。

海内贤豪青云客，就中与君心莫逆。

回山转海不作难，倾情倒意无所惜。

我向淮南攀桂枝，君留洛北愁梦思。

当年洛阳城有一家酒馆，听说李白是酒中仙人，为了招待他，便在洛阳天津桥的南边造起一座高楼，供他饮酒取乐。他也不惜拿出珍贵的黄金白玉，纵情消遣，呼来歌儿舞女，饮酒助兴，一连痛饮几个月，醉中天地唯我独尊，哪在乎什么公伯王侯。而在众多与他结交的海内豪侠、贤士中，最与李白心意相通、情同莫逆的便是元演。有他们之间这样的情意，即便回转山岳、翻倒大海，彼此都不会觉得为难，为对方抛洒一片真心，更是没有什么值得惋惜。李白与元演二人的一见如故，发生在开元二十三年，李白初次败走长安之后。只可惜欢聚不久便面临着分离，元演继续羁留洛阳求取功名，李白则暂时前往淮南求仙访道：

不忍别，还相随。
相随迢迢访仙城，三十六曲水回萦。
一溪初入千花明，万壑度尽松风声。
银鞍金络到平地，汉东太守来相迎。
紫阳之真人，邀我吹玉笙。
餐霞楼上动仙乐，嘈然宛似鸾凤鸣。
袖长管催欲轻举，汉东太守醉起舞。
手持锦袍覆我身，我醉横眠枕其股。
当筵意气凌九霄，星离雨散不终朝，分飞楚关山水遥。
余既还山寻故巢，君亦归家渡渭桥。

让李白没想到的是，由于不忍分别，元演竟然跟着李白一起踏上了寻仙之路——他们千里迢迢追寻仙踪遗迹，绕过曲折萦回的江河，渡过鲜花夹岸的溪流，又穿越风高林密的山岭，乘着高头大马到达理想中的仙城——云梦泽畔的汉东郡，也就是如今的湖北随州。由于他们一个是前宰相家的孙女婿、一个是北都太原留守家的公子，身份都算显赫，当地的太守便十分礼貌地迎接、招待了他们。一位道教前辈更是与他们讲论起道术仙法，在餐霞楼上挥舞着宽袍大袖吹奏玉笙，在如同凤凰啼鸣的仙乐中，太守也乘醉起舞，拿着锦袍往李白的身上套。李白也毫不客气，接过来枕在了对方大腿上。这样的高筵之上，无论宾主都各得其乐，意气直冲九霄，这是多么和谐无间、令人向往的场面。只可惜短暂的欢乐过后，要面临的又是长久的分别，太守与道长留居汉东，李白欲归安陆，元演则北上洛阳，不知道像群星散落、风雨飘洒般各自回家后，何时才能再度相聚。然而相聚的日子其实也近在眼前：

君家严君勇貔虎，作尹并州遏戎虏。
五月相呼渡太行，摧轮不道羊肠苦。
行来北凉岁月深，感君贵义轻黄金。
琼杯绮食青玉案，使我醉饱无归心。
时时出向城西曲，晋祠流水如碧玉。
浮舟弄水箫鼓鸣，微波龙鳞莎草绿。
兴来携妓恣经过，其若杨花似雪何！
红妆欲醉宜斜日，百尺清潭写翠娥。
翠娥婵娟初月辉，美人更唱舞罗衣。
清风吹歌入空去，歌曲自绕行云飞。

没过多久，元演就邀请李白一同北游太原，还一度想要给他介绍官职。虽然求官之路没有走通，却留下了一次难忘的旅行经历：元演的父亲是太原守将，十分威严勇武，镇守着唐王朝的北大门。李白与元演于夏季穿过太行山的羊肠小道，刚一到达并州便感受到了北塞的秋凉，然而元府君不计回报的盛情款待，却带给了李白莫大的温暖。他设下盛宴美酒终日款待李白，让他感到宾至如归，满足得没有了离开的心思。元演也终日陪同李白在太原城内外四处游玩，时而去城中的晋祠参拜凭吊，时而出城西去到水边寻幽，驾上舟船、置上钟鼓伎乐，肆意漂流水中，任由芳草、碧波与青春激荡成趣。肤白如雪的舞女身着红妆，在清潭之上婀娜起舞，到夜晚又在月光的银辉下，换素衣高唱清歌，歌声直入云霄，深深迷醉了李白那年轻的心灵。这种感受，即便已经过了二十年还在他心中真切如初。经历了三段分而不别、愈发难忘的交游之后，二人相聚的缘分终究还是到了尽头：

此时行乐难再遇，西游因献长杨赋。
北阙青云不可期，东山白首还归去。
渭桥南头一遇君，酂台之北又离群。
问余别恨今多少，落花春暮争纷纷。

这样的快乐时光难以追复，分别之后不久，李白再度西入长安献赋，虽然打动天子得以入朝北阙，但终究没有实现自己兼济天下的期望，还是失意地归隐东山。后来在渭水桥畔又与元演短暂相遇，不久便于酂台分离，至今十余年，再未谋面。若问这心中离愁别恨有多浓重，且看暮春争相坠落的花儿，每一个花瓣上都写满了不舍与相思之情。篇终，李白感慨：

言亦不可尽，情亦不可及。
呼儿长跪缄此辞，寄君千里遥相忆。

无论如何诉说，这份数十年沉淀的友情都不能用言语说尽，虽只相隔数峰，情思也终究不能完全送达。为了表示自己内心的虔敬，李白叫来儿子伯禽，跪着将这封饱含深情的书信装入信封，远寄谯郡，以期抚慰彼此浓重的相思之情。

这首诗一改李白昂扬恣肆、豪放洒脱的风格，转而将过去一二十年间的交友往事以深情款款的笔调娓娓道来，结构清晰，层次分明，意蕴深长，看得出是李白闲居家中精心结撰的作品，这既是他对自己与元演间这份友情的认真回顾，也是对既往人生岁月的一段回溯，李白隐居敬亭山后的晚年岁月中，这类回忆性风格的作品比例大大上升，显然他意识到自己老了，是到了该对人生进行一些总结的时刻了。

三、月明人望

平时在山中生活，没有朋友来往的时候，李白除了喜欢在林间独坐，倾听自然的声音之外，还有一个爱好就是举头望月，看世间最纯洁天然的光亮在黑暗中指引光明——李白一生最喜欢的事物除了诗和酒，就是月了。然而与前两者带给他的多是快乐不同，望月的李白常常会被勾起心中的愁苦，比如“举头望山月，低头思故乡”，再比如“月既不解饮，影徒随我身”，大概是因为需要月亮指引光明的时候，身边往往都是黑暗。

李白在敬亭山上同样有一篇写月的名作，那就是《古朗月行》，与之前吟咏月光的作品一样，诗中表达了浓浓的愁情，但同时又有一股清新的童真童趣。诗歌分为前后两段，前半段写儿时对月亮的认知：

小时不识月，呼作白玉盘。

又疑瑶台镜，飞在青云端。

仙人垂两足，桂树何团团。

白兔捣药成，问言与谁餐？

小的时候不认识月亮，只把它当作白玉做成的大盘子，后来了解了一些神话常识，便又怀疑这是瑶台之上仙人梳妆用的镜子，飞挂在青云的顶端；从镜中，他看见了美貌的嫦娥仙子垂着双足闲坐广寒宫，看见了郁郁葱葱的桂树枝叶成团，看见了可爱的玉兔捣完灵药，噘起它的三瓣小嘴问谁人来吃。这是一个美好而完整的童话和神话世界，无论玉盘还是飞镜，都十分契合月亮光明、澄澈的特点，也充满了真善美的寓意，而玉兔、桂树、嫦娥的形象，更是生动活泼、引人入胜。我们透过这样的想象世界，看到了一个非常可爱的小诗仙，在他咿呀学语的时候便对天地之间的自然万物充满好奇，也充满了美好的幻想。他的心中对这个世界满是善意与憧憬，同样多的是天马行空的奇幻构思。这颗美丽童心与这份奇绝的想象力，足足陪伴了李白五十多年，在他心底生根，无数次开出粲然的花朵，点缀了我们缤纷的诗歌百花园。然而，虽然李白始终努力地呵护着他的童心，但随着年龄增长，当眼中看到越来越多的虚假和丑恶，尤其是亲身经历过苦痛与挫折之后，美好的幻想也终究会产生阴影和裂痕，这时，那一轮清辉在他眼中就显得不那么皎洁无瑕了：

蟾蜍蚀圆影，大明夜已残。

羿昔落九乌，天人清且安。

阴精此沦惑，去去不足观。

忧来其如何？凄怆摧心肝。

传说天空中有一只巨大的蟾蜍，它会吞食月光的清影，使得圆满的月亮出现残缺——这类似于民间传说的“天狗食月”。而李白此言却有着更深的用意，他是在讽喻朝廷中奸臣当道，侵害正统，阻塞光明。这一隐喻是继承《楚辞·天问》而来的，结合当时的具体时局来说，“蟾蜍”指的应当就是李林甫、杨国忠、安禄山之流。既然天地有乱，自然需要拯危济乱之人，古时天上有十个太阳，扰得民不聊生，于是后羿出手射落九只金乌，使得天人相安。对后羿的歌咏无疑也有两重用意——一是盼着当前能出一位后羿般力挽狂澜的英雄，攘除奸凶，还四海清静、人间安宁；二是盼着自己能成为这样的英雄，以一己之力挽救国家人民于危难。然而，不论哪个心愿，终究都没能实现，故而太阴的精华就此沦落，月亮的光明日益减退、一去不返，直到无足可观。这意味着在此刻李白的心中，大唐盛世的光辉必将消散殆尽。不得不说，虽然深居山林、远离庙堂、不问世事，但李白对于时局的预判仍是那么敏锐。人生最大的痛苦莫过于感知到危机，却对必然来临的灾祸无可奈何，就像鲁迅所说的，在密闭的房屋中突然醒来，虽然终究都逃不脱被闷死的命运，却比其他沉睡中的人们要多忍受一番挣扎的煎熬，这种忧伤之深，足以摧人肺肝！

这首诗有着明暗三条线索，最直观的无疑是月亮形态的变化，由美好到残缺，由光明到阴暗，与之相应的是其中的隐喻——时局的由明转暗，国运的由盛转衰。而在这背后，我们还看到了望月者的变与不变。变的是他的心情，从满是童真童趣，到忧来痛断肝肠，从盼望后羿降生，到接受沦落的现实；不变的是他始终没有放弃对光明和真善美的憧憬、向往，这正是李白一生处境与心境的真实刻画。与其说这篇诗歌是在写月，倒不如说是李白借月吐露衷肠，值得欣慰的是，他的人格思想早就与太阴之精融为一体，在人类历史的长夜中永放光芒。

随着时局的每况愈下和岁月的渐行渐远，李白越发感知到了生命钟声的节奏，他回望时代、总结人生的意识也越来越浓，《忆旧游寄谯郡元参军》和《古朗月行》都是带有这样意味的诗作。与此同时，他还创作了一组可谓凝结一生心血与功力的作品，想要以此为行将逝去的盛唐诗国与自己的诗意人生做最美好也最隆重的总结。

第二十五讲

古风凛凛

——“大雅久不作，吾衰竟谁陈”

一、何谓“古风”?

天宝十二载至十四载隐居于敬亭山的岁月，是李白晚年最为平静、安稳、幸福的一段生活，也是能够让他静下心来反思人生和时代的一段时光。在敬亭山上，他写下了很多回忆性较强的诗篇，其中最为精心结撰的一组诗，也是李白在诗学意义上真正的“扛鼎之作”，便是《古风五十九首》。

为什么说《古风五十九首》是李白在诗学意义上的“扛鼎之作”?它何以在李白“车载斗量”般的名篇佳作中脱颖而出?比之《蜀道难》《将进酒》这样更为我们熟知的代表作，它的特别之处在哪里呢?要回答这些问题，就要先从“古风”这个概念入手，弄明白这两个字在诗体学中至高无上的地位。

相比于“古风”，大家更熟悉的一个概念是“古体”。这两个概念之间是什么关系呢？通俗一点说是一种包含关系，即所有的“古风诗”都是“古体诗”，但不一定所有的“古体诗”都是“古风诗”。也就是说，“古体”是“古风”的一个必要不充分条件。“古体”与“近体”是相对的，用我们现在的视角来看，近体诗就是格律诗，那么不符合近体格律的诗都可以叫作“古体诗”。但是，杜甫写的那些拗体律诗，打破了近体格律，它们算古体诗还是近体诗？李白的《登金陵凤凰台》、崔颢的《黄鹤楼》这些在近体格律还没有完全成型的情况下写出的、与如今的近体格律稍有出入的诗，算古体诗还是近体诗？

可见，“古体”与“近体”的区别，不仅仅体现在字句、对偶、声律、平仄、押韵等格律上，也体现在诗歌风格上，古体相对质朴、平淡、流畅，近体则相对清丽、警策、跳跃。这是两者内在诗学原理的区别，而格律只是为了符合这样的原理与追求而形成的具体外在表现。因而要给一首诗定性，还是要看它的本质。上述例子中的诗作，虽然形式不完全符合近体格律，但从本质来讲，它们都是遵循近体诗的创作原理而写成的，因而都是近体诗。

那么新的问题又来了，近体诗的诗学原理与追求，其实早在齐梁时期的“永明体”中就初露端倪了，沈约提出的所谓“四声八病”就是那个时期的诗歌格律。但“四声八病”与唐代的平仄格律之间有着很大的差别，甚至有的规则存在明显冲突，那么按照前面给出的定义，齐梁以后的很多与唐代律诗平仄规范格格不入的诗歌，算是近体诗吗？其实，最为科学的观点是打破这种“古近二分”的固有观念，认识到齐梁新体诗不同于汉魏古体、唐宋近体的特殊性。

但在唐代，的确有很多诗人是将这些作品也当近体诗看的，最典型的就是“复古诗学家”们。比如陈子昂、张九龄、李白，他们打出的旗号就是反对齐梁以来的新体，所复的古是更为久远的汉魏以上之古，所以《古风五十九首》作为“复古诗学”的代表作，其中的“古”指的正是汉魏以上之古。汉魏以上之古都包括什么呢：《诗经》《楚辞》——这是中国古典诗歌的两大源头，还有“建安风骨”——这是中国文人诗的真正开端，所以从“古”这个角度来讲，这组诗的着眼点和定位是非常高的！

说完了“古”再来说“风”，作为一个诗学概念，它有着多重含义：首先，它是一种古老的诗歌文体——《诗经》中有“国风”；一般认识中，“国风”之“风”是风俗、民歌的意思，但这种认识多是宋代以后形成的，在汉唐诗学背景下，这里的“风”大多是教化、讽喻的含义，也就是所谓的“上以风化下，下以风刺上”，这同时也是“风”的第二层含义；第三层含义便是“风骨”，按照《文心雕龙》的论述，“风”与“骨”其实是两个概念，后者更侧重内在的精神品质，前者则更侧重整体的艺术氛围和风格特征，当然这二者又是互为表里，不可分割的。

那么《古风五十九首》的“风”究竟是哪种含义呢？我认为三者都有——在艺术上，它追求一种古典、雅正的风格和品质；在现实意义上，他强调发挥诗歌的教化和讽喻功能；而在具体的创作实践上，《诗经》的“国风”就是其最好的标准和范式之一。如果要用一个词来概括这“风”的三重含义，那么最贴切的应当是“风雅”。

综上所述，“古风”就是汉魏以上之“古”与风雅之“风”，这也是李白这组作品的定位，体现了一种极高的思想境界与艺术追求。总的来说，一首诗如果能称得上有“古风”，至少要符合以下三大特点：第一是在主旨思想上崇尚王道教化、圣贤经典，无论是表达的观点还是所用的典故都要符合诗教正统之道；第二是在艺术风格上以典雅为务，在意象、素材的选择和情景、诗境的营造方面都尽量追求古朴；第三是在诗学传统上，继承《诗经》《楚辞》和“建安风骨”这一脉的理论和创作风格，追求风雅、兴寄、文质彬彬。

以这样严格的标准来看，古体诗中能够称得上“古风”的作品可谓凤毛麟角，但这才是李白心中诗歌创作的最高追求，就连《蜀道难》《将进酒》等脍炙人口的名篇都远不可及。

二、“复古诗学”的总纲

李白这一组汇集一生心血的巨作，其第一首是全部五十九首的总纲，也是唐代“复古诗学”的重要纲领性著作：

大雅久不作，吾衰竟谁陈？

开篇第一句，李白就开宗明义地给出了“复古诗学”的标准、背景与目的：“大雅”是古典诗文的最高标准。我们知道《诗经》是中国古代地位最高的文学经典，它分为“风、雅、颂”三部分，其中又以“雅”的地位最高，是周王朝的王室音乐。而“雅”又分“大雅”“小雅”，以“大雅”地位为高，它建立在周王朝礼乐文明、天下大同的政治背景之上，宣扬的是王道教化，歌颂的是天子威仪，风格最为典雅庄重，是历代推崇的“诗中之诗”，也是唐代“复古诗学”所标榜的典范；但是，自西周灭亡后，随着政局的变动、世道的沦丧，“大雅”之音便不再有新创，一直到李白所处的盛唐都久久沉沦，故而才需要有人来复兴它；而“复古诗学”者的目的，自然是要复兴“大雅正声”，更进一步说，就是再现圣人礼乐、王道教化、天下大同，所以从这个角度理解，李白的文学理想和政治理想是相通的。接下来两段，他对以上论点进行了细致的阐述，先用十二句解释“大雅久不作”的具体内涵，这是李白对于诗歌发展史的一个完整回顾，有着重要的价值：

王风委蔓草，战国多荆榛。
龙虎相啖食，兵戈逮狂秦。
正声何微茫，哀怨起骚人。
扬马激颓波，开流荡无垠。
废兴虽万变，宪章亦已沦。
自从建安来，绮丽不足珍。

“王风”是《诗经》中“十五国风”的一部分，主要是春秋时期，在西周王畿地区流行起来的诗歌，体现了王化之地的士人遭遇丧乱之后的困顿与失意，反映出李白对春秋时期政教和文化的整体认知，认为“雅”乐寝、“风”声作，已经是正声沦丧的开端。而到了战国，情况则愈演愈烈，无休止的兵戈战乱成为时代的主调，各国之间龙虎相斗，最终由无文的暴秦之国实现了统一。由于国家上下一片动荡，这段时间内，《诗经》这样的雅乐正声自然不闻于世，而饱含哀怨之情、忧国忧民之思的《楚辞》应运而生。到了汉代，新的大一统帝国再度推崇儒道，也短暂出现过一段文学的复兴。以扬雄、司马相如为代表的辞赋家，以“润色鸿业”的文字激荡起新的波澜，开创了流传甚广的诗赋体式，虽然其后兴亡代变，文学的发展也几经转折，但整体上再也没有回到“大雅”时代那样文质彬彬的典范状态。尤其是“建安风骨”的绝唱以后，晋宋南朝以来的诗文，都是华而不实、文胜于质、过于绮丽而无足可观的。

总结起来，这一段集中论述了三大观点：在李白看来，此前历代文学发展演变的趋势是整体下行的；文学的下行衰退，与政治的兴亡变化密切相关；眼前的文学现状是不甚可观、亟待改善的。正是基于这三点认识，李白在接下来十句诗中提出了他的复古宗旨，详细论述了在盛唐实现诗歌复古的可行性：

圣代复元古，垂衣贵清真。
群才属休明，乘运共跃鳞。
文质相炳焕，众星罗秋旻。
我志在删述，垂辉映千春。
希圣如有立，绝笔于获麟。

“圣代”是指李白所处的唐代，“元古”指“大雅”的时代——西周。李白说“圣代复元古”是有现实依据的，唐代在儒家思想正统地位的重新确立方面做了大量的工作，比如编修了《五经正义》，比如明确了儒家经典在科举考试中的地位，比如依据周礼修订了“贞观礼”“开元礼”等礼仪制度，这些都是“圣代复元古”的具体体现。同时君王提倡无为而治，又给群臣们留下了大展身手的空间，这让李白认为诗歌复古同样有了充分的现实政治基础。在休明之世的鼓舞下，各地人才应时而动，鱼跃龙门，各显其能，在盛唐的璀璨星空中熠熠生辉，发散着文质相协的光芒，这是李白心中诗学复古的人才基础。而身为人才中的佼佼者，李白对于自己的定位也非常高，他要成为像孔子一样的“删述之人”。孔子删《诗经》，为后来的从文者确立了万世不更的典范，李白同样要在唐代重建文学规范，使得它的光辉泽被后世、闪耀千春。如果能够达到这样的境界，那他也将像孔子一样，于“获麟”之际绝笔，不再著述。“获麟”是春秋时的典故：鲁哀公打猎时猎到一只麒麟，孔子听闻十分感慨，因为麒麟是神兽，只出现在盛世，哀公之世并非盛世却有麒麟出现，且被捕获，这不是一个好兆头，寓意吉凶失序、天下将乱。这个典故与李白常常感叹的“凤去台空”其本质是相同的，李白经历了开元盛世，又预感到即将到来的丧乱，便认准了眼下正是行删述之事、立千秋之功的大好时机。这正是他创作《古风五十九首》的直接目的。

通过这一首诗，我们了解到了李白对于文学创作功用的认识。他主张文学服务于社会政治，在文学传统上，他是孔子“诗教说”的坚定拥护者，甚至有以“当代孔子”自居的雄心壮志，但同时李白也创作了很多抒写性灵的作品，这又怎么解释呢？其实理解起来并不难，因为文学的样貌是多变的，在李白心中，“诗教”之文与“性灵”有着清晰的界限，他既推崇文学的教化功能，也不否认文学的娱兴作用，只是看待二者有高低、主次之分罢了。而毫无疑问，《古风五十九首》是李白诗歌创作的主业，是其一生心血的结晶。

三、诗国大观

《古风五十九首》的内容极为丰富，题材、主旨多样，反映了李白对时代、政治、修仙、人生、文学的各种观点和整体看法，也有针对某些具体事件的讲述和评论，而且在艺术上标举风雅、严格复古，营造了古朴典雅的整体风貌。

五十九首之中有不少咏史的篇目，比如其三：

秦皇扫六合，虎视何雄哉。
挥剑决浮云，诸侯尽西来。
明断自天启，大略驾群才。
收兵铸金人，函谷正东开。
铭功会稽岭，骋望琅琊台。
刑徒七十万，起土骊山隈。
尚采不死药，茫然使心哀。
连弩射海鱼，长鲸正崔嵬。
额鼻象五岳，扬波喷云雷。
鬐鬣蔽青天，何由睹蓬莱。
徐市载秦女，楼船几时回。
但见三泉下，金棺葬寒灰。

诗歌前十二句写秦始皇一统天下的丰功伟绩。他以雄才大略、英明果决的特质虎视天下、扫清六合，又能够驾驭群才，挥剑东指，不出十余年便征服六国，建立了大一统的帝国。而后，为了维护统一、张扬功绩，他销毁天下兵器、多次东巡，还不惜大兴土木，在骊山下修建巨大的陵寝。人生在世能有如此成就，已经是登峰造极，然而秦始皇仍不满足，他还想打破生死大限，于是派徐市带着童男童女，驾着楼船东渡扶桑，穿越波涛、鲸鲵、迷雾等的重重考验去找寻不死仙药，但最终也没有找到，没能回来。于是，伟大的秦始皇也不得不接受“金棺葬寒灰”的宿命结局。全诗以巨大篇幅铺扬秦始皇的功绩，而以短短两句交代结局，形成巨大的情感反差，揭示了在生死面前，人力的渺小与无奈，体现的是对于人生与宇宙关系的深刻思考和认识。

再看其十五：

燕昭延郭隗，遂筑黄金台。
剧辛方赵至，邹衍复齐来。
奈何青云士，弃我如尘埃。
珠玉买歌笑，糟糠养贤才。
方知黄鹤举，千里独徘徊。

这首诗吟咏燕昭王筑黄金台招揽名士的故事，表达了现实中怀才不遇的失落之感。燕昭王为了吸引人才，在河北筑起黄金台，并亲自为到来的名士洒扫道路、折节相待，引得天下贤臣齐聚燕国，郭隗、剧辛、邹衍这样的人才都为之所用，创造了不朽的伟业；然而当今之世，人才却得不到应有的重视，那些青云之上的当权者只把他们视作不起眼的尘埃、以珠玉赏赐供他们取乐的歌儿舞女，而将糟糠之物供给贤才。在这样的环境中，人才无所归附，只能徘徊在山野之间，也就不足为怪了。“方知黄鹤举，千里独徘徊”这一句诗，与杜甫同时期在大雁塔上写下的“黄鹄去不息，哀鸣何所投”遥相呼应，是“诗仙”与“诗圣”对于所处非时的共同认知。正是基于这样的现实认知，组诗中也有很多表达超然物外之思的诗篇，比如其五：

太白何苍苍，星辰上森列。
去天三百里，邈尔与世绝。
中有绿发翁，披云卧松雪。

不笑亦不语，冥栖在岩穴。

我来逢真人，长跪问宝诀。

粲然启玉齿，授以炼药说。

铭骨传其语，竦身已电灭。

仰望不可及，苍然五情热。

吾将营丹砂，永与世人别。

太白山郁郁葱葱、巍峨高大，远离尘世、毗邻星空，与天宇仿佛仅咫尺之遥。诗歌开篇便营造出了一片世外仙境，仙境之中自然少不了仙人。这里有一位绿发老翁，他以云为被，以雪为褥，以松为床，居住在岩石洞穴之中，不与人交谈，也不调笑取乐，显然是一位不同凡俗的世外高人。有求仙之志的李白得幸与之相遇，深施一礼向他请求修道成仙的秘诀，仙人看他有道骨，也就不吝赐教，告诉了他如何修炼丹药，说完便如电光般消失不见。李白牢牢铭记仙人的叮嘱，心中激动不已，认为自己将借丹砂炼药，得道成仙了。政治理想与修道渴望是李白人生的两大主题，从《古风五十九首》来看亦是如此。

李白一生之中，求仙之志从未消歇，但遗憾的是，兼怀政治理想的他无数次在两者之间摇摆不定，使得他没能坚持到底——此前更多的是因为对朝廷政治存在着不切实际的幻想，而到了天宝后期，这种幻想破灭了，取而代之成为李白求仙路上新羁绊的，是对于国家前途的忧虑和责任担当。且看其十九：

西上莲花山，迢迢见明星。

素手把芙蓉，虚步蹑太清。

霓裳曳广带，飘拂升天行。
邀我登云台，高揖卫叔卿。
恍恍与之去，驾鸿凌紫冥。
俯视洛阳川，茫茫走胡兵。
流血涂野草，豺狼尽冠缨。

诗歌的前十句已经开始细致刻画求仙之路上的所见所闻了：他从莲花山上仰望明星，手持圣洁的芙蓉花，缓步迈上天极，宽大的袍袖在天空中飘舞，仙人布下云台前来接引，极乐世界已经完全在眼前展开。但不经意间回头一望，却彻底打消了他升仙的念头：中原洛阳的苍茫平野上，尽是胡兵奔走，他们嗜杀成性，黎民的鲜血染红了野草，庙堂之上已是豺狼当道，将人间推向苦难的深渊。

这样的人间惨剧是真实发生的吗？面对“流血涂野草，豺狼尽冠缨”的现状，得道的目标近在咫尺的李白又将怎样抉择呢？

第二十六讲

风波骤起

——盛衰巨变中的一念天堂

一、北风忽至

天宝十四载冬十一月初九，安禄山膨胀了十余年的野心终于爆发，他发动范阳、平卢、河东三镇属下兵马，以及依附于他的同罗、奚、契丹、室韦等少数民族政权、部落人马约二十万人，在范阳，也就是今天的北京起兵，直向中原杀来。打出的旗号是“忧国之危”“清君侧”，号称奉密诏讨伐杨国忠，实则意在颠覆李唐政权。

对于这一变故，包括李白在内的有识之士都早有预料，但谁也没想到会来得这么快、这么突然。就连安禄山自己也没有想这么早动兵，他对于唐玄宗的信赖和赏赐还是感念于心的，本想等玄宗晏驾，再谎称奉遗诏入京拥立新君、把持朝政。不过宰相杨国忠不断与之争权，在背后搞了很多小动作，迫使他不得不提前起兵，矛头直指杨国忠。

起兵之后不出数月，叛军便以披靡之势迅速席卷中原，再一月又占领了东都洛阳。局势之所以如此急转直下，主要有四个原因：一是河北三镇土地平坦肥沃、人口众多、经营历史悠久、民风刚健，是唐朝重要的兵源和税收来源地，军队有着极强的战斗力，失去三镇的唐王朝无异于断了一条臂膀，何况这条臂膀调转方向，将拳头挥向了残缺的自己；二是唐王朝的盛世早已有名无实，贵族集团的穷奢极欲大大消耗了民力，社会经济出现倒退，加之西北、西南边境连年战争，将兵力、财力损耗殆尽，朝廷一时难以组织起有效的抵抗；三是中原承平日久，百余年未经战乱，叛军骤然杀来，无论官民都无比震惊、恐慌，河南、河北的州县官军在未有朝廷统一领导的情况下土崩瓦解、望风归降，除了个别有节之臣拼死抵抗外，几乎没有形成对叛军的任何阻力；四是唐玄宗的领导严重不力，且不说他前期多么纵容安禄山，听不得朝臣让他提防叛乱的建议，就连安禄山已经起兵，前线多次向朝廷告急，称安禄山已经谋反时，唐玄宗还不肯相信，仍然以为是政敌在借机毁谤安禄山，足见其盲目与自以为是。后来玄宗终于接受了安禄山叛乱的事实，开始组织平叛，命高仙芝、封常清两位西域名将守卫洛阳。洛阳沦陷后，二将退守潼关，主张以守为主、整备兵卒、伺机反攻。这本是基于现状做出的正确决定，玄宗却听信监军宦官谗言，将二将以“失律丧师”之罪处斩，使得潼关守备又大受打击，一时再也无力收复洛阳及整个河南了。

安禄山自己也没有想到，胜利竟来得如此轻松，起兵一月就坐拥了半壁江山，志得意满的他终于完全展露出狼子野心。他于天宝十五载正月初一，于洛阳登基，自称“大燕皇帝”，正式与唐玄宗分庭抗礼。

二、“我本楚狂人，凤歌笑孔丘”

李白的确是有先见之明的，提前搬迁到了南方，使得他不用像杜甫一样，战乱一来四处逃难，忧国忧民的同时还要操心一家老小和自身的安危。身处未受战乱波及的南方地区，李白甚至还能保有几分田园生活的优雅从容。他没有停下游览名山大川的步伐，天宝十五载，他安顿好敬亭山上的家人，独自溯江而上，来到了曾经的向往之地——庐山。

李白开元十五年出峡之时便到过庐山，还写下了著名的《望庐山瀑布》，彼时便对庐山的高峻之势、清雅之境、仙踪之迹留下了深刻而美好的印象。此番再上庐山，他的目的想来比较单纯，是为了求仙访道，至于国家的战乱衰败，既然自己暂时无力扭转，便姑且置身事外，不去想它。为了表明无心世事的态度，他还特意给一位名叫卢虚舟的朋友写了一封信明志，这封信也是一篇杂言歌行名篇，题为《庐山谣寄卢侍御虚舟》：

我本楚狂人，凤歌笑孔丘。
手持绿玉杖，朝别黄鹤楼。
五岳寻仙不辞远，一生好入名山游。

诗歌的开篇便不同凡响，引用了《论语》中一个著名的典故：孔子周游列国时遇到一个叫接舆的楚国狂人，他高唱着“凤兮凤兮，何德之衰”的歌曲，笑着从孔子身前走过，意在表明时局昏暗，劝孔子顺从时命——显然这句话的现实指向也是为了表明，既然时局无力扭转，便不要为之搭上自己的人生。从“知人论世”的角度来讲，接舆的“狂”其实是无奈的佯狂，“笑”也只是辛酸的苦笑，对于李白而言，亦是如此。因而我们万万不能只看到文字表面的洒脱豁达，而忽略了李白内心的煎熬与苦痛。

无论如何，在此时李白的心中，更重要的人生追求，还是手持绿玉宝杖，追寻黄鹤仙人飞升的线索，不辞劳苦地踏遍三山五岳，找寻得道成仙的妙法，纵然不能真的上达九霄，也满足了这一生入名山游历的爱好。接下来一段，他以精彩的笔墨绘就了一幅秀美的庐山山水图：

庐山秀出南斗傍，屏风九叠云锦张，影落明湖青黛光。
金阙前开二峰长，银河倒挂三石梁。
香炉瀑布遥相望，回崖沓嶂凌苍苍。
翠影红霞映朝日，鸟飞不到吴天长。
登高壮观天地间，大江茫茫去不还。
黄云万里动风色，白波九道流雪山。

庐山与天上的南斗星分野相对，灵秀特出：山上东边的九叠屏仿佛云霞锦缎织成，次第张开直通天门，明朗鲜艳的山色倒映在山下鄱阳湖明亮的波光粼粼的水面上，反射出青黛色的光芒；西南方向双峰对峙，犹如石门，又状如天宫的金阙，巍峨气派；一条瀑布倒挂在西山的三石梁上，如同银河直下，气势磅礴；瀑布对面则是高耸的香炉峰，山崖曲折，重叠的峰峦高入沧溟——庐山灵秀与高峻两大特点，在李白笔下被整合到了极致。

同时，居高则能望远，自然的造化又为这佳景渲染了新的迷人色彩：一轮红日从远处的地平线喷薄而出，瞬间染红了半面天空的朝霞，铺洒在鄱阳湖上，与青翠的山色和它的倒影相映成趣、融合无间，这是何等伟大的丹青妙手！然而这还不是天地最壮观的作品，随着一只飞鸟掠过，李白的视野再度拉开：壮观的天地之间，茫茫长江奔流东去，滚滚波涛推动着雪山般洁白高耸的潮头巨浪，烈烈的北风呼啸而来，万里黄云也随之瞬息骤变、气象万千——白浪、黄云、红日、青山交织在一起，如同神仙打翻的调色盘掉落在了庐山，李白所作的则是用自己写意的诗歌巨笔蘸着这些丹青为我们绘就一幅动人的山水图卷。最后，他再次表达了自己与世无争的心情与修仙的愿望：

好为庐山谣，兴因庐山发。
闲窥石镜清我心，谢公行处苍苔没。
早服还丹无世情，琴心三叠道初成。
遥见仙人彩云里，手把芙蓉朝玉京。
先期汗漫九垓上，愿接卢敖游太清。

之所以要写这首《庐山谣》，是因为庐山的美景激发了诗兴。当年，谢灵运也曾这样观赏美景，随着岁月流逝，他的足迹已被青苔淹没，然而在他曾驻足过的石镜中闲看天地变化，依然能够使人内心清静。李白很早便开始信奉道教，服食丹药修炼，远离世俗情绪，渐渐地道术初有所成，因此在庐山这样的仙境之中仿佛能够隐隐约约看见天上彩云里的神仙，他们正手持芙蓉花向着天尊的玉京行礼朝拜。李白与他们相约天上见面，下定决心要带着朋友一并遨游太清。

在安史之乱的动荡背景下，李白能够对混乱的时局只字不提，安守一片清虚与宁静，这是不容易的。但这并不意味着他对于国计民生漠不关心，从诗中不难看出，他有着一种对时局彻底失望，却因为报国无门而只能选择逃避的无奈之感。一旦机会降临，他一定会义无反顾地舍身一试。果然，没过多久，机会就出现在了他的面前。

三、阴谋还是阳谋

杀了封常清、高仙芝之后，唐玄宗起用哥舒翰镇守潼关。哥舒翰是当时官军之中唯一能与安禄山齐名的将领，不巧的是两年前得了中风，一直在家中赋闲休养，无论精力、体力还是能力皆大不如前。但名将终归是名将，哥舒翰奉行防守为主、练兵整军、伺机反攻的政策，与叛军在潼关对峙了近半年，极大地牵制了叛军主力，延缓了其西进的势头，还打了几场漂亮的反击战。倘若此时玄宗能够调动各地军队阻断叛军后路，直击河北，那么势必会给叛军带来重大打击。然而他却再一次听信宦官监军的谗言，强迫哥舒翰出潼关与敌军主力决战。哥舒翰泣血上陈利害却不被采纳，他想到封、高二将的下场，只得流着泪率军出击。果然，此战官军一败涂地，士卒死伤惨重，哥舒翰本人也被叛军擒获，后来被送至洛阳斩首，潼关随之沦陷。自此长安无险可守，破城已是必然，此时是天宝十五载六月初九。

四天之后，眼见大势已去的唐玄宗匆忙带着贵妃、太子及少数官僚、近侍连夜出延秋门逃离长安，前往成都避难，长安旋即落入叛军手中。玄宗一行至马嵬坡时，士卒哗变，斩杀了杨国忠，并胁迫玄宗赐死贵妃，事件方才得以平息。而后太子李亨奏请独自留在关中，领导前线抗敌平叛事宜，玄宗照准，便独自入蜀。然而令他万万没有想到的是，七月十三日，太子李亨在灵武自立为君，也就是历史上的唐肃宗，改元至德，并尊奉玄宗为太上皇。这下可好，老皇帝还没退位，新皇帝就上了台，加上东边那个造反僭号的安禄山，一国之中同时出现了三个皇帝。这在“国无二君”的大一统时代是极难被接受的，哪怕亲父子之间也不可能不因此生出嫌隙。

肃宗背靠朔方军的支持，且留在关中笼络了一批民心，加之大敌当前，在早日平叛收京重于一切的大背景下，玄宗不得不接受了儿子自立为君的既成事实，但心中不悦的他给肃宗上了两道“紧箍咒”：一是派房琯、崔涣、韦见素奉天子玺绶前往灵武正式册立新君，并留他们在北地辅佐，名为“辅佐”，实则是安插在肃宗身边的耳目；二是颁布了著名的《普安郡诏》，分封众皇子为各地都督，委派他们前去就任，领导地方武装力量，共同平定战乱。这一手可谓狠毒至极，可以想象，肃宗擅自即位除了夺走玄宗的大权之外，利益受损最大的，无疑是他的那些兄弟们。因为只要肃宗还是太子，他们就还有一争皇权的机会，而一旦关系由兄弟变成君臣，他们就彻底失去了夺位的可能。如今，肃宗即位的方式不合礼法、备受争议，虽然玄宗默许了这一事实，但分封诏令无疑给了其他皇子们新的希望。他们倘若能够在平定战乱的过程中壮大实力、立下大功、笼络人心，日后重新迎奉玄宗，再挥师西进，直入长安，声讨肃宗的不臣不孝之罪，也不是没有可能的。

在诸多分封的诸侯王中，就有玄宗的第十六子——永王李璘，他被任命为山南东路、岭南、黔中、江南西路四道节度使，兼江陵郡大都督，坐镇江陵。而李白所处的庐山正在永王的管辖范围之内。

四、“为君谈笑净胡沙”

永王想要成就大事，自然也要大肆招揽人才，当他听说名满天下的才士李白正在一旁的庐山上隐居时，便亲自前去拜谒、邀请，并承诺以他为军师，共襄平叛大业！正愁报国无门的李白，这一下可算是迎来了机会，何况永王如此恩遇，让他十分满足，便许身出山，于至德元载九月来到了永王的幕府之中。而后，永王在李白等人的辅佐下经略江淮，壮大实力，并于正月率江淮水军挥师东进，直入金陵，声威席卷整个江南，俨然有与灵武的肃宗分庭抗礼之势。肃宗连下数道诏令阻止，永王一概不顾，不臣之心昭然若揭。

李白知不知道永王的野心？当然知道，他对安禄山的野心都可以提前三年察觉，怎么可能不知道永王想干什么？既然知道，那他为什么还要以身犯险，投靠永王，与朝廷作对呢？总的来说有四个原因：第一，是出于平叛的现实诉求，眼下唐王朝最大的威胁是安史叛军，李白有心杀贼，永王打着平叛的旗号招揽他，可谓你情我愿；第二，是永王的礼遇与信任，李白一生追求“平交王侯”，渴望“做帝王师”，这些在永王这里都能实现，自然愿意为之效力；第三，是乱世中正统观念的影响，在李白心中，玄宗的正统性毋庸置疑，永王的官职和权力是他亲封的，所以永王是奉诏行事，而肃宗的皇位是自封的，这个正统性要差一些，既然他可以，永王为什么不可以？信奉纵横家学说的李白，对这一点的认识和理解，与传统的儒士还是有不小的差别的；第四，是生命的紧迫感，此时的李白已经五十六岁了，越发感受到时光的催逼，擅长“幽观大运”的他清楚地认识到，这是自己人生中最后一次追求抱负的机遇了，无论如何，都要放手一搏。

于是李白死心塌地地追随永王，不但为他出谋划策、运筹帷幄，还不忘发挥自己的文才，为他歌功颂德、大壮声威。他以颂体诗的笔调和气格写下了《永王东巡歌十一首》：

永王正月东出师，天子遥分龙虎旗。

楼船一举风波静，江汉翻为燕鹜池。

其一开篇便宣扬永王东巡的正统性：至德二载正月，永王携天子所分的虎豹大旗，率江淮舟师东下，楼船一至必能荡尽风波，让波涛汹涌的江汉之水，像栖息着燕鹜的池塘般风平浪静。诗中的“天子”自然是玄宗，因为永王受的是玄宗诏令。此时肃宗即位已过数月，可以很明确地看出，李白此时对于肃宗的地位是极不认可的。其二写东巡的意义与自己的志向：

三川北虏乱如麻，四海南奔似永嘉。
但用东山谢安石，为君谈笑静胡沙。

洛阳的三川之上，北虏逞凶作乱，四海之内衣冠南奔，惨状和乱象一如西晋末年的永嘉之乱。为了平定战乱，就应该起用谢安这样的能臣，谈笑之中就可以为君王平定胡人掀起的风沙——“东山谢安石”是谁呢？当然就是李白自己！其三写永王舟船行动时的气势：

雷鼓嘈嘈喧武昌，云旗猎猎过寻阳。
秋毫不犯三吴悦，春日遥看五色光。

擂鼓震天、旌旗蔽日，永王的军队浩浩荡荡经过武昌、浔阳，直向三吴而去，一路上秋毫无犯，百姓倾心感悦，仿佛春日里看见了盛世的曙光。其四写金陵形胜：

龙盘虎踞帝王州，帝子金陵访古丘。
春风试暖昭阳殿，明月还过鳷鹊楼。

金陵自古虎踞龙盘，有帝王之气，如今又有帝子来巡，旧都如同迎来了新生，昭阳殿中重新迎来了春风，鳷鹊楼也增添了月的光明。从“帝王州”“帝子”这样的措辞来看，李白显然已经在帮永王谋划大业了。其五写永王的功绩：

二帝巡游俱未回，五陵松柏使人哀。
诸侯不救河南地，更喜贤王远道来。

玄宗、肃宗皆奔逃在外，长安宗庙落入敌手，令人十分悲哀，诸侯都不能平息河南的叛乱，只有永王远道而来，是国之柱石。其下五首纵论了永王出江淮、扫中原、定天下的战略部署：

丹阳北固是吴关，画出楼台云水间。
千岩烽火连沧海，两岸旌旗绕碧山。

王出三江按五湖，楼船跨海次扬都。
战舰森森罗虎士，征帆一一引龙驹。

长风挂席势难回，海动山倾古月摧。
君看帝子浮江日，何似龙骧出峡来。

祖龙浮海不成桥，汉武寻阳空射蛟。
我王楼舰轻秦汉，却似文皇欲渡辽。

帝宠贤王入楚关，扫清江汉始应还。
初从云梦开朱邸，更取金陵作小山。

诗中分别将永王比作一统三国的王濬和跨海征辽的唐太宗，极言其一统天下的壮志。最后一首则彻底暴露了李白的政治野心：

试借君王玉马鞭，指麾戎虏坐琼筵。
南风一扫胡尘静，西入长安到日边。

请求永王借给自己君王所用的玉马鞭，让他高坐琼筵之上，来指挥三军平叛，等到南风劲吹、驱散中原胡尘之日，也是君臣一道西入长安问鼎之时！

永王有心问鼎，李白有意扶助，一生找寻机遇的李白，终于在人生的最后时刻迎来了距离理想最近的时机。

第二十七讲

梦断江湖

——大鹏从此折了双翼

一、“悲歌难重论”

在永王的盛情邀请下，李白认准机遇，下了庐山，进入永王的幕府之中，并于至德元载十二月随着江淮大军的楼船东下金陵。大军威震江南，李白也畅想起“为君谈笑静胡沙”“西入长安到日边”的雄图伟业来。

然而，对于亲弟弟这些挑衅皇权的行为，肃宗丝毫不能容忍，这位在前线抗击叛军举步维艰的新皇帝，收拾起后方的分裂势力来，却极为雷厉风行。永王东进的消息刚刚传到长安，他便即刻任命高适为淮南节度使、来瑱为淮南西道节度使，会同江东节度使韦陟，集结三路大军，于前后夹击永王军队。没错，这里的高适就是我们所熟知的那位边塞诗人、李白的朋友。

按照李白为永王的谋划，要成就大业，必须先在江南发展势力，再北上中原扫平叛军，继而入蜀迎立上皇，最后才是西取长安与肃宗正面交锋，这是所谓“先攘外，后安内”的方略。谁承想第一步还没实现，肃宗就先亮出了“攘外必先安内”的底牌，如此一来，永王也无可奈何，只能摆开阵势，与肃宗派来的三路大军决一死战！

至德二载二月，永王的水陆大军在瓜步，也就是今南京市六合区的长江边，与高适、韦陟二军激战。统帅不力、操练不佳的永王军队惨败，几乎全军覆没，永王也只得率小队突围奔逃。沿途又受到来瑱部将皇甫侁的重重阻挠和追击，最终在江西与广东交界的大庾岭被俘，且未经审判定罪，就被直接诛杀，其麾下势力也随之土崩瓦解。沉浸在“江湖大梦”中的李白还没回过神来，美梦就已经破碎。当然，此刻的他尚且顾不上哀叹，努力逃命才是第一要务，毕竟在成王败寇的政治斗争中，失败就意味着被判了死罪。于是他也一路向西南方向奔亡，准备偷偷回到庐山再度隐居起来。

奔亡途中，他餐风饮露、提心吊胆，终日面对着死亡的威胁，又一次吃尽了苦头，尤其想到功成名就的憧憬瞬间转为了万劫不复的苦难，他更是感慨无限，将这坎坷的心路历程泣血凝结成了一篇五言古诗《南奔书怀》：

遥夜何漫漫，空歌白石烂。
宁戚未匡齐，陈平终佐汉。
搀枪扫河洛，直割鸿沟半。
历数方未迁，云雷屡多难。
天人秉旄钺，虎竹光藩翰。
侍笔黄金台，传觞青玉案。

不因秋风起，自有思归叹。

这是诗歌的第一段，抒发了渴望济世安民的夙愿和依附永王后笃实勤恳的信念：眼前所处的动荡时局，如同漫漫长夜，昏暗无光，自己空有一腔高洁的情志，像春秋时的宁戚一样高唱歌曲《白石烂》，引来了永王的垂青，终于如陈平辅佐汉朝一般得以为之效力。虽然大唐气数未尽，但当前却多灾多难，奸贼侵袭着河洛的土地，半壁江山已经沦落敌手，好在永王执掌着兵权虎符，是光复社稷的重大靠山。李白甘心为他在黄金台上起草诏书、在青玉案前传觞奉酒，信念从未动摇，不会像西晋的张翰一样，为了躲避战祸，就轻易弃官回家。此时永王已经势败，但李白仍然对其十分赞扬，也表露了自己的忠心，可见对于依附永王一事，李白自始至终都是心甘情愿、充满期待的。接下来的第二段中，诗人主要讲述了兵败的前后经过：

主将动谗疑，王师忽离叛。
自来白沙上，鼓噪丹阳岸。
宾御如浮云，从风各消散。
舟中指可掬，城上骸争爨。
草草出近关，行行昧前算。
南奔剧星火，北寇无涯畔。
顾乏七宝鞭，留连道傍玩。

与肃宗派来的军队决战之前，永王曾登上城头观看敌情，当时就被浩大的声势所震慑，动摇了死战的决心，因而在指挥时频频犯错，致使军队离散。李白虽然追随他，称其军队为“王师”，认可他的正统地位，却也毫不讳言其过错。转眼，朝廷的军队就鸣着鼓角登上了丹阳岸头的白沙，永王军彻底溃败，宾客僚属们望风而逃，军士们也死伤惨重。舟船内被砍落的手指一抓一把，墙头上的尸骨在大火中焚烧，这等人间惨剧，甚至胜于中原官军与叛军激战的场面。李白自己也不得不逃命，匆忙逃出关隘。但陷入人生迷茫的他也不知道该去往何方——往南去是无休止的战火，往北是无边无涯的纷乱，没有七宝鞭和良马供他远走天边，只好在路旁踟蹰，心中彷徨。理想崩塌的李白人生仿佛瞬间失去了意义，就算逃出生天，又怎能逃得出无尽苦痛的深渊呢？最后一段便是对内心苦痛的阐发：

太白夜食昴，长虹日中贯。
秦赵兴天兵，茫茫九州乱。
感遇明主恩，颇高祖逖言。
过江誓流水，志在清中原。
拔剑击前柱，悲歌难重论。

天空中，太白星吞食昴星，长长的彩虹贯穿白日，这都是天下大乱的不祥之兆，果然人间秦赵两郡兴兵，扰得四海无一寸安宁之土。乱世之中幸有永王这样的明主，给了李白像祖逖一样出兵北上、肃清中原的机遇与希望，如今这希望却土崩瓦解，永王也生死不明。想到这里，李白不禁挥起宝剑击断面前的立柱，放声悲歌，以抒发心中的无限惆怅、失落、苦痛与不平！

二、破碎的友情

失去了人生信仰的李白在浑浑噩噩中继续前行，欲往庐山暂避锋芒，却在途经浔阳时被官军抓获，关在了浔阳狱中。短短半年，李白从求仙的山中客，到永王的座上宾，再到肃宗的阶下囚，可谓历遍了人生的大起大落，恐怕最高超的戏剧家看了也不得不感叹一声世事无常。

在浔阳狱中，李白得知了永王已于大庾岭被杀的消息。堂堂玄宗之子、肃宗之弟，纵然犯下大错，也理应先审讯定罪，报呈天子，而后再行决断，一个属下将领岂能轻易白刃相向？何况永王在李白心中始终是一心平叛的英雄，本来也罪不至死，何以连御前辩白的机会都没有呢？这让李白无比愤慨，而愤慨之余又对自己的命运颇为担忧。因为从永王之死，他看到了乱世之下司法程序的混乱以及对生命尊严的践踏，不知道自己什么时候也会被稀里糊涂地杀掉。

于是李白开始四处打听可以帮他的人。当时主管浔阳的顶头上司，是李白的好朋友，时任淮南节度使兼御史中丞的大诗人高适，李白认为他会念在多年故友的分儿上，帮自己一把。正巧有个姓张的秀才，要去广陵拜谒高适，并进献平叛方略，李白听说后就写了一封信托他带给高适，信中是一首诗《送张秀才谒高中丞》，明确表达了希望高适救助，甚至起用他继续投身平叛大业的意图。我们来看这首诗：

秦帝沦玉镜，留侯降氛氲。
感激黄石老，经过沧海君。
壮士挥金槌，报仇六国闻。
智勇冠终古，萧陈难与群。

两龙争斗时，天地动风云。
酒酣舞长剑，仓卒解汉纷。
宇宙初倒悬，鸿沟势将分。
英谋信奇绝，夫子扬清芬。

诗歌先借秦末汉初，张良扶保高祖立业的典故起兴：秦的江山破碎，国家陷入动荡，张良在黄石老人这位饱经沧桑的前辈培养下，得以出山平定纷扰的乱世。他曾雇力士以金锤刺杀秦始皇、为天下人报仇的美名传遍六国，后来又以智勇而名冠千古，同为谋臣的萧何、陈平都难以与他媲美。后来，楚汉争霸，天地之间风云激荡，张良在鸿门宴上指使樊哙保走刘邦，解救了一时的危难，使两军得以在鸿沟对峙，势均力敌，并将战局扭转。由此，张良的英勇智谋成为天下奇绝，黄石老人的美名也传遍人间。显然，这一段兼兴兼比，张秀才与张良同姓，且欲献平叛计谋，故而以张良比之，而能够提拔重用他的“夫子”高适，自然就是诗中“扬清芬”的黄石老人了。接下来，李白将笔触转回了现实：

胡月入紫微，三光乱天文。
高公镇淮海，谈笑却妖氛。
采尔幕中画，戡难光殊勋。
我无燕霜感，玉石俱烧焚。
但洒一行泪，临歧竟何云。

“胡月”是安禄山的叛军，“紫微”是九重天的中心，喻指长安。叛军占领国都，三色逆光扰乱了天下应有的秩序，这是当前的时局。而面对此番乱象，镇守淮海的高适大人，一定能在谈笑之间轻松地消除妖气，还天下太平。皇帝采取了高大人谋划的方略，很快就平息了永王之乱，这份功劳极为卓著，李白丝毫没有怨愤，毕竟政治斗争中难免玉石俱焚。只是想到即将和你这位知己好友阴阳相隔，再无见面的机遇，心中就悲苦难耐，不知从何说起了——言下之意，当然是自己不想死，盼着高适能够为他开解出一条生路。我们很难想象，一生高傲不群，追求“平交王侯”的李白，竟会在自己的故友面前如此谦逊，甚至有些低三下四。这一方面是因为他走投无路，有求于人，另一方面也的确是因为他对高适有强烈期许，盼望着这位老朋友、他心中的知己能够努力完成自己未竟的心愿，早日给人间带来清平。

然而，让李白没有想到的是，经过几年的历练，高适早已由当年单父台上那个热血义气的书生，成长为了精明成熟的官僚，他深知肃宗心中对永王一党切齿痛恨，绝不可能搭上自己的前途去疏救“叛军”的军师。于是，李白这封毕恭毕敬的求援信寄出之后，便如泥牛入海，再无消息，没有在高适心中激起丝毫的涟漪，李白因此更加深切地体会到了人情冷暖、世态炎凉。二人也从此交恶，无奈的李白只好将目光投向别处，重新找寻一线生机。

三、“救命稻草”

幸运的是，李白毕竟是名满天下的大诗人，才能与品格受到士人群体的广泛认可，加之李白的夫人宗氏为了营救他，也四处奔走，动用人脉，因而除了高适之外，愿意帮助李白、为他说情的大有人在，其中比较有名的是崔涣和宋若思。

崔涣是唐玄宗派去肃宗身边的顾命大臣之一，身居宰相之位，他了解《普安郡诏》是玄宗有意用诸王势力来压制肃宗的举措，因而深知卷入其中的李白有多么无辜，所以愿意为营救李白出一份力；宋若思是御史中丞，也是直接主理李白一案的官员，他非常推崇李白的才干，不但不主张治李白的罪，还有意引荐他重新做官。在李白系狱期间，宋若思就将他辟为自己的僚属，协助自己起草一些公文，足见爱才之心。然而，崔涣虽然身为宰相，却又是玄宗旧臣，本来就受到肃宗的疏远和排挤，宋若思虽主理此案，但在朝中品位不高，没有太多的话语权，因此李白深知，要想真的获救，必须找到一个既有地位，又不被肃宗排斥的大官替自己说情。好在天无绝人之路，李白很快就找到了新的“救命稻草”，那就是“布衣宰相”张镐。

张镐虽然也入仕于玄宗朝，曾扈从入蜀，但得以提拔晋升却是在肃宗手中。他多次向肃宗谏议，且皆被采纳，由此一步步迈上宰辅之位，并于至德二载七月取代了玄宗旧臣房琯，成为当朝宰相，可见在肃宗心中，是不把他当玄宗旧臣看待的。同时，他与文人士大夫们都保持着良好的关系，他曾为王昌龄报仇，杖杀毒害王昌龄的凶手闾丘晓，也曾为杜甫讲情脱罪。倘若李白有求，想必他也能仗义出手相助。

于是李白怀着最后的希望写下了《赠张相镐二首》，并托人呈了上去。其一侧重写自己追随永王前后的经历和时下的处境，意在表明自己志在报国，并无作乱之心：

神器难窃弄，天狼窥紫宸。

六龙迁白日，四海暗胡尘。

诗歌从乱局写起：社稷神器不容盗用玩弄，而安禄山却已经占据了皇朝帝都，使天子的六龙车也不得不迁移在外，四海之内满是昏暗的胡尘。乱世必有英雄出，所以接下来就转入了对张镐的夸赞：

昊穹降元宰，君子方经纶。
澹然养浩气，欻起持大钧。
秀骨象山岳，英谋合鬼神。
佐汉解鸿门，生唐为后身。
拥旄秉金钺，伐鼓乘朱轮。
虎将如雷霆，总戎向东巡。
诸侯拜马首，猛士骑鲸鳞。
泽被鱼鸟悦，令行草木春。
圣智不失时，建功及良辰。
丑虏安足纪，可贻帼与巾。
倒泻溟海珠，尽为入幕珍。
冯异献赤伏，邓生倏来臻。
庶同昆阳举，再睹汉仪新。

苍天为乱世降下英明的张镐宰相，有着君子的品德和满腹经世济民的韬略，他澹然养育浩然之气，青云直上总揽大权。张相的骨气如山岳，英勇智谋也超乎常人，想必是当年辅佐汉高祖的张良转世来到了唐朝。他秉持天子节钺，专行征伐，驾驭朱轮战车和如云的虎将，以雷霆之势，率军东行，使得诸侯都拜服在他的马首之下，帐下武士也都威风凛凛。他的恩泽遍布三吴，使得鱼鸟都为之感悦，号令一出，草木也迎来了新生。拥有这样圣明智慧的张相，更应该牢牢抓住建功立业的好时机——面对安禄山这样不足挂齿的胡虏，尽可用女人的巾帼羞辱他；而对于海内的珠玉之才，则应当尽皆收入帐下，这样一来，就能实现解救昆阳的壮举，重振华夏威仪！可见，李白对于张镐这位“布衣宰相”也是给予厚望，希望他能够对自己惺惺相惜。于是接下来李白开始表露自己的心志：

昔为管将鲍，中奔吴隔秦。
一生欲报主，百代思荣亲。
其事竟不就，哀哉难重陈。
卧病宿松山，苍茫空四邻。
风云激壮志，枯槁惊常伦。
闻君自天来，目张气益振。
亚夫得剧孟，敌国空无人。
扪虱对桓公，愿得论悲辛。
大块方噫气，何辞鼓青苹。
斯言倘不合，归老汉江滨。

李白与张镐有管鲍之交，后来因为一人入秦、一人入吴而分隔两地，但他相信张镐一定知道他一心只想报效朝廷，希望光宗耀祖，然而这一理想始终没能实现，使得他心中哀痛，难以具陈。如今虽然卧病狱中，孤苦伶仃，无依无靠，却依然满怀风云之志，无奈失意之中，无论身体还是心思的衰老都要快于常人。然而一听说张相降临，李白顿时又振奋起了精神，认为周亚夫即将与剧孟相交，从而把敌军杀得空无一人。希望有朝一日，自己可以像王猛扪虱对桓公一样，与张相仔细谈谈这几年来的悲辛历程，只需张相掀起一阵小风，便可以吹散自己心头的阴云。不过，倘若这番言语不合君意，自己也就知趣地去往五湖浪迹，再不问朝廷时局之事了。

其二从成长经历写起，展现自己的才干，希望张镐能在疏救之余，进一步对他加以任用，让自己戴罪报国：

本家陇西人，先为汉边将。
功略盖天地，名飞青云上。
苦战竟不侯，富年颇惆怅。
世传崆峒勇，气激金风壮。
英烈遗厥孙，百代神犹王。

诗歌先自叙身世，说自己是汉代将军李广之后。李广一生立下无数战功，声名光耀百代，却始终未能封侯，成为一大遗憾，但他的勇武英气却流传后世，激励世人，李白作为“子孙”，自然也受其鼓舞。于是，他一生都在为实现报国安民的理想而努力拼搏：

十五观奇书，作赋凌相如。
龙颜惠殊宠，麟阁凭天居。
晚途未云已，蹭蹬遭谗毁。
想像晋末时，崩腾胡尘起。
衣冠陷锋镝，戎虏盈朝市。
石勒窥神州，刘聪劫天子。
抚剑夜吟啸，雄心日千里。

誓欲斩鲸鲵，澄清洛阳水。

六合洒霖雨，万物无凋枯。

我挥一杯水，自笑何区区。

因人耻成事，贵欲决良图。

灭虏不言功，飘然陟蓬壶。

惟有安期舄，留之沧海隅。

李白从十五岁起决意读书作文，中年受玄宗恩宠，入朝为官，晚年遭遇丧乱之际，依然挺身而出，投身平叛大业，虽然一生坎坷不平，遭尽谗言诋毁，却始终保持着一颗初心不变。有时候，面对着苍茫天地，他也会觉得自己的一己之力过于渺小，也会想要因人成事，借助贵人辅助，实现自己的理想。倘若能够在张相座下早日实现扫平胡虏的愿望，自己也万万不敢占有功劳，只当将功赎罪，而后飘摇登仙，满足沧海之志。一生夙愿，仅此而已。

李白向张镐求援的诗句，核心思想有三：一是自己一心报国，别无二志；二是自己才堪大用，尚能立功；三是自己不求功名，有心归隐——这三点确实都是他内心的真情实感，条条正中张镐下怀，因此张镐也就没有理由不帮李白说上几句话了。

第二十八讲

秋霜落木

——大起大落的人生总有一样的终点

一、秋后算账

至德二载二月，永王兵败瓜步，李白追随他成就大业的理想彻底破碎，还因为对抗朝廷而沦为阶下囚，被系浔阳狱中。幸好自己声名在外，宗氏夫人多方奔走搭救，加之其并非主犯、委实也有冤屈，又有张镐、崔涣、宋若思等人出面为之说情，才使得他躲过大劫，没有像永王和其他从党一样被治罪处死，而是暂且羁押浔阳。其间，宋若思爱惜其才，还辟他为僚属，帮着处理些公文函件，也算是能小有作为。

这年九月，平叛大业取得了关键性的进展。已经由灵武迁至凤翔的肃宗，答应西北少数民族回纥人“土地归唐，人马、财宝归回纥”的屈辱条件，从他们那里借来数万骑兵，会同郭子仪、李光弼的朔方军，一路杀回长安城下，很快收复长安，不出一月又进一步收复洛阳。此时安禄山已死，叛军首领安庆绪只得退回邺城，战局发生了根本性扭转。按照张镐、李泌等人的建议，此时应该进一步追击叛军，彻底扫平叛乱，但肃宗却认为大局已定，不必急于追寇，而是将重心放在了两京宗庙、宫室的重建和迎奉玄宗还都两件事上来——在他看来，这是巩固皇位的当务之急，至于对叛军残余势力的清算，可以徐图之。于是，至德二载十一月，肃宗遣使入蜀迎奉上皇。十二月，玄宗返回长安，肃宗率百官西迎百里、跪地请罪，并交还天子玉玺，玄宗则没有接受肃宗交还的玉玺，等于彻底承认了肃宗的正统帝位，父子相拥而泣。纷乱的皇权争夺，至此告一段落，可惜永王及其追随者早已成为了这场纷争的牺牲者。

此时仍在浔阳的李白，极为厌恶这对父子背地阴谋、表面和睦的惺惺作态，更痛惜于肃宗不纳良谋，错失平叛时机，怀着又悲又怒的心情写下了极具讽刺意味的《上皇西巡南京歌十首》：

胡尘轻拂建章台，圣主西巡蜀道来。
剑壁门高五千尺，石为楼阁九天开。

九天开出一成都，万户千门入画图。
草树云山如锦绣，秦川得及此间无。

华阳春树号新丰，行入新都若旧宫。
柳色未饶秦地绿，花光不减上阳红。

谁道君王行路难，六龙西幸万人欢。
地转锦江成渭水，天回玉垒作长安。

万国同风共一时，锦江何谢曲江池。
石镜更明天上月，后宫亲得照蛾眉。

濯锦清江万里流，云帆龙舸下扬州。
北地虽夸上林苑，南京还有散花楼。

锦水东流绕锦城，星桥北挂象天星。
四海此中朝圣主，峨眉山下列仙庭。

秦开蜀道置金牛，汉水元通星汉流。
天子一行遗圣迹，锦城长作帝王州。

水绿天青不起尘，风光和暖胜三秦。
万国烟花随玉辇，西来添作锦江春。

剑阁重关蜀北门，上皇归马若云屯。
少帝长安开紫极，双悬日月照乾坤。

“南京”在唐代的“五都”体系中指成都，而题目中所谓的“西巡”其实说白了就是逃命，李白这里采取了“为尊者讳”的手法，为的是让讽刺显得比较含蓄。整组诗都围绕着一个核心展开，那就是通过对成都风物与长安台池的类比，来表现一种晏安、自得的情绪，从而与苦难离乱的时局、国破家亡的惨状形成鲜明反差，以实现讽刺的目的，与宋人诗句“暖风熏得游人醉，直把杭州作汴州”有着异曲同工之妙。

诗中很多画面展开得很美，也很巧妙，比如其五中“石镜更明天上月，后宫亲得照蛾眉”，就运用了双关的手法。蜀地有石镜台、峨眉山，这里又用字面意思直接指梳妆的镜子与宫娥的容颜，体现了上皇在成都仍能享有后宫融融之乐；再如其九中“万国烟花随玉辇，西来添作锦江春”，既写出了天子声威的盛大，仪仗的隆重，又营造出了融合、温暖、光明的图景。但这些画面描绘得越生动、越明朗，其能够反衬出的现实也就越惨烈、辛酸，如其三中“柳色未饶秦地绿，花光不减上阳红”，其六中的“北地虽夸上林苑，南京还有散花楼”，写蜀地的柳绿花红、山清水秀、宫室台阁，还特意拉来秦中旧景与之对照，便很容易让人联想到长安丧乱之下的残花败柳、荒台旧苑、血雨腥风景象；而其七中“四海此中朝圣主，峨眉山下列仙庭”，说玄宗在峨眉山下接受四海朝拜，则又与安禄山占据两京、自封皇帝的现实形成了鲜明对比，令人唏嘘；还有组诗的最末两句“少帝长安开紫极，双悬日月照乾坤”更是直接指向了玄宗、肃宗父子表面和睦，背后却离心离德，相互处处提防、如临大敌的政治现实。

整体来说，这组诗将辛辣的讽喻手法发挥到了极致，也体现了李白独到的政治嗅觉，在全国都沉浸在一片“两京收复，二圣还都”的喜悦之中时，他却清晰地感受到了中兴表象背后涌动的新的政治危机。

二、行迈靡靡

唐王朝收复两京之后的第一件大事，不是乘胜追击，也不是战后重建，而是严厉的政治清算。在专制王朝，对于变节投敌的行为是分毫都不能容忍的——肃宗下诏，对安史之乱中投敌的官员分级定罪：开城纳降，为叛军引路者，腰斩于市；委身事贼，为叛军理政者，赐自尽于家；余下诸人等，皆处以杖刑、贬官、流放等不同级别的刑罚。

事实上，这次清算是肃宗巩固政权的一个手段，对于玄宗旧臣，肃宗多从严加以处分，比如杜甫的好朋友、大画家郑虔，虽然被迫任了伪官，却始终坚持做敌后斗争工作，应该说是功大于过，结果却被判远流三千里，贬为台州司户，最终死于任上；而对于肃宗的亲信，则尽皆从宽处理，比如张说的两个儿子张均、张垍，投靠安禄山后还大肆修书招揽唐宫旧臣投降，事后本应腰斩弃市，肃宗却因为张说对自己有救命之恩，要保二兄弟不死，在玄宗的极力坚持下，才不得已赐死张均，流放张垍；还有大诗人王维，他同样做了安禄山朝中的伪官，却只被降职，表面上是因为《凝碧池诗》所表露的忠心打动了肃宗，实际上与他的弟弟王缙在拥立肃宗和平定叛乱过程中出力甚多有着密不可分的关系。从这几个案例，便足以见出肃宗的私心。

政治清算的对象当然不止投靠安禄山的臣属，还涉及一切“反动势力”的追随者，其中就包括永王党人，李白自然也在其内。正在浔阳幕府为宋若思效命的李白本以为，朝中有宰相为自己说情，地方有主审官员对他另眼相待，加之“两京收复，二圣还都”，理应大赦天下，自己早已躲过了一劫。万万没想到，至德二载岁末，一纸严令传来，将他长流夜郎。

听说要去夜郎，李白瞬间感到天塌了一般，因为在当时，这是环境最为险恶的地区之一。夜郎即如今的贵州北部山区，当时，那里是重山环绕、泽广林深、遍布着蛇虫鼠蚁和毒雾瘴气的不毛之地，加之夷汉杂居、民风彪悍，让人望而生畏。而李白此时已经五十八岁高龄，极有可能熬不过一路的艰难险阻而有去无回了，虽然相比追随永王而被杀的其他人，李白已经足够幸运，但想到他未竟的事业和守望的家人，依然令人不禁扼腕叹息。然而王命急宣，旨到即行，容不得丝毫迁延，李白不得已随着解差踏上了流放之路。

从浔阳至夜郎主要走水路，一直溯长江而上，经由江夏、岳阳、三峡至渝州，而后再转上崎岖的山路，才能到达夜郎，前后总共至少要走大半年，可谓是行迈靡靡。一路上，李白心情十分抑郁，甚至颇为绝望，极少有作诗的兴致。

转年，肃宗为了庆祝平叛的阶段性胜利，改元乾元，取《易经》中"大哉乾元"之意，以表明自己取得了不朽的功勋，同时，给太上皇玄宗上尊号。玄宗也礼尚往来，给肃宗加了帝号，朝野上下笼罩在一片欢乐祥和的气氛中，仿佛盛世再临。肃宗还下令，大小官民人等一律赐酺三日，举国同乐。"酺"是古代一种特殊的节庆仪式，只能由君王下令赏赐，从字形也不难看出，其主要内容是宴会饮酒，还有盛大的乐舞表演。君王发出赐酺的诏令之后，便要登上皇城的城门楼与民同乐；而各州县则由当地的长官代行赏赐，规格虽然不及都城，但意义也十分重大。天子一旦赐酺就意味着举国休假三天，一些轻刑犯也会得到特赦，所以这是古代社会中最为盛大的节庆活动之一。

然而李白却享受不到这份举国之喜，他并没有因此得到赦令，这让他感到非常失望，于是在继续赶路的同时写下了一首《流夜郎闻酺不预》的小诗：

北阙圣人歌太康，南冠君子窜遐荒。

汉酺闻奏钧天乐，愿得风吹到夜郎。

北方都城里，玄宗、肃宗二圣正在与黎民一道，欢歌曼舞庆祝太平，当然，李白深知这眼前的太平只不过是虚假的繁荣；而他自己却沦为囚徒，不得不去到天边的荒芜之境，这是亲历的切切实实的凄凉。他听闻中原疆土之上，处处沉浸在大酺的喜悦之中，城镇乡野都演奏着华美的钧天乐章，唯独偏僻的夜郎道中，羁旅之人不能分享这份恩泽，多么希望中原来的清风能够吹来几声音符，以慰内心的悲伤。看得出来，在流放去往夜郎的途中，李白充满了对奇迹的渴望，他多么盼着能够遇赦放还，然而现实却让他越来越绝望。

李白拖着沉重的步伐一路来到了江夏，这是一块熟悉的土地——甫一出峡，他就曾来此游历，并摹写西曲，写下了本色当行的《江夏行》；后来又曾在这里送别孟浩然，远眺长江，留下了“孤帆远影碧空尽，唯见长江天际流”的千古绝句；还曾不止一次想要凭吊黄鹤楼，却又不得不感慨“眼前有景道不得，崔颢题诗在上头”。然而这一次，作为戴罪之人再度来至江夏，早已是物是人非，心境也大不相同。他依然按照《黄鹤楼》和《登金陵凤凰台》的体调，写下了另一首七律《鹦鹉洲》，这首作品虽然在艺术成就上远不及前两首，却是他眼下悲惨处境的真实写照：

鹦鹉来过吴江水，江上洲传鹦鹉名。
鹦鹉西飞陇山去，芳洲之树何青青。
烟开兰叶香风暖，岸夹桃花锦浪生。
迁客此时徒极目，长洲孤月向谁明。

鹦鹉洲是长江江心的一小块陆地，之所以得名，与汉末狂士祢衡有关。祢衡，就是击鼓骂曹的主角，曹操想要处置他，又不愿意背负害贤之名，便将他送给了荆州牧刘表。刘表同样嫉恨他的狂傲，但也不肯自下杀手，又将他转送给江夏太守黄祖。黄祖是粗野之人，一次纷争之后便轻易杀了祢衡，将他葬在长江江心这座小洲。因为祢衡写过一篇代表作《鹦鹉赋》，所以人们为了纪念他，就把他长眠的这座小洲叫作鹦鹉洲。再来说说《鹦鹉赋》，这是收录在《文选》当中的名篇，是汉末抒情小赋的代表。文中先写鹦鹉的色泽明丽、灵机聪慧和高洁情趣，又写了其悲惨的遭遇和凄苦的心境，实则是以鹦鹉自比，表现乱世中有志难伸、怀才不遇、身不由己、无以为乐的纷乱思绪和哀怨情操——这不正是李白现在的处境吗？也是他的这首诗前两句所表达的意蕴——“鹦鹉来过吴江水”中的“鹦鹉”便是李白的自喻，他来到长江边以另一只“鹦鹉”祢衡命名的鹦鹉洲上，自然联想到他的《鹦鹉赋》。这是两个狂士、两个才星、两个落魄文人跨越五百年的呼应与共鸣。

陇山相传是鹦鹉的故乡，巧合的是，李白也自称郡望陇西，所以“鹦鹉西飞陇山去”又表露出一种“不如归去”之感。这是李白晚年面对无情世事和颓靡人生的无奈感慨，而芳洲之上越发青绿的花草树木也预示着“一代新人换旧人”，他意识到已经到了自己退场的时节了。诗歌的颈联写景：鹦鹉洲上兰花开放，江上清风吹过，沾染着淡淡花香，驱散朦胧的烟雾，也送来了温暖，带走夹岸的桃花瓣。它们随风摇曳，飘零在水中，把堆叠的浪花织成片片锦缎——这是多么明朗融合、花团锦簇的春光，但李白这样一个凄寒落魄、风烛残年的放逐客置身其中，又是多么地格格不入。所以，在篇末，他用了一个“徒”字，“迁客此时徒极目”，纵然睁大了眼睛把这么美好的景色都看尽，又有什么用呢？等待他的不还是夜郎的荒山苦水吗？等到夜晚的时候，芳洲之上会升起一轮皎洁的明月，那时又有谁能来欣赏呢？千百年后，它又将向谁而明呢？让李白感到无奈的，不只是迁谪之苦，还有不可推诿的死生大恸。

从“大鹏一日同风起”，到“凤去台空江自流”，再到“鹦鹉西飞陇山去”，三句诗、三个不同阶段的人生图腾，勾勒出了李白一生的浮沉起落。初出茅庐时的豪情壮志、经历挫折后的时不我与、垂老将别时的淡然思归，也浓缩了盛唐一代文人的命运。自此，诗歌史上再无那个飞扬跋扈、气冲云霄的浪漫诗仙了，取而代之的是一位白发如雪、行迈靡靡的南冠骚人。

李白与解差继续溯流而上，来到了三峡口。三十二年前，李白正是在这里向中原诗坛发出了第一声问好——“渡远荆门外，来从楚国游”，是多么地意气风发；“山随平野尽，江入大荒流”，是多么地波澜壮阔；“月下飞天镜，云生结海楼”，是多么地浪漫奇绝；“仍怜故乡水，万里送行舟”，是多么地深情款款。而今斗转星移，逆流而上的他一旦进入了三峡，就意味着将与中原诗坛彻底告别，毕竟以李白此时的年岁，的确很难再有机会回来了。于是，他写下了一首诀别诗《上三峡》：

巫山夹青天，巴水流若兹。
巴水忽可尽，青天无到时。
三朝上黄牛，三暮行太迟。
三朝又三暮，不觉鬓成丝。

这首诗写法上颇有些类似于他初出三峡之际写作的《峨眉山月歌》，也以多个地名相连缀，勾勒出行踪和足迹，但风格明显由轻快明朗转变为沉重迟缓，这不但贴合了他的心境，更与行进状态是一致的。巫山高峻，将广袤的青天夹得只剩一条缝隙，巴水从缝隙中流过，曲折的水流仿佛忽然有了尽头，而这一方狭长的青天却始终不知何处才是尽头——开篇便是一幅昏暗、逼仄的画面。青天本是宽广明亮的，却因高山催逼而促迫无光，这像极了昏暗的世道。而逆流而上的狭长水路，又多么神似曲折坎坷的人生，走着走着不知何时就会突然到达尽头，可昏暗的世道仿佛还要持续很久。看似简单随意的写景背后，其实蕴含着深刻复杂的情感和思考。三峡入口处叫黄牛峡，因为山势如同人牵黄牛而得名，李白一行来到此处，因为落差大、水流快、逆水行走不易，竟整整走了三天三夜都未能离开。这让他想到了如黄牛般辛劳多年下来，却好像始终在原地踏步，不知不觉，鬓发都已苍白稀疏，一生就将这样蹉跎到底了。

可流放之路再艰难，他也不能在此停驻太久。几天的努力过后，他们终于越过黄牛峡、进入三峡，也正式离开了中原的视野。

三、“千里江陵一日还”

自李白一行入了三峡，不光是李白自己觉得人生无望，就连旁观者都觉得他再难重见中原的天日了。比如杜甫此时在秦州写下了《梦李白二首》，诗中说“江南瘴疠地，逐客无消息”，担心托梦而来的李白“恐非平生魂，路远不可测”，表现出杜甫对李白的深深担忧与挂念。

不过世事总是这么曲折离奇，往往会在最绝望处迎来奇妙的转机。就在李白一行在白帝城弃舟登马、行将到达贬所夜郎之际，一纸赦书却突然从江上传来——原来是肃宗龙体欠安，为了祈福，遣使巡游四海、祝祷名山，并大赦天下，此次李白幸运地处在被赦免之列，不必再往夜郎跋涉，而是可以就地返程了。

李白得到赦令，绝处逢生，这一刻，喜悦之情溢于言表，丝毫不想再在峡中停留，转天一早便从白帝城登舟，顺水直下。临行之际写下了后世耳熟能详的名篇《早发白帝城》：

朝辞白帝彩云间，千里江陵一日还。

两岸猿声啼不住，轻舟已过万重山。

由于重获自由与希望，峡中逼仄的天空显得彩云遍布，充满了祥瑞之气，而顺流直下也远远快过来时的艰难，只消一日便走完千里，直达江陵。三峡两岸多猿猴啼鸣，迁客骚人往往被它们勾出许多辛酸的泪水，然而李白此刻心中却满是喜悦，故而只觉得猿啼之声是那样轻快嘹亮，不知不觉间，万重山岳从身边掠过，广阔的中原天地又再见他的身影。

这是李白生命中最后一首风格欢快的诗作，这种短暂的欢快像是一种“回光返照”，更加反衬出此前流放路上的绝望。虽然重获了自由，他却并没有获得新的希望，何况岁月还在步步催逼，面对生死的考验，在人生的最后时刻，李白将何去何从呢？

第二十九讲

力尽中天

——何处才有最皎洁的明月？

一、“节士悲秋泪如雨”

至德二载岁末，五十八岁的李白被判长流夜郎，本以为将就此陨落的他，经过大半年行迈靡靡的跋涉到达白帝城后，又绝处逢生，获得了赦令，得以就地开释，原路返家。于是他写下《早发白帝城》，愉快地踏上了“千里江陵一日还”的归程。

但刚刚动身没多久的李白，喜悦感甫一过去，很快就重新陷入巨大的迷茫和哀伤之中，迷茫的是不知道自己该往哪里去，哀伤的则是不知道自己能往哪里去。他任由小船顺江漂流，很快又来到了洞庭湖边的岳阳，他已经数不清这是自己第几次踏上这片烟波浩渺的土地了，只记得每次来至此处，心情都十分沉郁压抑——或带着为友人迁葬的使命，或怀着与亡妻生离死别的痛苦，或与知己匆匆一面而别，或步履沉重地走在流放路上，总之，凄凉的处境总能与洞庭湖的萧瑟空寂产生虽不恰人、却很和谐的共鸣。此时此刻，也毫不例外。

时值秋日，木落波寒、秋霜凝重，衰老落魄的李白，茕茕一身，立于壮阔的洞庭湖畔，心中的沧桑感、无力感、失落感在环境渲染和视野冲击下被无限放大，于是有了两首情景交融、声泪俱下的诗歌名篇。这两首作品也是安史之乱后李白诗歌风格的集中体现，分别是《临江王节士歌》和《远别离》。这两首诗都是古题乐府，李白则结合自己的生平和感受，为其注入了新的内涵。我们先来看前一首：

洞庭白波木叶稀，燕鸿始入吴云飞。
吴云寒，燕鸿苦。
风号沙宿潇湘浦，节士悲秋泪如雨。
白日当天心，照之可以事明主。
壮士愤，雄风生。
安得倚天剑，跨海斩长鲸。

诗歌明显分前后两节，前半部分写洞庭秋色与节士悲秋：秋日的洞庭湖，滔滔白浪连天，纷纷木叶坠落，留下枯干的树枝稀疏耸立岸边，北方的鸿雁也飞入吴天，躲避塞上荒寒。然而，山川异域，风月同天，吴地同样是荒寒难耐，让北来之雁感受到了无边凄苦，天下已没有一片温暖的容身之所，只能忍受着疾风呼号、寒沙飞舞，露宿在潇湘洞庭之滨。节烈之士见到此情此景，如何不为之悲叹、泪下如雨——显然，“节烈之士”是李白自己，他就像一只志在云霄的鸿雁，为了躲避疾风骤雨，想要找寻暂时的安身之地却不可得，只得悲叹天地动荡风霜紧、四海荒寒无宁处。诗歌的后半节讲面对这样的现实，李白的愿望和感触：

要驱散荒寒的秋意，只有让天心的白日照耀寰宇，让壮士激发满腔的不平之气，在明主的引导下发光发热，振起烈烈雄风赶走阴霾的妖氛，希望终有一日能够挥舞起倚天长剑，跨越沧海，去斩杀那兴风作浪的长鲸，还天下长久的太平与安定。这一节看似气势雄豪、魄力非凡，实则体现了更深的无奈。因为“倚天剑”本是不可求之物，那么“斩长鲸”自然也就非人力可及了，这也是“安史之乱”后诗人心态的一大转变，那就是原本高昂、自信、舍我其谁的人格精神逐渐消退，转变为一种对英雄、神迹的渴求和期盼。

再来看《远别离》，诗歌借舜帝与娥皇、女英葬于洞庭的故事，表现了对人生将尽、英雄迟暮的感慨：

> 远别离，古有皇英之二女，乃在洞庭之南，潇湘之浦。
> 海水直下万里深，谁人不言此离苦？
> 日惨惨兮云冥冥，猩猩啼烟兮鬼啸雨。
> 我纵言之将何补？
> 皇穹窃恐不照余之忠诚，雷凭凭兮欲吼怒。
> 尧舜当之亦禅禹。
> 君失臣兮龙为鱼，权归臣兮鼠变虎。
> 或云：尧幽囚，舜野死。
> 九疑联绵皆相似，重瞳孤坟竟何是？
> 帝子泣兮绿云间，随风波兮去无还。
> 恸哭兮远望，见苍梧之深山。
> 苍梧山崩湘水绝，竹上之泪乃可灭。

相传，古时尧帝的两个女儿娥皇、女英嫁与舜帝为妻，舜帝南巡死后，她们便来到洞庭之南、潇湘水滨之地，为这场生死相隔的远别而恸哭。洞庭、潇湘与大海纵有万里之遥，却也不及这份离别之苦深重，以至于白日无光、云黑雾暗、天地为之变色，猿鬼悲啼、烟生雨下、鸟兽为之动容。然而，千百年过去，当李白重新想及此事之时，还有多少世人能理解其中深意呢？只怕皇天苍穹也不能鉴出此般情深与忠诚，反而还会发出震雷予以怒斥——李白对于大唐盛世的情感，何尝不及娥皇、女英对舜帝的追随和思慕呢？而大唐朝廷对他的态度，又何尝不是响亮的震雷与怒吼呢？

君王失去贤臣，就如同飞龙化作池鱼；权臣掌握朝政，更好似鼠蚁变作猛虎。倘若到了这样的地步，纵使尧舜之君也不得不让出帝位，盛世自然也就无所依托——显然，这一切感慨都建立在对现实政治的观照之上。从唐玄宗失政，到安禄山篡权，再到肃宗自立为君，无不印证着历史发展的规律。有人说，尧被舜所囚禁，舜则死于荒郊，他们都是不得已交出了权力。这其实同样隐喻着朝中的变故——玄宗回朝之后也被肃宗软禁并监控了起来。李白对玄宗有着复杂的感情，虽然存在着诸多不满，也承认他是造成国家丧乱的重要责任人，但对于这位缔造盛唐的君主，李白同大多数诗人一样，是将他看作盛世的象征与寄托而另眼相待的，对于肃宗幽囚玄宗的行为自然颇有微词。

传说舜帝葬于九嶷山，而九座山峰相似，以至于娥皇和女英连他的坟茔都不能确切地找到，只好在竹林中痛哭，泪水洒在竹子上留下了点点斑痕。而后她们更是恸哭着远望苍梧山，并一同跳入湖水，随风波淹没在世间。但这份痛苦与遗憾却长久地留存了下来，只有等到苍梧山崩塌、潇湘洞庭之水干枯，湘妃竹上的泪痕才能消退，当然，这一切都是不可能的。李白学习屈原，在诗中以“湘夫人”自比，表现出自己虽然人生将尽，但对于大唐盛世的追念却将随着他的诗篇永留世间这样一番深情与留恋。

二、“功名富贵若长在，汉水亦应西北流”

离开洞庭湖的李白继续顺江而下，不久又回到了江夏，不再是戴罪之身的他就如同一只逃出牢笼的鹦鹉，无时无刻不在努力地呼吸着自由、新鲜的空气。与在潇湘洞庭的孤独、凄凉处境不同，身处江夏的李白常去热闹的场合，他在这里朋友很多，免不了要为他重获生机而庆贺一番。李白的故友、江夏太守韦良宰甚至特意在江上设宴，为李白压惊洗尘。

国家仍处于大敌当前的状态，自己也刚刚逢凶化吉，还不知道该何去何从，这让李白不太有宴饮的兴致，但又不愿辜负故友的一番好意，只好配合着逢场作戏。宴会上唯一让李白感触较深的就是，半年前还是阶下囚，如今又重为座上客，这种人生地位的骤变，让他体会到了功名富贵的难以长久。于是，他即席写下一首《江上吟》，表现此时的情景和心境：

木兰之枻沙棠舟，玉箫金管坐两头。
美酒樽中置千斛，载妓随波任去留。
仙人有待乘黄鹤，海客无心随白鸥。
屈平辞赋悬日月，楚王台榭空山丘。
兴酣落笔摇五岳，诗成笑傲凌沧洲。
功名富贵若长在，汉水亦应西北流。

李白与友人置身于沙棠木雕成的精致舟船上，摇动木兰小桨。船首尾两头陈列玉箫金管，乐师吹奏着动听的乐曲。舟中则置下千斛美酒，在美艳歌妓的陪侍下推杯换盏，随波放游漂荡——这本是十分美好悠闲的宴会场面，但此刻的李白显然无心于此，他凝视着江畔的黄鹤楼，想到修仙之人本应乘着黄鹤飞升天界，而自己作为无家可归的江海之客，却只能漫无目的地与白鸥狎游，这是何等地落魄与蹉跎。他思考着，人生一世，到底应该追求些什么？屈原虽然身死国灭，他写下的辞赋而今却与日月并悬，长留于世；楚王纵然是九五之尊，但那些象征着权势的宫殿台榭却早已消失，化作了光秃秃的山丘——所以要学屈原那样，兴酣之际，落笔便可以浩然之气摇动五岳；诗成之后，更可以笑傲之声，凌越沧海。这是一个神奇的转变，在安史之乱后，李白和杜甫都不约而同地更加重视起文学创作的意义与价值，这当然有着现实政治失意不得不退而求其次的无奈，但更体现出了他们在时代、人生、文学三者关系上的卓越认知。事实上，他们在后世诗坛上与王维、高适等同代诗人之间的高下之别，也正是在此时开始逐步确立的。篇终，李白由衷地慨叹：功名富贵如果能够长在，汉水恐怕就要向西北倒流了——谁都知道，这是不可能的，但谁又能真正放下对于功名富贵的执着追求呢？

好在，从此时起，李白已经彻底放下了，然而生命留给他的时间也不多了，加上人生两大信仰中的一极崩塌，这让他很难再创作出更多豪迈洒脱的诗歌作品去兑现“落笔摇五岳”“笑傲凌沧洲”的豪言壮语了。

三、从宣城到当涂

永王事败，李白落难后，宗氏夫人便离开敬亭山和宣城，卖掉了屋舍田产乃至自己的诸多嫁妆，为营救李白而四处奔走，后来便寄居在豫章的弟弟宗璟家中。李白离开江夏后第一时间便赶到豫章，与分别多时的妻子重逢。这是萧瑟的晚年时期少有的能带给李白温暖与慰藉的事，何况二人还险些遭遇生离死别。

李白非常感念宗氏夫人对自己的不离不弃，也十分感激妻弟宗璟对自己妻儿老小的照顾，但身为大丈夫，纵然走投无路，也不能在妻弟家中赖得太久，于是便开始谋划着下一步的去向。北边的中原还是战火纷飞；巴蜀老家本是个不错的去处，杜甫也刚刚到了那里，然而巴蜀毕竟过于遥远，道路又崎岖难行，李白此时已是花甲之年，难以承受翻山越岭的长途跋涉，巴蜀之行只能作罢；岭南自古是不毛之地，不在考虑范围之内；这样一来，可行的选择只有顺江东下，再做打算了。

一家人先是回到了曾经居住过的宣城。此时已是上元元年（760）的春日，满城杜鹃花开得绚烂，只可惜山河破碎之际，没有什么人有心情仔细玩赏。不过李白毕竟不同于常人，有着诗人高度自觉的他，眼中所见的一切事物都不只是事物本身，而是带有丰富的寓意——比如杜鹃花，传说古蜀国君王杜宇，在亡国之后化身为杜鹃鸟，昼夜啼血哀鸣，其血点缀在花上，才有了这般娇艳的形容。故而杜鹃花本身就与家国沦丧之痛是紧密联系在一起的，何况这个典故以及杜鹃花、杜鹃鸟都是蜀国特有的事物，而那里是他无比怀念却又永远回不去的故乡。借着复杂的情思，李白写下了一首短札《宣城见杜鹃花》：

蜀国曾闻子规鸟，宣城还见杜鹃花。

一叫一回肠一断，三春三月忆三巴。

少时居住在大匡山上，李白一定不止一次地听到过杜鹃鸟的啼鸣，尽管那叫声凄厉，但在未谙世事的少年李白心里，恐怕并不能觉察出其中的苦涩和悲伤；而今在宣城看见娇艳绽放的杜鹃花，尝尽世事的李白，便看出了迷人的表象下蕴含的失意与辛酸，这是生命体验的积累，也是成长的代价。这两句用了互文的手法，杜鹃鸟和杜鹃花往往是相伴相随的，宣城有杜鹃花，自然也少不了杜鹃鸟——果然，它的啼鸣声再次传来。不同于年少无知时的无动于衷，此时的李白逃不出为之肠断的情感，因为那叫声中有故乡的音符，有童年的回响，有时光的催促，有兴衰的哀叹，在这美好的阳春三月之中，他多么想要回到美好的家乡，做回那个无忧无虑的盛世少年，然而这一切，终归只能是一场徒然的梦境。

也许是在宣城过于触景伤情，也许是原本接济他的从弟调往了他处，李白一家在这里并没有停驻太久，很快便顺江东下。按照李白的想法，可以先到金陵或扬州，再做打算，然而巧的是，当他们行至当涂，也就是如今的安徽马鞍山时，结识了一位远房族叔。这位族叔不但接济了李白一家的衣食住行用度，也成为日后李白在中国诗歌史上得以万古传名的关键人物，他就是当涂县令李阳冰。

虽然李白把他叫一声族叔，但这层关系大多是攀上的。严格来说，二人其实是非亲非故，最大的关系就是他们都姓李，所以算来算去最妥当的称呼就是族叔了。李阳冰虽然只官居县令，但名声却很大，主要是由于他的书法成就。他能文善书，尤其精于小篆，甚至被称为“李斯之后，千古一人”，书法成就被认为在蔡邕之上。有着这样的风雅爱好和名声，也就不难理解他为什么会对走投无路的李白仗义地伸出援手了，这是一种才士之间特有的惺惺相惜。

为了感谢李阳冰的接济，李白用自己即将凋零的诗歌生命，写下了一首长诗《献从叔当涂宰阳冰》。他已然知道自己时日无多，所以对于这样一位能够“托妻付子”的朋友，心中的感激之情是溢于言表的。既然对方喜欢自己的诗，自当以此作为回报。开篇先以两汉立国的典故交代出现实政治背景：

金镜霾六国，亡新乱天经。
焉知高光起，自有羽翼生？
萧曹安屼屼，耿贾摧欃枪。

秦皇一统六国，不久便分崩离析；新莽攫取政权，扰乱了大汉气运。但倘非如此，高祖和光武也难以成就大业，萧何、曹参、耿弇、贾复这些羽翼，也就难以有所作为，明确点出了乱世之中李阳冰的可为之处。接下来，诗歌的主体部分便都是对李阳冰的称赞：

吾家有季父，杰出圣代英。
虽无三台位，不借四豪名。
激昂风云气，终协龙虎精。
弱冠燕赵来，贤彦多逢迎。
鲁连善谈笑，季布折公卿。
遥知礼数绝，常恐不合并。
惕想结宵梦，素心久已冥。
顾惭青云器，谬奉玉樽倾。
山阳五百年，绿竹忽再荣。

高歌振林木，大笑喧雷霆。
落笔洒篆文，崩云使人惊。
吐辞又炳焕，五色罗华星。
秀句满江国，高才掞天庭。
宰邑艰难时，浮云空古城。
居人若薙草，扫地无纤茎。
惠泽及飞走，农夫尽归耕。
广汉水万里，长流玉琴声。
雅颂播吴越，还如泰阶平。

老李家这位名叫李阳冰的族叔，就是当世的杰出英豪，他虽然没有位列三台，也不像战国四君子一样名满天下，却有着激昂的风云之气和龙虎之姿。李白着重介绍了他三个突出的特点：一是好结交侠义仁德之士，而不屈尊于权贵之门，保持高洁的情操，不与世俗同流合污；二是文采与书法傲然于世，他的笔墨足以“崩云使人惊”，且文辞又能“五色罗华星”，这是对于其书法作品形式与内容的双重认可；第三则是治县有方，将当涂这样一座乱世空城治理成了人民安居乐业的世外桃源，声名甚至远播吴越，这正是李白最为推崇的圣人之政。这三个角度，既是李白对李阳冰的赞美，其实也贴合自己的人生理想与追求，足以见出二人虽相识不久，但的确是情投意合的知己至交。最后一段交代了自己的处境：

小子别金陵，来时白下亭。
群凤怜客鸟，差池相哀鸣。

各拔五色毛，意重泰山轻。
赠微所费广，斗水浇长鲸。
弹剑歌苦寒，严风起前楹。
月衔天门晓，霜落牛渚清。
长叹即归路，临川空屏营。

李白本打算往金陵而去，却在当涂落脚，朋友们的援助，虽然无济于惨淡的现实，但可使漂泊无着的他勉强度日，这既是一种重于泰山的恩义，也成为他面对艰难的重要精神武器。望着长江，想着生命归期已近，他不禁长叹一声，诗歌也到此戛然而止。坦诚地说，李白这首赠诗写得算不上好，无论是称赞对方还是哀叹自己，都显得有些刻意。但这是他强打着精神，于衰乱之际努力谱出的盛世余音，他深知自己诗歌的可贵之处就在于高昂的气格，只可惜在时局与生命的双重重压下，他已经难以做到“绣口一吐，就是半个盛唐”了，只写成这样一篇格调虽高，却骨力不济的作品。这也昭示了诗歌的盛世一旦过去，纵然是诗仙的妙手也难以扭转大局。

李白在李阳冰的安排下，在当涂停下了探索的脚步，很快迎来了生命的终点。

第三十讲

大雅千春

——两条人生路中走出的崭新天地

一、暮年生活

上元二年（761），李白投靠了“族叔”李阳冰，携一家老小来到当涂住下。当涂又称“姑孰”，横跨长江，与金陵相接，自古有“金陵屏障，建康锁钥”之称，曾有诸多名士驻足游历，是一座历史名城——城北有名胜褒禅山，城东有谢朓筑室而居的谢公山，东南是西楚霸王项羽自刎的乌江，城西江岸的采石矶，更是绝壁临江、水湍石奇、风景瑰丽，被誉为“长江三矶之首”，作为南北军事要冲，见证了无数次的风云激战、成败兴衰。

李白早年不止一次路过当涂，开元十五年出峡东游吴越之际，曾于此写下了《望天门山》《夜泊牛渚怀古》，天宝十二载南迁宣城之时，又在对岸创作了《横江词六首》，然而这些诗篇中的当涂美景，终究都只是匆匆一面的掠影，他从未真正细致地在当涂游玩过。如今，在人生最后一年的时光里，李白终于有机会细细在此地玩赏了。

虽然病体日渐沉重，但在李阳冰的悉心接济下，一家人衣食饱暖皆无虞，终究让李白宽心不少，才有心思和精力游遍姑孰美景。这既有助于他开解心怀、调养病体，同时，偶尔创作几篇小诗与李阳冰共赏，也算是对“族叔”深恩的一种真诚报答。李白晚年的写景名篇《姑孰十咏》正是在这样的背景下创作出来的。

这十首诗均为五言八句，分咏当涂境内的姑孰溪、丹阳湖、谢公宅、凌歊台、桓公井、慈姥竹、望夫山、牛渚矶、灵墟山、天门山十处名胜，涉及的景物包括春山、夏莲、秋桐、凋柳，贯穿了当涂的一年四季，也串联了李白最后的生命历程。诗歌风格通俗平淡，以至于苏轼怀疑这不是李白的原作，就连《全唐诗》也因袭其说。我认为，李白晚年在诗歌创作方面趋于返璞归真，这十首作品虽然成就不及太白诗中佳作，但于唐诗之中，仍属上品，且被收入李白集中，不当轻易贬斥其为赝作。如其八的《牛渚矶》：

绝壁临巨川，连峰势相向。
乱石流洑间，回波自成浪。
但惊群木秀，莫测精灵状。
更听猿夜啼，忧心醉江上。

牛渚矶的绝壁紧临着波涛汹涌的长江，江对岸山峰连绵，与之耸立相望。在水流湍急的江心，几块乱石突兀而出，水波击打在上面，回旋翻腾，形成更大的浪花。夹岸的林木葱茏秀异，令人惊奇，水下精灵更是变化莫测，难以捉摸，这是对造化神奇、天地广大的咏赞，也是对人生短促、所知有限的叹息。不经意间，夜色骤至，山上林间传来了猿猴啼鸣，更加剧了诗人内心的忧伤，只得举酒消愁，纵情肆意地醉倒在江间的舟船之上。

总的来说，在李白自己的意识中，写完《古风五十九首》之后，他一生的诗歌创作使命已经完成了，否则他不会在纲领性的诗篇结尾写下“绝笔于获麟”。在他看来，安史之乱，或者说永王的失败就是“获麟”，此后他的诗歌中“传道明志”的意图已经越来越弱，甚至于很长一段时间内，他都没有写出像样的作品。病居当涂期间，李白之所以重拾诗笔，更多的是为了回报李阳冰的帮扶和喜爱，但对于后世读者而言，只要李白还肯写诗、能写诗，便已经是一种幸运，也就不要再对这位被忧思病痛缠身的暮年诗仙有太多奢望了。

二、“中天摧兮力不济”

转眼间，时间来到了宝应元年（762），这年发生了很多大事：四月五日，做了六年太上皇的玄宗驾崩于兴庆宫，作为贯穿盛唐始终的天子，他的去世意味着盛唐时代的彻底终结。短短十天之后，肃宗驾崩于大明宫，而在其身后，则发生了一场激烈的宫廷权力斗争，太子李豫在宦官头领李辅国、程元振等人的扶持下，铲除了张皇后与越王、兖王的勾结势力，得以登上皇位，是为代宗。虽然新君登基，避免了一场更大规模的国家分裂，但朝廷政权由此正式落入宦官的控制之中，直至唐朝灭亡也未能真正摆脱。

在朝廷之外，剑南节度使严武被召入京，监修玄宗、肃宗陵墓。他刚一离开成都，蜀中就爆发了叛乱，东西两川陷入战火纷飞之中；中原战场上，久久难以戡平的安史叛军，气势再度高涨，趁着朝中动荡之际，攻陷了山东和淮北，李白曾常年客居的东鲁之地终究落入贼军手中。对此，他十分介怀，甚至一度萌生了再度从戎报国的念头，适逢朔方军将领、天下兵马副元帅李光弼出镇临淮督战，他是收复两京的功臣，军威声名海内尽知，李白也对其寄予厚望，故而不顾惜自己衰弱的病体，上了一封自荐表。只可惜天不假年，纵然李光弼认可李白的才干，愿意拜他为座上嘉宾，李白也实在无力去运筹帷幄、为国讨贼了。

这年岁末的一个寒夜，李白自知大限将至，赶忙差儿子去将李阳冰请来家中。李阳冰到时，李白已在弥留之际了。招呼这位最知心、最信任的“族叔”来到病榻之侧坐下，便吩咐伯禽递过一沓文稿，亲手交到李阳冰的手中——这是李白毕生创作的诗稿，其中有的已经被世人传诵，有的尚无人知晓。他希望这些作品能在他去世之后，流传于世间，作为他六十余载亲历的家国盛衰、人生喜乐的明证，李阳冰含泪接过诗稿，承诺必将尽力使之光耀千秋。已说不出话的李白报之以欣慰一笑，转手又递上一张纸，请李阳冰来看。这是李白于病榻之上完成的最后一首诗歌，就连宗氏夫人和伯禽都未曾读过。李阳冰接过手札，只见标题是赫然三个大字——《临终歌》，他明白李白的心思，于是放声朗诵：

大鹏飞兮振八裔，中天摧兮力不济。

余风激兮万世，游扶桑兮挂石袂。

后人得之传此，仲尼亡兮谁为出涕？

大鹏奋翅而飞，穿越八方之极，却因气力不济，崩摧于中天之上。虽然它不再逍遥云端，不再能达于万里，但曾经扬起的风浪却足以激励万世，它的衣钵也得以挂在扶桑树上，随着枝叶的荣发而光耀四海。昔者孔子之殁，引得历代仁人志士为之流涕，今李白亦将走完人生旅程，后世也必将会有知音之人感慨。这是李白真正的绝笔之作，“大鹏飞兮振八裔，中天摧兮力不济”的悲叹，与他早年《上李邕》诗中“大鹏一日同风起，扶摇直上九万里”的豪情壮志形成了鲜明呼应，也精确地揭示出其一生理想与现实之间的落差。但同时，李白也清楚地认识到，自己虽然在“儒家政治理想”和“道教人格追求”这两大人生目标上最终都没能有所成就，但他已经在第三条道路上取得了不可复制的成功，那就是“余风”“石袂”般的诗歌教化。这首《临终歌》同时也是一篇“墓志铭”，给自己的人生盖棺论定了。

一首《临终歌》念罢，李白欣慰地闭上了双眼，离开了他的亲人、知己，离开了他怀念的盛世和牵挂的乱世，离开了他写不完的诗和喝不尽的酒，他那传奇而曲折的伟大人生，就此永久定格在了六十二岁。

三、诗仙“飞升”之后

李白去世之后，李阳冰尽心尽力地完成了知己的临终嘱托，他将李白托付与他的诗稿编辑成《草堂集》十卷，并为之作了一篇序文，就是我们常说的《草堂集序》。在序文中，他简明扼要地介绍了李白的家世、生平、思想、性格和交游情况，着重对其诗文创作情况和文学成就予以高度评价，称赞李白“千载独步，唯公一人”，“唯公文章，横被六合，可谓力敌造化欤”。这篇序文奠定了后世评价李白诗文的总基调，而这部《草堂集》更是成为第一部收录李白一生作品的诗文集。在印刷术尚未流行、文献材料极易散轶的“手抄本时代”，这样一部文集对于保存李白的作品具有无与伦比的意义，我们如今可以大观诗仙生平创作的全貌，李阳冰可谓居功至伟！

除此之外，李阳冰还协助料理了李白的后事。遵照他“好入名山”“亲近自然”的性格，李阳冰与宗氏夫人、伯禽一道，将李白安葬在了当涂县东的青山脚下，这里依山傍水、携星揽月，也可以长与谢公相伴，对于李白而言，是个绝佳的归宿。至于墓碑，他邀请同为李氏族亲的大散文家李华撰写，李华是唐代古文运动的先驱，从诗学渊源来看，也是李白“复古诗学”的追随者。李华慨然接受了这一使命，他在墓志铭中写道：

> 呜呼！姑孰东南，青山北址，有唐高士李白之墓。呜呼哀哉！夫仁以安物，公其懋焉；义以济难，公其志焉；识以辩理，公其博焉；文以宣志，公其懿焉。宜其上为王师，下为伯友。年六十有二，不偶，赋《临终歌》而卒。悲夫！圣以立德，贤以立言，道以恒世，言以经俗，虽曰死矣，吾不谓其亡之也。有子曰伯禽、天然，长能持，幼能辩，数梯公之德，必将大其名也已矣。铭曰：立德谓圣，立言谓贤。嗟君之道，奇于人而侔于天。哀哉！

文中称李白为“仁懋、义志、识博、文懿”的“高士”，一生虽然“不偶”，却也实现了“立德、立言”的追求，足以称为“圣贤”了！这也是对李白的极高评价。

安顿完李白的后事不久，李阳冰调任国子监丞、集贤院学士，离开了当涂。在其后半个多世纪里，李白的后人也相继零落，加之国家愈发衰乱，无人照料的李白墓地逐渐颓圮荒芜。元和十二年（817），一位名叫范传正的进士来到当涂。同为复古诗文提倡者的他见到李白墓地荒草从生，便会同当地县令为李白修了新墓，并亲自作了碑文，即《唐左拾遗翰林学士李公新墓碑》，还有一篇很长的介绍李白生平事迹的序文，这两则材料成为后世研究李白生平创作的重要依据。文章虽然记叙详细，但比之李阳冰之序和李华之碑，很多事实却已经相去甚远。到了晚唐五代之际，随着野史笔记和小说的流行，关于李白的生平更是出现了很多五花八门的奇异传说。比如李白是醉酒误入水中捞月而卒，听起来十分浪漫，却并不符合历史事实。不过这些传说的流行也从侧面反映了人们对于李白的喜爱和推崇，以及基于他浪漫、洒脱、豪放性格认知基础而展开的艺术加工与想象。

李阳冰所编《草堂集》是抄本，几经时代变迁，今已不可得见。到了宋代，随着印刷术的普及，李白诗文集才有了较为广泛流传的刊本。至今为我们所见的，多是批注评点的文集，更易于后学者阅读和学习，虽然其状不及“千家注杜”那般繁盛，但影响较大的也不乏其类。比如：南宋杨齐贤注的《李翰林集》二十五卷，元代萧士赟在前者基础上编成的《分类补注李太白集》二十五卷，以及明代胡震亨的《李诗通》二十一卷。不过以上三家，都只注李白的诗，直到清代学者王琦，才将诗文合注，编成了《李太白文集》三十六卷，这也是李白诗文集中最早完备的注本，如今中华书局排印的《李太白全集》正是依据这个本子。这个注本的不足之处是，其体例以分体编次诗文为主，虽然其中有对部分作品创作背景的考证，但要全面了解李白生平的创作历程，还要搭配《李太白年谱》，其中影响较大的有宋人薛仲邕、清人王琦、今人詹锳所编的年谱三种。

在现代，随着学术的进步，对李白诗文的编辑和研究取得了更大的突破。其中有较大影响力的著作如：瞿蜕园、朱金城的《李白集校注》，是近代以来第一部更为详尽的李白诗文注本；安琪、薛天纬等学者的《李白全集编年笺注》，是第一部以编年形式串联起李白一生生平和诗文创作脉络的重要成果；郁贤皓主编的《李太白全集校注》则更是李白研究领域最新成果的结晶，代表了目前学界李白诗文研究的最前沿水准。

四、从“群星璀璨”到“李杜并尊”

我们如今认为，唐诗的巅峰是李白、杜甫，但这种认识其实形成于中唐以后，确立的时间甚至还要更晚，到明代才最终定下了“李杜并尊”的格局。而在李白、杜甫生活的盛唐，其实是一个“群星璀璨”的时代，正如李白所说的“文质相炳焕，众星罗秋旻”一般。

天宝十三载前后，盛唐著名的诗论家殷璠发布了迄今所知历史上第一张全国性的“流行诗歌金榜”，也是现存第一部唐人编选的盛唐诗歌集——《河岳英灵集》。这部选集很重要，因为它是唯一一次对盛唐诗歌进行的大荟萃、大评比，殷璠在这次评比中共选录了24位诗人的234首“上榜”诗歌，说明这些诗人是那个时期的“一线诗人”“顶流明星”。其中，有大家熟知的大诗人李白、王维、孟浩然、王昌龄、高适、岑参，还有一些人相对陌生一点，但作品被广为传颂，比如常建、李颀、崔颢、祖咏、王湾。唯一的遗憾是没有收入杜甫的诗，这与当时杜甫的创作高峰尚未完全到来有关。

诗集所收录的入选诗人的诗歌篇数基本平均，多者十四五首，少者六七首，李白的是十三首，在其中并不突出。殷璠在选录作品的同时，还对诗人诗作进行点评，从他的点评中看不出对李白有特别推崇之处，实际上在所有入选诗人中，殷璠最为推崇的当数王昌龄和常建，所以才会提出以他们科举中第的年份“开元十五年”作为盛唐诗歌全盛时代到来的标志。从这里不难看出，无论杜甫还是李白，生前的声名、地位都远远没有达到“诗仙”“诗圣”的高度。

事实上，李白和杜甫在诗坛伟大地位的确立，不仅仅在于他们创作的诗篇本身思想、艺术成就极高，更在于他们在诗歌史上有着“集大成”的意义和作用：杜甫精于体裁、善于创新，融汇古今流变，将建安风骨与齐梁声律结合在一起，将近体格律诗推上了新的高度，又将诗歌讽喻传统与现实指向相统一，创制了新题歌行，开后世之法；李白则标举风雅兴寄，继承了“古典主义诗学”的衣钵，将唐代的诗歌复古推向了新的高度，同时以其极强的学习能力和高标特出的天才手笔，融汇古今四海的音乐形式，把乐府歌诗和杂言歌行的成就双双发扬到了极致。诗歌史上的意义总是需要时间来总结和检验的，这也注定了“诗仙”和“诗圣”的伟大之处要交给后人来发掘和显现。当中唐诗坛上，七律的地位定于一尊，“诗文复古运动”也风生水起之时，才意味着属于杜甫和李白的时代真正到来了，韩愈所谓“李杜文章在，光焰万丈长”正是在这一背景下提出来的!

同时，随着“李杜并尊”的到来，有一个新问题产生了，那就是争论了千百年的“李杜优劣论”——尽管两人生前是极为要好的朋友和知己，也决不会在乎自己和对方的名字谁该放在前面，却总躲不开身后这些好事者们孰优孰劣的轩轾之论，甚至有意踩一捧一，像极了当今的诸多追星之举。上文提到韩愈的那句“李杜文章在，光焰万丈长”其实正是针对这一现象发出的，而他紧接下来的几句便是“不知群儿愚，那用故谤伤。蚍蜉撼大树，可笑不自量。伊我生其后，举颈遥相望”。明确告诉世人，李白、杜甫这样的伟大诗人是让我们来膜拜，而不是随意评判的。但后来，“李杜优劣论”非但没有就此平息，反而愈演愈烈：宋代，江西诗派祖述杜甫，于是便有了“千家注杜”，李白几乎无人问津；明代七子提倡复古，于是又有了“李为正声，杜为变体”之论；及至近代、当代，类似的论调还都不绝于耳。

当我们抛开价值评判，理性地看待“李杜优劣论”的问题时，便不难发现缘由——“李杜优劣论”的背后，其实蕴含着诗歌路线乃至思想主流的纷争：在后人眼里，他们不单纯是“诗圣”与“诗仙”，而是标举儒家正统思想的杜甫和儒、道、侠并重的李白，是“格律宗师”杜甫与“复古领袖”李白，是“忧国忧民”的杜甫与“独抒性灵”的李白，这些标签化的符号为后世所加，又随着越发片面化的解读和宣扬，而更加根深蒂固。这虽然是一种无奈，却也是历史的必然。

然而我想，在这种偏见和标签充斥的环境中，引导大家回归文本，回归诗人和作品本身，回归盛唐的诗歌语境，去揭掉历史塑造出的那道面纱，以我们每个人特有的人生阅历和感悟，去看待专属于我们的、真实的“诗圣”与“诗仙”，在获得新知、感知真相之余，倘或大家能因此激起一丝对于文学、时代、人生、宇宙的感悟，也就善莫大焉了！

后记

在北京大学中文系近十年的读书、求学和研究过程中，有三位老师的三句话给我留下了深刻的印象。

第一句是在“新生第一课”上，张鸣老师告诉我们该如何读书：“不要老去读总集和选集，否则你看到的只能是别人想让你看的，要想真正了解一个诗人，就去完整地读他的别集。”

第二句是我入选“中国古典语文学”高端人才培养计划后，恩师杜晓勤老师为我指点读书门径：“读诗一定要从最好的读起，就要先读李白、杜甫，这样你就能建立起一个尺度，其他任何一首诗好在哪儿、不好在哪儿，和他们的作品一比就知道！”

第三句是在一次研究生培养环节中，葛晓音老师谈到做学问的思路：“与文学相关联的领域很多，我们都应当去关注，但思考问题的落脚点最终一定要回到文学和作家、作品本身。”

这三句话至今回味起来，依然十分受用。因而当我从北大中文系毕业，站上对外经济贸易大学的讲台，就给本科生开设了“诗国高峰与盛唐文化”这一课程，结合作者生平，围绕作品本身，分别在春秋两季讲授李白和杜甫的诗歌。一来是想把这样的金句和理念传递给我的学生和受众，二来也是在教学相长中进一步加深对这三句话的理解和体会。

课程的讲稿形成了《李白三十讲》和《杜甫三十讲》二书，恰好陕西人民出版社有意出版，我便也欣然应允，将文稿几经修改后，在出版社同仁的群策群力下，拟定《天阶歧途》《盛世逆旅》二题，即将付梓。

作为一名古代文学的研究者、教育者和传播者，让更多的人通过我的文字和讲述，爱上李白、杜甫，爱上“盛唐文化宇宙”，爱上中国古典诗歌，既是一份使命，也是一种幸福，更是我今后持续耕耘的不竭动力。